東亞《近思録》文獻叢書

近思録集説

【日】古賀樸等 編訂　程水龍 魯煜 校點

近思録欄外書

【日】佐藤一齋 撰　程水龍 陶政欣 校點

國家古籍整理出版專項經費資助項目

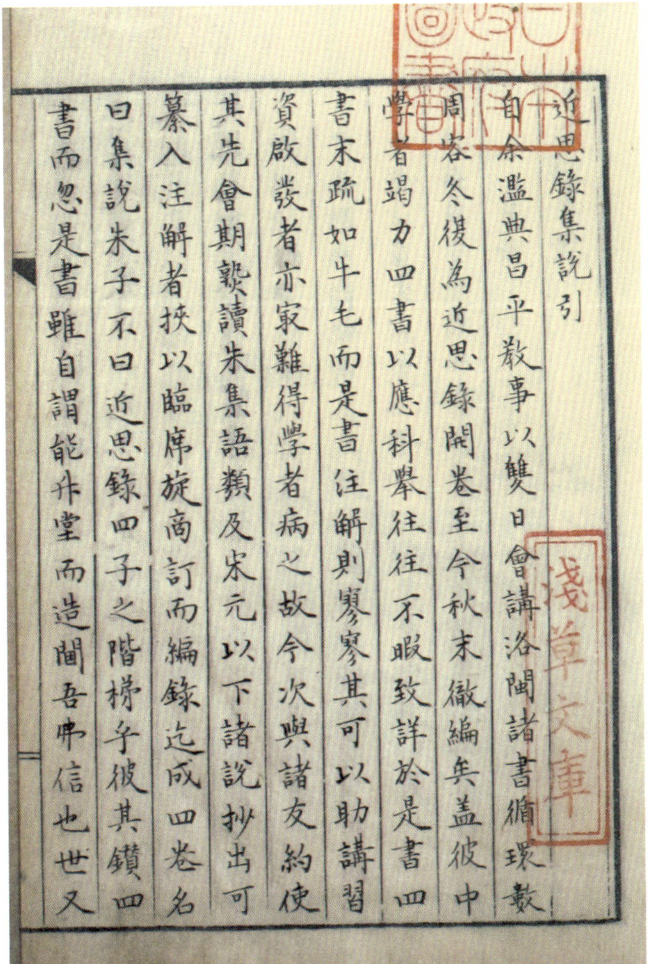

近思錄集説引

自余濫典昌平敎事以雙日會講洛閩諸書循環數周客冬復為近思錄開卷至今秋末徹編矣蓋彼中學者竭力四書以應科擧往往不暇致詳於是書四書末疏如牛毛而是書注解則寥寥其可以助講習資啓發者亦寂難得學者病之故今次與諸友約使其先會期熟讀朱集語類及宋元以下諸說抄出可纂入注解者挾以臨席旋商訂而編錄迄成四卷名曰集說朱子不曰近思錄四子之階梯乎彼其鑽四書而忽是書雖自謂能升堂而造閫吾弗信也世又

日本國立公文書館藏《近思録集説》（一）

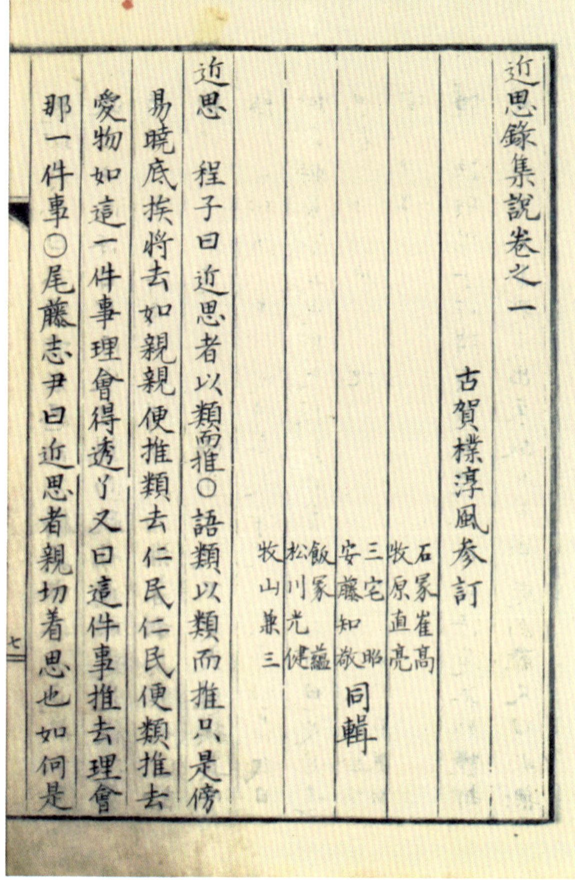

近思錄集說卷之一

古賀樸淳風參訂

石冢崔高
牧原直亮
三宅昭
安藤知敬
飯冢蘊
松川光健
牧山兼三
同輯

近思　程子曰近思者以類而推○語類以類而推只是傍易曉底挨將去如親親便推類去仁民仁民便類推去愛物如這一件事理會得透了又曰這件事推去理會那一件事○尾藤志尹曰近思者親切着思也如何是

七

日本國立公文書館藏《近思録集説》（二）

近思録集説引

余自監典昌平教事以雙日會講洛閩諸書循環數周客冬復為近思録開卷至今秋末徹編矣蓋其中學者竭力於四書以應科舉往往不暇致詳於是書四書末書如牛毛而是書註解則寥寥其可助講習資啓發者亦最難得學者為之故今次與諸友約使其先會期熟讀朱集語類及宋元以下諸説抄出可纂入注解者挾以臨席旋加商訂而編之迄成四卷名曰集説朱子不曰近思録四子之階梯乎彼其讀四書而忽是書雖自謂能升堂而造閫吾弗信也世又籍口是書高談性理而無下學之功反近思為遠思均之失朱呂二先生輯是書之意矣學者所宜察也

筑波大學藏《近思録集説》

近思一書唯在條々看一過此於考読知而無益不為無損

近思録欄外書上帙　依通本　葉采注

佐藤一斎居士稿本

天保十年己亥為諸生講斯編因復漫書於讀本欄外以孟秋下澣三日起筆至臘月中澣十日完業

愛日樓主時齡六十有八

進近思録表○刪輯已逾於二紀

二紀疑三紀訛自序作於淳祐八年戊申序中日踰三十年而此表係十二年則三之訛二可推耳

五千文十丁説

謂老子釋

二松學舍大學藏《近思録欄外書》

東亞近思録文獻叢書序

朱熹（一一三〇—一二〇〇），字元晦，號晦庵。祖籍徽州婺源（今屬江西婺源），出生於福建南劍尤溪，爲二程三傳弟子。謚號「文」，世稱朱文公。朱熹爲南宋閩學之傑出代表，其哲學思想後世稱爲朱子學。他吸收了周敦頤、張載、程顥、程頤、邵雍等人的學術思想，揚棄了佛道的哲學，建立了自己的理學體系，成爲宋代理學的集大成者。故全祖望認爲朱子「致廣大，盡精微，綜羅百代」，錢穆説「前古有孔子，近古有朱子」，視爲中國近古最偉大的思想家。其著述宏富，在其一生編撰的二三十種著述中，除四書章句集注之外，與呂祖謙共同編撰的近思録是後世傳刻最多、流播最廣的一種。

南宋淳熙二年，朱熹與呂祖謙「相與讀周子、程子、張子之書，歎其廣大閎博，若無津涯，而懼夫初學者不知所入也。因共掇取其關於大體而切於日用者」，編成近思録十四卷。關於此書，朱熹自己認爲：「近思録好看。四子，六經之階梯；近思録，四子之階梯。」朝鮮半島李朝初年金宗瑞説：「是書所載，皆正心修身之要。」隨即李朝大儒李滉等倡行「洛閩近思之學」，以爲不讀近思録則難以「窮理盡性以至於命」。朝鮮朱子學者一直將此書作爲國民進入聖學的津梁。由於此書在東亞尊崇程朱之學者心中地位甚高，故朝鮮半島不斷有人或注解、或續編、或札録、或宣講此書。

同樣身處東亞漢字文化圈中的日本，也把此書視作經典，將其定性爲僅次於五經、四書的讀本，是青少年入道的階梯。日本江户時代中村惕齋説：「天下古今之書，莫貴於六經、四子，而次焉者獨有此篇。」江户會津藩學校奉行山内俊温認爲「此書之爲聖學之階梯、大道之標表」。自江户時代至二十世紀四十年代，日本在受容中國近思録及其注本的同時，通過重刻、注釋、翻譯、講讀、仿編等途徑整理産生了大量「近思録文獻」。

所以，近思録作爲理學經典是毋庸置疑的，梁啓超、錢穆都尊奉此書爲宋代理學的首選經典，以爲「後人治宋代理學，無不首讀近思録」，錢穆還將近思録視作「復興中華文化人人必讀的九部書」之一。當代學者束景南説：「在朱熹以後直到近代，程朱理學在很大程度上是借助於近思録的注釋刊刻流布得到廣泛傳播的，宋、明、清儒者們也多以近思録爲『階梯』，從近思録切入到對程朱理學的認識與接受，因而一部近思録的注釋傳刻流布史，也就是一部宋明到近代的理學接受史。」

在東亞理學發展史上，作爲承傳北宋四子思想兼而體現朱子理學構建理念的近思録，倍受尚儒者推崇，於是近思録不斷被各國注釋、續編、傳抄、刊印，形成多種整理形式的「近思録文獻」。目前存世的東亞近思録文獻版本達六百種之多。其版本形態多姿多彩，文本内容或尊崇中國程朱之學，或將中土與本邦性理之學相融合，或有意體現本邦儒者之思想，因而形成了漢字文化圈中獨特、系統的近思録文獻建構與傳播景觀。

朱子學在近現代經過洗禮之後，依然是學者、政治家推崇的優秀文化思想。被提升到理學經典地位的近思録，至今仍焕發出無限生機。近二十年來以近思録整理、注釋、研究爲對象的著述在國内外出版機構陸續面世，差不多形成一股研究「近思録文獻」的熱潮。其中特别值得肯定的是嚴佐之先生主編的近思録專輯，獲得了海内外學術界的好評。但是此編僅收傳世的部分中國近思録文獻，尚不能全面反映東亞史上宏富的近思録文獻全貌，讀者也難以更多地認知近思録在東亞悠久而廣泛的影響。

考察歷史上東亞區域的「近思録文獻」，我們便會明確認知到近思録所藴藏的理學思想在東方古典學視野中所擁有的歷史影響與不朽魅力。近思録及其後續著述不僅在本土具有强大的生命力、影響力，而且歷史上朝鮮半島、日本的相關文獻也與之存在深厚的淵源關係。對存世的相關文獻稍作探究，不難發現東亞區域的「近思録文獻」存在明顯的共通之處，其中的修身之要、爲學之方、齊家治政之術、入聖之道等有着永恒的生命，其不朽的思想價值是值得世代相傳的。

在上海古籍出版社的積極努力下，我們以「東亞近思録文獻」爲整理對象，申請了「國家古籍整理出版資助項目」，並獲得立項。該項目的設立，極益於东亞儒學思想，特别是程朱理學學術思想史之研究，亦利於當今社會的文化建設與人生修爲。新時期，我國正把文化建設放在全局工作的突出位置，要求堅守中華文化立場，强調不斷提高國家文化軟實力，增强中華文化影響力，發揮文化引領風尚的作用，那麽作爲中華思想文化經典之一的近思録，作爲史上東亞區域的先進文化，曾經惠及了無數讀者，藴含着無限生機與活力，其中之精華依然值得我們繼承與發展。

在該項目立項前後，確定由蘇州大學教授程水龍負責組稿，約請了華東師範大學、上海大學、蘇州大學、温州大學等高校的專家和青年才俊對近思録文獻進行搜集、校點、整理。定名爲東亞近思録文獻叢書。

雖説東亞各國有不同數量的近思録整理文本，但仍有許多工作有待開展，而將我國的近思録各類文本與朝鮮半島、日本相關經典文本匯集一處進行校點整理，史上從未有過，故編校本叢書也是一次有意義的嘗試。考慮到盡量不與已出版的近思録文獻重複，本叢書校點整理的對象會避開華東師範大學出版社出版的近思録專輯，凡專輯已校點出版的中國學者關於近思録的著述不再收録，而是在南宋至二十世紀中期的東亞近思録文獻中選取。

最終我們在前人和當代學者整理近思録文獻的基礎上，剔除重複，精選國内尚存的近思録原文本、注本、續編本之代表，以及現存韓國、日本的具有代表性的「近思録文獻」典籍約三十部，依據古籍整理的規範校點整理。這些校點整理對象的選取，既要力求反映朱、吕編輯近思録之初心，也要展示近思録東亞傳播史上注釋、仿編、講論此書的代表作品。朱熹當初主編近思録，是爲了便利於初學者閱讀周敦頤、張載、程顥、程頤四子的宏富著述，使之近思切問，掌握入道門徑。因而近思録也成爲南宋後期、元、明、清各朝崇儒者家弦户誦之經典，尤爲塾師童蒙所青睞，故朱子再傳弟子熊剛大對近思録、續録、別録逐句進行句解，注文淺近易懂，旨在方便童蒙閱讀理解；南宋佚名所撰文場資用分門近思録，則將近思録按内容分成若干小類進行重新編輯，既滿足童蒙求學之需，又便宜科考之用；清初吕留良的「吕氏家塾讀本」近思録，在原文六百二十二條語録的基礎上稍增注文，以便本族子弟通曉該書；周公恕整理改造葉采近思録集解而成分類經進近思録集解，每卷各立細目，反映了元明之際頗具特色的近思録注本改編類次現象；清代李振裕、高裔重鐫近思録集解則反映出清初對葉采集解的改組類次特色；清末張紹价在前人注解的基礎上，吸納近思録多家注本之精華，亦兼顧晚清時事，對近思録進行了簡明流暢的注解，反映出時代大變革之際的儒者對朱子學的審視與經世致用的情懷。

朝鮮李朝學者的近思録釋義、近思録增解、近思録附注，是注釋近思録之代表，近思録釋疑、星湖先生近思録疾書、近思録集解或問又反映出朝鮮朱子學者對南宋代表性注本葉采近思録集解的推崇與質疑。續近思録、近思續録、海東七子近思録等則是朝鮮學者仿編近思録或汪佑五子近思録而成的本邦文獻，反映出在那個「望道唯憑性理書」的時代李朝社會對朱子學的尊崇。

日本江户、明治時期學術界在推崇近思録之餘，以日本學者特有的方式進行注釋、訓點，近思録備考、近思録欄外書、鼇頭近思録等便是其中的代表。日本學者還有意揭示朱子學、陽明學的異同。他們既注重在童蒙中傳播近思録近思切問之精髓，又不斷講論自己的主張，近思録訓蒙輯疏、近思録説略、近思録鈔説等乃其代表。另外，崇敬程朱之學者遵照近思録體例編撰續編性質的文本，如近思録集説，融中國、朝鮮、日本諸多學者的論述於一書。

這些不同時期的近思録代表注本、續編文本，爲童蒙架設的通向聖賢階梯的「近思録文獻」，反映出史上東亞文化思想深厚的歷史淵源，也是現今我們認知東亞史上程朱理學思想的重要文獻，是程朱理學思想研究中頗爲倚重的一手文獻資料。它們不僅是研究東亞儒學的基礎文獻，社會大衆讀之亦可發揮調攝身心之功用。

對於上述入選本叢書的各書，主編都盡量提供時代較早、内容完整、校刻或抄寫精審的底本給校點整理者，並負責最終統稿。各校點整理者對其整理編校對象，自負其責，比較各種版本，辨其源流，選取校本或相關文獻，在「校點説明」中簡要概述所選底本的内容、版訊、價值等。在編校整理中，對於有價值的序跋、傳記資料，也盡量收集附於書後。最終完成編校的每一部文獻，大體由校點説明、基本文獻、相關附録資料構成。

本叢書從策劃到申請資助，都是上海古籍出版社領導和編輯牽頭完成的，尤其是得到劉海濱先生、徐卓聰先生等的大力支持與幫助。正是因爲有了他們的辛勤付出，方使得本叢書的編撰能有條不紊地按計劃順利實施。因主編和諸位編校者不能遍觀聖賢之書，故而本叢書中難免會有不足之處，敬請賢達指正！

主編　程水龍

二〇二一年三月

目録

近思録集説

近思録欄外書

近思録集説

（日本）古賀樸 等 編訂
程水龍 魯 煜 校點

校點説明

江户時代中後期在日本出現了具有續編兼注解性質的近思録文獻，近思録集説便是其中之一。此書編纂遵照近思録體例，以「某某章」的形式標明所集説的近思録語録，引朱熹、黄榦、葉采、李退溪、山崎闇齋、尾藤志尹等諸家論説，匯集於相關章節之下，以解説相關語録，並稍作解釋，因而書名取「集説」。從其編纂體例、方式看，此書具有續編性質。依據此書各卷提行編次的文字編排考察，儘管云集説「五卷」，然其卷四則包括「存養」與「克己」，卷五又包括「家道」至「聖賢」的各篇内容，是將葉采集解卷四至卷十四再編組分屬於卷四或卷五之下。集説實際有十四箇篇名，如卷一至卷五的篇名分别是：卷一道體，卷二爲學，卷三致知，卷四存養、克己，卷五家道、出處、治體、治法、政事、教學、警戒、異端、聖賢，故其篇名與葉采近思録集解十四卷篇名基本相同。只是從現存漢文抄寫本看，其編排體例不甚規整，且有些卷末也無「近思録集説卷某終」的字樣。

近思録集説由古賀樸參訂，經石冢崔高、牧原直亮、三宅昭、安藤知敬、飯冢蘊、松川光健、牧山兼三等人同輯，於文化十二年（一八一五）完成。

古賀樸（一七五〇—一八一七），字淳風，通稱彌助，號精里，肥前（今佐賀縣及長崎縣一部分）人。他主要生活在江户時代中期，講學於昌平黌，與柴野栗山、尾藤二洲共稱寬政三博士。其學問廣博，文章俊潔，自成一家。其著作多爲集説、集釋之類，如論語纂釋諸説辨誤、大學章句纂釋、大學諸説辨誤（收録入日本名家四書注釋全書）、四書集釋等。其内容主要是抄録朱子學派的學説，與江户時代早期的山崎闇齋相比，則少發明創新。

對於程朱理學的經典讀本近思録，古賀樸明確其旨在「近思」，認爲「其可以助講習、資啓發」，擔心「有藉口是書高談性理而無下學之功」，被人誤解，反成遠思，故有必要予以昌明。經過與諸友人商定，他在熟讀朱熹文集、語類以及宋元以來諸家學説後，抄録出其中可以注解近思録的文字，進行編訂。

石冢崔高近思録集説凡例認爲，此書不求對近思録各條語録作全面解説，但對於那些易致讀者疑惑處，則需選擇已有的定説正解，置於相關條目之下。對於本邦諸家之説的采輯，他們也有自己的標準，因人因書而異。從引用書目姓氏看，集説所引諸家之説很豐富，涉及中國漢、唐、宋、元、明、清，朝鮮李朝，日本等不同時代、不同地域的學者不少於四十八人。

日本國立公文書館所藏近思録集説抄寫本，是在已經印製好的框欄行格内抄寫，書法精美，編次工整。每半葉十行二十二字（偶有二十三字），注文雙行二十一字左右，左右雙欄，有界行，框高二十釐米，寬十四點五釐米。白口，上單魚尾，下線魚尾。卷一卷端首行頂格題「近思録集説卷之一」，次行低九字格題署「古賀樸淳風參訂」，第三至第六行均低十四字格題「石冢崔高、牧原直亮、三宅昭、安藤知敬、飯冢藴、松川光健、牧山兼三同輯」。此寫本取欲集説的近思録某語録首句，並附「章」字，然後在其下編輯「集説」的文字，各章節單列，首字頂格，餘則低一字格抄寫。卷末偶有尾題「近思録集説卷之某終」。筑波大學藏有集説抄寫本一部，文字内容與公文書館藏本基本相同，然抄寫不如公文書館藏本工整。

本次校點整理以日本國立公文書館藏抄寫本爲底本，以筑波大學所藏抄寫本爲校本（簡稱「筑大藏寫本」），並參校黎靖德編朱子語類（中華書局整理本）、晦庵先生朱文公文集（朱子全書本）、二程全書（清同治十年涂氏刻本）等。

原底本正文若漏脱某字，編撰者則於所在行格最下端以小字標出，以示補入，或在行格中將抄寫漏脱字補寫於右側。對此，本次整理則按規範編次於文中，不再另做説明。校點時盡量不强改底本文字，底本與校本有異且影響理解時出校；集説的引文雖有省改、删并，若不影響文意的正確理解則不改，多作異同校，以便讀者參閲。對於底本中的「凢」、「澆」、「褩」、「発」、「无」、「厺」、「悪」、「両」等俗字，徑改爲通行的繁體字，不再出校。底本因避宋諱而缺末筆的「恒」，補足末筆，原本改作「謹」者則保持原樣，不再一一注明。底本中的卦名「无妄」或用

「无」，或用「無」，整理時統一改爲「无」。明顯的形近而誤則徑改。今校點完畢，敬請專家指教。

程水龍　魯煜　二〇二〇年秋於蘇州大學

近思録集説引

自余濫典昌平教事[一]，以雙日會講洛閩諸書，循環數周，客冬復爲近思録開卷，至今秋末徹編矣。蓋彼中學者竭力四書以應科舉，往往不暇致詳於是書。四書末疏如牛毛[二]，而是書注解則寥寥，其可以助講習、資啓發者，亦最難得，學者病之。故今次與諸友約，使其先會期熟讀朱集、語類及宋元以下諸説，抄出可纂入注解者，挾以臨席，旋商訂而編録[三]，迄成四卷，名曰集説。朱子不曰「近思録，四子之階梯」乎，彼其鑽四書而忽是書，雖自謂能升堂而造閫，吾弗信也。世又有藉口是書高談性理而無下學之功，反「近思」爲「遠思」，均之失朱、吕二先生輯是書之旨矣，學者所宜省察也。

文化乙亥復月古賀樸書[四]

【校勘記】

[一] 自余濫典昌平教事　「自余」，筑大藏寫本作「余自」。

〔二〕四書末疏如牛毛　「疏」，筑大藏寫本作「書」。

〔三〕旋商訂而編録　「旋」下，筑大藏寫本有「加」字；「録」，筑大藏寫本作「之」。

〔四〕文化乙亥復月古賀樸書　「文化」二字，筑大藏寫本無；「復」，筑大藏寫本作「陽」。

近思録集説凡例

一、凡每章有定説無可疑者，不必具載其説，如篇首「大極」一條，不載朱注是也。今所以編集者，非敢曰成一部册子[一]。每相與討論，常患其疑似難辨處，動輒費口舌曠時刻，故取諸家明解以折衷焉，便易明白，又以資他日講習耳。故此編於其各條章旨句意，未必盡爲章釋句解，但有古人誤解恐致讀者疑惑者，必擇其定説正解以載本節條下。

一、凡各條諸説多采朱集、語類爲主，或無其説，或有之而涉未定者，不得已取諸家，亦有賓主之辨。

一、凡所載本邦諸家，若吾精里先生，則方集是編，遇有衆説異同，即就執問所嘗耳提面命者也。若二洲先生，崔高等所嘗與聞講習餘論，或出於門人筆記者也。其他中村欽、澤田希雖有成書，顧其爲説未精詳，至説略類多誤解，大抵其人不識俗語，牽强爲説，特爲可笑，不暇悉辨，故今不載。

一、凡與集是編者，所嘗聞師友之言及自己平日所見之説，可備他日遺忘者，以附録焉。注「附録」二字以別諸家之説。

一、是編係精里先生參訂，故二洲先生説則書其姓字。

一、精里先生説用「按」字，同輯者説書名，並分行寫。

文化十二歲在乙亥正月石冢崔高謹識

【校勘記】

[一] 非敢曰成一部册子　「子」，筑大藏寫本作「予」。

引用書目姓氏

永樂大全
十三經
二十一史
通鑑
續通鑑綱目
莊子
韓非子
淮南子
揚子法言
文中子
杜氏通典
文體明辨

事文類聚
書言故事
文選
韓柳文集
二程全書
朱子文集
朱子語類
近思録集解
五子近思録注
黄氏日抄
歸田録
讀書録

李退溪西銘考證考義　新安陳氏
朱子諸書注　敬齋胡氏
李華古戰場文　閔祖李氏
南軒張氏　景逸高氏
潛室陳氏　岱雲李氏
西山真氏
勉齋黄氏　**本朝：**
慶源輔氏　鼇頭近思録
臨川吴氏　文會筆録[一]
雙峰饒氏　山口氏詳説
白雲胡氏　闇齋山崎氏
白雲郭氏　絅齋淺見氏
天台陳氏　二洲尾藤氏

凡係先儒諸書中所引用者，或舉書名，或録姓氏，不復一一辨别。若本朝先儒説無成書者，多出其講義及筆記。

【校勘記】

［一］文會筆録　「會」，筑大藏寫本作「薈」。

近思録集説

序

東萊　大明一統志萊州府東萊府書院下云：在府治西南，宋儒吕祖謙以先世萊州人，世號東萊先生。

精舍　後漢書黨錮傳：劉淑少學，明五經，遂隱居，立精舍講授，諸生常數百人。

宏博　史記禮書：化隆者宏博，治淺者褊狹。

津涯　書微子篇：若涉大水，其無津涯。

大體　漢書丙吉傳：爲知大體。

求端用力，處己治人　葉注：首卷論道體，二卷總論爲學大要，三卷論致知，四卷論存養，五卷論克己，六卷論家道，七卷論出處義利，八卷論治體，九卷論治法，十卷論政事，十一卷論教學，十二卷論警戒。

辨異端，見聖賢　葉注：十三卷論異端，十四卷論聖賢。

梗概　爾雅云：梗概，大略也。

窮鄉　戰國策：窮鄉多異，曲學多辨。

先後之　禮記内則：或先或後，而敬扶持之。

得其門而入　論語子張篇：不得其門而入。

沉潛反覆　韓文：沉潛乎訓義，反覆乎句讀。

優柔饜飫　杜預春秋傳序：優而柔之，使自求之；饜而飫之，使自趨之。

宗廟之美　論語子張篇：不見宗廟之美，百官之富。

序

呂祖謙

底止　左傳：天祚明德，有所底止。

自卑升高，自近及遠　中庸：君子之道，辟如行遠必自邇，辟如登高必自卑。

躐等　禮記：幼者聽而弗問，學不躐等也。

語類：近思録逐篇綱目：一道體，二爲學大要，三格物窮理，四存養，五改過遷善、克己復禮，六齊家之道，七出處、進退、辭受之義，八治國平天下之道，九制度，十君子處事之方，十一教學之道，十二改過及人心疵病，十三異端之學，十四聖賢氣象。

附録：直亮按，世儒或有以篇目次第爲深妙義理所藴，而講談累日，似若稽古三萬言，今據語類説則不須如此也。十四目謂之全無次第則不可，而强爲之説亦恐不免鑿矣。

朱集答吕伯恭書曰：草卷附呈，不知於尊意如何？此書若欲行之，須更得老兄數字，附於目録之後，致丁寧之意爲佳，千萬勿吝也。

附録：崔高按，世或謂近思録無目録，據此朱子答書則其謬不待辨。

語類：近思録首卷難看，某所以與伯恭商量，教他做數語以載於後，正謂此也。若只讀此，則道理孤單，如頓兵堅城之下，却不如語、孟只是平鋪説去，可以游心。

附録：崔高按，朱子此序，文集作題近思録後。東萊斯文，據語類，當書跋也。然集解等本多爲序，在卷首，其來尚矣。明汪器之删集解以屬卷尾，以復朱子之舊，今世所行山崎氏本是也。

近思録集説卷之一

古賀樸淳風　參訂

石冢崔高

牧原直亮

三宅昭

安藤知敬　同輯

飯冢藴

松川光健

牧山兼三

近思　程子曰：近思者，以類而推。○語類：「以類而推」，只是傍易曉底挨將去。如親親，便推類去仁民。仁民便類推去愛物[一]。如這一件事理會得透了，又因這件事推去理會那一件事[二]。○尾藤志尹曰：近思者，親切着思也。如何是親切着思？曰：亦須有方，思而不得其方，工夫竟無次第。故自心而體，自身而家，自親而疏，自邇而遠，先後次第循循不差，乃得其方。所謂「以類而推」者，示其方也。○語類：近思是漸進工夫。如「明明德于天下」是大規模，其中格物、致知、誠意、正心、修身、齊家等便是次序。○黄氏日抄云：晦庵論近思先太極説，勉齋則謂「名近思反若遠思」者。○按，黄勉齋遠思之譏，蓋病世之好談太極、陰陽、仁義而不切於日用行事之實者發，然東萊跋語已準備，此疑久矣。

道體

語類：「程子所謂『與道爲體』，此句極好。道無形體，却是這物事盛載那道出來，故可見與道爲體。」又曰：「那『無聲無臭』便是道。但從那『無聲無臭』底，所以説『與道爲體』。」劉用之曰：「如炭與火相似。」○邵子曰：心者，性之郛郭；性者，道之形體。○北史徐則傳：「道體休愈。」又道德指歸論曰：「夫道體虛無而萬物有形。」

無極而大極　勉齋黄氏曰：極之得名，以屋之脊棟爲一屋之中居高處，盡爲衆木之總會[二十三]，四方之尊仰，而舉一屋之木莫能加焉。故「極」之義雖訓爲至，而實則以有方所形狀而指名也。如北極、皇極、爾極、民極之類，皆取於此。然皆以物之有方所形狀適似於極而具極之義，故以極明之，以物喻物。蓋無難曉，惟大傳以易之至理在易之中，爲衆理之總會、萬化之本原，而舉天下之理莫能加焉。其義莫可得名，而有類於極，於是取極名之而係以「太」，則其尊而無對，又非它極之比也。然則太極者，特假是物以名是理，雖因其有方所形狀以名，而非有方所形狀之可求。雖與他書所用「極」字取義略同，而以實喻虛，以有喻無，所喻在於言外，其意則異。周子有見於此，恐夫人以他書閑字之例求之，則或未免滯於方所形狀，而失聖人取喻之意，故爲之言曰「無極而太極」。蓋其措辭之法，猶曰「無形而至形，無方而大方」，欲人知夫非有是極而謂之太極，亦託於極以明理耳。○語類：「無極而大極」，此「而」字輕，無次序故也。○「無極而大極」只是無形而有理，所謂太極者，只二氣五行之理，非別有物爲太極也。○「無極而太極」，蓋云無此形狀而有此道理耳。○問：「『無極而太極』，先生謂此五字添減一字不得。而周子言『無極』[四]，却又不言太極？」曰：「『無極之真』，已該得太極在其中。『真』字便是太極。」

「太極動而生陽」節 語類：「太極動而生陽，靜而生陰。」非是動而後有陽，靜而後有陰，截然爲兩段，先有此而後有彼也。只太極之動便是陽，靜便是陰。方其動時，則不見靜；方其靜時，則不見動。然「動而生陽」，亦只是且從此說起。陽動以上，更有在。程子所謂「動靜無端，陰陽無始」，於此可見。○「動極復靜，靜極復動，還當把那箇做劈初頭始得？今說『太極動而生陽』，是且把眼前即今箇動斬截便說起。其實那動以前又是靜。」「太極兼動靜而言。」曰：「不是兼動靜，太極有動靜。喜怒哀樂未發，也有箇太極；喜怒哀樂已發，也有箇太極。只是一箇太極」，流行於已發之際，斂藏於未發之時。」○程子所謂「無截然爲陰爲陽之理」，即周子所謂「互爲其根」也。程子所謂「升降生殺之大分不可無」者，即周子所謂「分陰分陽」也，兩句相須，其義始備。○問：「必至於『互爲其根』，方分陰陽。」曰：「從動静便分。」曰：「『分陰分陽』，是帶上句？」曰：「然。」○「分陰分陽，兩儀立焉」，兩儀是天地，與畫卦兩儀意思又别。動静如晝夜，陰陽如東西南北，分從四方去。「一動一静」以時言，「分陰分陽」以位言。○問：「太極始陽動乎？」曰：「陰静是太極之本，然陰静又自陽動而生。一動一静，便是一箇闢闔。自其闢闔之大者推而上之，更無究極[五]，不可以本始言。」○曰：在陰陽言，則用在陽而體在陰，然動静無端，陰陽無始，不可分先後。今只就起處言之，畢竟動前又是静，用前又是體，感前又是寂，陽前又是陰，而寂前又是感，静前又是動，將何者爲先後？不可只道今日動便爲始，而昨日静更不説也。

附録：崔高按，周子以前諸子説太極者，多認氣爲太極。莊周曰「道在太極先」，蓋以太極爲氣，則與諸子同，獨以道爲在氣先者。所謂道若指理言，則是理與氣判爲二物。若指氣言，則無道氣之分。要之，周所謂道亦不過指混沌爲言耳。及周子作圖，就氣中抽出理來，不雜乎氣，專以理言，始爲明備，然後種種謬説不待辨而破矣。而世或尚踵其謬説者，今據語類「有氣必有理，有理必有氣」。其所以一動一静乃理也，即太極也。理不先乎氣，氣不後乎理，即此亦可見所謂「非有離乎陰陽也，就陰陽而指其本體，不雜乎陰陽而爲言」，斯語盡矣。

「陽變陰合」節 語類：厚之問：「『陽變陰合』，如何是合？」曰：「陽行而陰隨之。」○平巖葉氏曰：「水火木金土」者，陰陽生五行之序也。「木火土金水」者，五行自相生之序也。○勉齋黃氏曰：質曰「水火木金」，蓋以陰陽相間言，猶曰「東西南北」，所謂對待者也」；氣曰「木火金水」，蓋以陰陽相因言，猶曰「東南西北，所謂流行者也」。質雖一定而不易，氣則變化而無窮。

「五行一陰陽也」節 語類：問：「『五行之生，各一其性』，理同否？」曰：「同而氣質異。」曰：「既説氣質異，則理不相通？」曰：「固然。仁作義不得，義作仁不得。」○朱集：問「五行之生，各一其性」。答：「氣質是陰陽五行所爲，性即大極之全體。但論氣質之性，則此全體墮在氣質之中耳，非別有一性也。」○南軒張氏曰：五行生質雖有不同，然太極之理未嘗不存也。五行各一其性，則爲仁義禮智信之理，而五行各專其一。○勉齋黃氏曰：「五行一陰陽也，陰陽一太極也，太極本無極也。」此三言者，懼學者支離其説。故又舉而言之，前之言原始而要其終，今之言泝流而窮其源，五行、陰陽同一太極而不相妨也。

「無極之真」至「變化無窮焉」 語類：真者，理也；精者，氣也。理與氣合，故能成物[六]。○凝者只是此氣結聚，自然生物。○「乾道成男，坤道成女」，通人物言之，在物如牝牡雌雄之類。○乾男坤女，當爲氣化之人物，其下化生萬物，乃爲形化者耳。○潛室陳氏曰：氣化謂未有種類之初，以陰陽之氣合而生，形化謂既有種類之後，以牝牡之形合而生，皆兼人物言之。

「惟人也得其秀」至「萬事出矣」　朱集：太極圖首尾相因，脉絡貫通。首言陰陽變化之原，其後即以人所稟明之。自「惟人也得其秀而最靈」，純粹至善之性也，是所謂太極也。「形生神發」，則陽動陰静之爲也。「五性感動」，則「陽變陰合而生水火木金土」之性也。「善惡分」，則「成男成女」之象也。「萬事出」，則萬物化生之象也。○性理大全：陰陽五行，氣質交運，而人之所稟獨得其秀，而其心爲最靈，所謂天地之性也。及形體已具，神氣之發，心知之啓，五常之性感物而動，陽善陰惡各以類分，是又形生之後氣質之性也。故五性之殊散爲萬事皆出於此。○語類：金木水火土，各一其性，則爲仁義禮智信之理，五性各專其一，人則兼備此性而無不善。及其感動，則中節者爲善，不中節者爲不善也。

「聖人定之以中正仁義」節　語類：問：「太極圖何以不言『禮智』而言『中正』？莫是此圖本爲發明易道，故但言『中正』，是否？」曰：「亦不知是如何，但『中正』二字較有力。」○「『中正仁義而已矣』，言生之序，以配水火木金也。」又曰：「『仁義中正而已矣』，以聖人之心言之，猶孟子言『仁義禮智』也。」○問「聖人定之以中正仁義而主静」。曰：「中正仁義皆謂發用處。正者，中之質。義者，仁之斷。中則無過不及，隨時以取中，正則當然之定理，仁則是惻隱慈愛之處，義是裁成斷決之事[七]。主静者，主正與義也。正義便是利貞，中是亨，仁是元。」○問：

「『聖人定之以中正仁義而主静』，是聖人自定？是定天下之人？」曰：「此承上章『惟人也得其秀而最靈』言之，形生神發，五性感動而善惡分，故『定之以中正仁義而主静』，以立人極。」○此是聖人「修道之謂教」處。○中正仁義本無先後。此四字配金木水火而言，中有禮底道理，正有智底道理。如乾之元亨利貞，元即仁，亨即中，利即義，貞即正，皆是此理。至於主静，是以正與義爲體，中與仁爲用。聖人只是主静，自有動底道理。譬如人説話，也須是先沈默，然後可以説話。蓋沈默中便有箇言語底意思。○「主静」二字，乃言聖人之事，蓋承上文「定之以中正仁義」而言，以明四者之中又自有賓主耳。觀此則學者用功固自有次序，須先有箇立脚處，方可省察，就此進步。非謂静處全不用力，但須如此方可用得力耳。○濂溪言「主静」，又言「無欲故静」〔八〕。若以爲虚静，則恐入釋老去。

「**故聖人與天地合其德**」節　南軒張氏曰：天地之德，日月之所以明，四時之所以序，鬼神之所以吉凶，皆是理也。聖人得太極之道而備諸躬，則其合也豈在外乎？蓋其理不越乎此而已。○敬軒薛氏讀書録曰：仁健義順，與天地合其德也；知周萬物，與日月合其明也；仕止久速各當其可，與四時合其序也；進退存亡不失其正，與鬼神合其吉凶也。

「**君子修之吉**」節　南軒張氏曰：「君子修之吉」者，順理之謂吉也；「小人悖之凶」者，逆理之謂凶也。順理，則平直坦易而無悔，非吉乎？逆理，則艱難险阻而有礙，非凶乎？○勉齋黄氏曰：又懼夫學者指爲聖人之事高遠微妙而不可及，則又繼之曰「君子」云云，庶乎其不自棄自暴，改過遷善而趣吉避凶，主一無適而克己復禮，真積力久，行著習察，忽不自知其自至於貫通處，則是亦聖人矣。吉孰大爲？苟惟拒之以不信，絶之以不爲，窮人欲，滅天理，其禍可勝言哉！

「故曰立天之道」至「知死生之説」　語類：陰陽以氣言，剛柔則有形質可見矣。至仁與義，則又合氣與形而理具焉。然亦一而已矣。○勉齋黄氏曰：天之道，不外乎陰陽、寒暑、往來之類是也；地之道，不外乎柔剛、山川、流峙之類是也；人之道，不外乎仁義、事親、從兄之類是也。陰陽以氣言，剛柔以質言，仁義以理言。雖若有所不同，然仁者陽剛之理也，義者陰柔之理也，其實一而已。○語類：問「原始反終」。曰：「『反』如摺轉來，謂方推原其始，却摺轉來看其終。『原』字反皆就人説，『反』如回頭之意。」○人未死，如何知得死之説？只是原其始之理，將後面摺轉來看，便見得。以此之有，知彼之無。

大哉易也，斯其至矣　語類：太極圖明易中大概綱領意思而已。

附録：崔高按，「斯其」字俱語辭，有所指之辭。「斯」字指圖，「其」字指易，以承上「大哉易也」。言易中含畜陰陽、五行、對待、流行等多少道理，今都在斯圖發揮出來以明之。不有易，無由作圖也。其易之爲至極不可加也。或謂「其至矣」指圖言。若然，周子自作自贊也。恐非。或謂「斯其」以下單言易，亦無以見結住作圖之意，亦非。

「誠無爲」章

語類：「誠無爲。」誠，實理也；無爲，猶「寂然不動」也。實理該貫動静，而其本體則無爲也。「幾善惡。」「幾者，動之微」，動則有爲，而善惡形矣。「誠無爲」，則善而已。動而有爲，則有善有惡。

「德愛曰仁」云云　語類：德者，人之得於身者也。愛、宜、理、通、守者，德之用；仁、義、禮、智、信者，德之體。理，謂有條理；通，謂通達；守，謂確實。此三句就人身而言。誠，性也；幾，情也。德，兼性情而言也。

「發微不可見」云云　語類：發，動也；微，幽也。言其「不疾而速」。一念方萌，而至理已具，所以微而不可見也。充，廣也；周，遍也。言其「不行而至」。蓋隨其所寓，而理無不到，所以周而不可窮也。此三句，就人所到地位而言，即盡夫上三句之理而所到有淺深也。○性理大全：問：「誠者，實然之理。仁義禮智信五者，皆實理也，自然至善，所謂無惡[九]。『幾者，動之微』，於是始有善惡之分。善則得是五者之理，惡則失是五者之理。所謂德者，是理之得於心者也。以實理言之，無聖賢衆人之異，幾有善惡，然後有聖賢衆人之分。德者，聖賢有之[一〇]，故於此中只言聖賢而不言衆人。至於發之微、充之周，則又惟聖者能之，故於此只言聖人之神，而不及賢也。」勉齋黄氏曰：「所説大概得之[一一]。誠，性也，未發也；幾，情也，已發也。仁義禮智信，性也；愛宜理通守，情也，四者因情以明性[一二]。性也，復也，發微也，主性而言；安也，執也，充周也，主情而言。聖賢體是德於性情之間，淺深之分如此。」○尾藤志尹曰：「『性安』即圖説『聖人定之』云云是也，『復執』即圖説『君子修之』是也，『發微充周』即圖説『與天地合』云云是也。

「伊川先生曰喜怒哀樂」云云章

朱集：中和以性情言者也，寂感以心言者也。中和蓋所以爲寂感也，觀『言』字『者』字，可以見其微意矣。○語類：「『寂然感通』本是説易，不是説人，諸家皆是借來就人上説，亦通。

「心一也」節　語類：伊川此語，與横渠『心統性情』相似。

「乾天也」章

語類：問：「『乾者，天之性情，健而無息之謂乾。』何以合性情言之？」曰：「『性情』二字常相參在此。情便是性之發，非性何以有情？健而不息，非性何以能此？」○「乾者天之性情」，指理而言也。謂之『性情』，該體用動靜而言也。○問「乾者天之性情」。曰：「此是以乾之剛健取義，健而不息，便是天之性情。此性如人之氣質。健之體，便是天之性；健之用，便是天之情。『静也專』，便是性；『動也直』，便是情。」○易大全：問「天專言則道也」。朱子曰：「如云『天命之謂性』便是説道，如云『天之蒼蒼』便是説形體。『惟皇上帝，降衷于下民』，是説帝便似以物給付與人，便有主宰之之意。」又曰：「『天道虧盈而益謙，地道變盈而流謙』，此是説形體。」○問：「『天，專言之則道也，天且弗違是也。』此語何謂？」朱氏曰[一三]：「程子此語，某未敢以爲然。『天且弗違』，此只是上天[一四]。」曰：「『知性則知天』，此『天』便是專言之道者否？」曰：「是。」○程傳：重乾爲乾。

以主宰謂之帝 語類：所謂「惟皇上帝，降衷于下民」，此是謂帝。以此理付之，便有主宰意。

「**以功用謂之鬼神**」**云云** 語類：功用是有迹處[一五]，妙用是無迹底。妙用是其所以然者。○問「功用謂之鬼神，妙用謂之神」。曰：「功用兼精粗而言，是説造化。妙用以其精者言，其妙不可測。」○葉注：朱子曰：「功用言其氣也，妙用言其理也。」

「四德之元猶五常之仁」章

語類：「大哉乾元！萬物資始。」元者，天地生物之端倪也。元者生意，在亨則生意之長，在利則生意之遂，在貞則生意之成。若言仁，便是這意思。仁本生意，生意則惻隱之心也[一六]。苟傷著這生意，則惻隱之心便發。若羞惡，也是仁去那義上發；若辭讓，也是仁去那禮上發；若是非，也是仁去那智上發，若不仁之人，安得更有義禮智！○問：「仁包四者，只就生意上看否？」曰：「統是一箇生意。如四時，只初生底便是春，夏天長，亦只是長這生底。秋天成，亦只是遂這生底，若割斷便死了，不能成遂矣。冬天堅實，亦只是實這生底。如穀九分熟，一分未熟，若割斷，亦死了。到十分熟，方割來，這生意又藏在裏面。明年熟，亦只是這箇生。如惻隱、羞惡、辭遜、是非，都是一箇生意。當惻隱，若無生意，這裏便死了，亦不解惻隱；當羞惡，若無生意，這裏便死了，亦不解羞惡。這裏無生意，亦不解辭遜，亦不解是非，心都無活底意思。」

天所賦爲命，物所受爲性

語類：命猶。「命猶誥勑，性猶職任。天以此理命於人，人稟受此理則謂之性。」○理一也，自天之所賦與萬物言之，故謂之命；以人物之所稟受于天言之，故謂之性。其實，所從言之地不同耳。

「鬼神者造化之迹也」章

語類：風雨霜露，日月晝夜，此鬼神之迹也。造化之妙不可得而見，於其氣之往來屈伸者足以見之。微鬼神，則造化無迹。○岱雲李氏曰：鬼神爲造化之迹，不是指迹爲鬼神，以其所以有造化之迹者，乃鬼神也。

「剥之爲卦」章

程傳：剥，剥落也，陰消剥陽也。

不見食 臨川吴氏曰：下五陽皆已剥，獨存一陽在上，如木之果實皆已落，獨一碩大之果不爲人食也。

無間可容息也 史記張耳陳餘傳：將軍毋失時，時間不容息。○「以見」之「見」，音現，「復生」之「復」，去聲。

爲嫌於無陽 語類：自觀至剥，三十日剥方盡。自剥至坤，三十日方成坤。三十日陽漸長，至冬至，方是一陽，第二陽方從此生。陰剥，每日剥三十分之一，一月方剥得盡；陽長，每日長三十分之一，一月方長得成一陽。陰剥時，一日十二刻，亦每刻中漸漸剥，全一日方剥三十分之一。陽長之漸，亦如此長。○程傳：或曰：「陰陽之消，必待盡而後復生於下，此在上便有復生之義，何也？夬之上六何以言終有凶？」曰：「上九居剥之極，止有一陽，陽無可盡之理，故明其有復生之義，見君子之道不可亡也。夬者，陽消陰。陰，小人之道也，故但言其消亡耳，何用更言却有復生之理乎。」

「一陽復於下」章

語類：「復見天地心。」動之端，静中動，方見生物心。尋常吐露見於萬物者，盡是天地心。只是冬盡時，物已成性，又動將發生，此乃可見處。○一陽來復，其始生甚微，固若静矣。然其實動之機，其勢日長，而萬物莫不資始。而天地流行之初[一七]，造化發育之始，天地生生不已之心，於是而可見也。若其静而未發，則此心之體雖無所不在[一八]，然却未有發見處[一九]。程子所以以「動之端」爲天地之心，亦舉用以該其體爾。○王輔嗣説：「寂然至無，乃見天地心[二〇]。」他説「無」是胡説！若静處説無，不知下面一畫作甚麽？○問：「『天命之謂性』，『命』字有心底意思否？」曰：「然。流行運用是心。」○天地之心，動後方見；聖人之心，應事接物方見。出入往來[二一]，只做人説，覺不撈攘。

「仁者天下之公」章

閩祖李氏曰：天下之公是無一毫私心，善之本是萬善從此出。

「有感必有應」章

語類：凡在天地間，無非感應之理，造化與人事皆是感應。且如雨暘，雨不成只管雨，便感得箇暘來，暘不成只管暘，暘已是應處，又感得雨來。寒暑晝夜，無非此理。○「感應」二字有二義，以感對應而言，則彼感而此應；專於感而言，則感又兼應意，如感恩、感德之類。○感應。如風來是感，樹動便是應；樹拽又是感，下面物動又是應。如晝極必感得夜來，夜極又便感得晝來。○春爲感，夏爲應；秋爲感，冬爲應。若統論，春夏爲感，秋冬爲應，明歲春夏又爲感。○問：「感，只是内感？」曰：「物固有内感者。然亦不專是内感，固有外感者。所謂『内感』，如一動一静，一往一來，此只是一物先後自相感。如人語極須默，默極須語，此便是内感。若有人自外來唤自家，只是唤作外感[二二]。感於内者自是内，感於外者自是外。如此看，方周遍平正[二三]。只做内感，便偏頗了。」

「天下之理終而復始」章

語類：恒，非一定之謂，故晝則必夜，夜而復晝；寒則必暑，暑而復寒。若一定，則不能常也。其在人，「冬日則飲湯，夏日則飲水」；「可以仕則仕，可以止則止」；今日道合便從，明日不合則去。又如孟子辭齊王之金而受薛宋之餽，皆隨時變易，故可以爲常也。○他政是論物理之始終變易，所以爲恒而不究處。然所謂不易者，亦須有變通，乃能不究。如君尊臣卑，分固不易，然上下不交也不得。父子固是親親，然所謂「命士以上，父子皆異宮」，則又有變焉。唯其如此，所以爲恒也。論其體終是常。然體之常，所以爲用之變；用之變，所以爲體之常。

「人性本善」章

平巖葉氏曰：才者，性之所能合理與氣而成氣質，則有昏明、强弱之異，其昏弱之極者爲下愚。○語類：人性無不善，雖桀紂之爲窮凶極惡，也知此事是惡。但則是我要恁地做，不奈何，便是人欲奪了。○自暴者剛惡之所爲，自棄者柔惡之所爲。

畏威而寡罪　平巖葉氏曰：畏威刑而欲寡罪。

「在物爲理」章

語類：凡物皆有理[二四]，蓋理不外乎事物之間。義[二五]，宜也，是非可否處之得宜，所謂義也。○「在物爲理，處物爲義。」理是在此物上，便有此理；義是於此物上，自家處置合如是，便是義。義便有箇區處。

「動静無端」章

語類：陰陽本無始，但以陽動陰静相對言，則陽爲先，陰爲後；陽爲始，陰爲終。猶一歲以正月爲更端，其實姑始於此耳[二六]。歲首以前，非截然别爲一段事，則是其循環錯綜，不可以先後始終言，亦可見也。○平巖葉氏曰：動静相推，陰陽密移，無有間斷。有間斷則有端始，無間斷故曰無端無始也。

「仁者天下之正理」章

語類：程子説「仁者，天下之正理」固好，但少疏，不見得仁。仁者，本心之全德。人若本然天理之良心存而不失，則所作爲自有序而和。若此心一放，只是人欲私心做得出來，安得有序，安得有和！○程子此説太寬。如義，亦可謂天下之正理；禮，亦可謂天下之正理。

「明道先生曰天地生物」章

施氏璜曰：此言天理本無虧欠，而人自虧欠之也。夫天地生物，各無不足之理，有何虧欠？而天下君臣、父子、兄弟、夫婦，有多少不盡分處，則是不知其性分之所固有，故不能盡其職分之所當爲也。○平巖葉氏曰：分者，天地當然之則。

「忠信所以進德」章

語類：伊川云：「『忠信所以進德』，聖人之事。」○問：「文言六爻，皆以聖人明之，有隱顯而無淺深，但九三一爻，又似説學者事。豈聖人亦有待於學邪？所謂『忠信進德，修辭立誠』，在聖人分上如何？」曰：「聖人亦是如此進德，亦是如此居業。只是在學者則勉强而行之，在聖人則自然安而行之。知至知終，亦然。」○忠信[二七]，便是意誠處。「如惡惡臭，如好好色」，然後有地可據，而無私累牽擾之患，其進德也孰禦！○忠信，猶言實其善之謂，非「主忠信」、「與朋友交而有信」之「忠信」。能實其爲善之意，自是住不得，德不期進而自進，猶飢之欲食，自是不可已。進德則所知所行，自進而不已。○朱集：「忠信所以進德」，此段初只是解「終日乾乾」，是「終日對越在天」之義，下文因而説「天」字道理，其間有許多分別。如説「如在其上」、「如在其下」，亦只是實有此理，自然昭著，形而上爲道，形而下爲器。如今事物莫非天理之所在，然一物之中，其可見之形即所謂器，其不可見之理即所謂道。然兩者未嘗相離，故曰道亦器、器亦道。於此見得透徹，則亦豈有今與後，己與人之間哉！

其體則謂之易 語類：體是體質之「體」，猶言骨子也。易者，陰陽錯綜，交换代易之謂，如寒暑晝夜，闔闢往來。天地之間，陰陽交錯，而實理流行，蓋與道爲體也。寒暑晝夜，闔闢往來，而實理於是流行其間，非此則實理無所頓放。猶君臣父子夫婦朋友，有此五者，而實理寓焉。故曰「其體則謂之易」，言易爲此理之體質也。○「『其體則謂之易。』『體』字與『實』字相似，乃是該體用而言，如陰陽動静之類，畢竟是陰爲體，陽爲用，静而動，動而静，是所以爲易之體也。」人傑云：「向見先生云體是形體，却是著形氣説，不如説該體用者爲備耳。」曰：「若作形氣説，然只説得一邊。惟説作該體用，乃爲全備，却統得下面『其理則謂之道，其用則謂之神』兩句。」

「**其理則謂之道**」云云 語類：「『其理則謂之道』，在人則性也；『其用則謂之神』，在人則情也。○若以能爲春夏秋冬者爲性，亦未是。只所以爲此者，是合下有此道理。如以鏡子爲心，其光之照見物處便是情，其所以能光者是性。今把木板子來〔二八〕，却照不見，爲他元没這光底道理。○至於所以爲陰陽，爲古今，乃是此道理。及至忽然生物，或在此，或在彼，如花木之類藹然而出，華時都華，實時都實，生氣便發出來，便是神[二九]。○說此一段。從「上天之載，無聲無臭」說起。雖是無聲無臭，其闔闢變化之體，則謂之易。然所以能闔闢變化之理，則謂之道；其功用著見處，則謂之神。此皆就天上說。及說到「命于人則謂之性，率性則謂之道；修道則謂之教」，是就人身上說，上下說得如此子細，都說了，可謂盡矣。

其用則謂之神　語類：直卿云：「看來『神』字本不專說氣，也可就理上說。先生只就形而下者說。」先生曰：「所以某就形而下說，畢竟就氣處多，發生光彩便是神。」味道問：「神如此說，心又在那裏？」曰：「神便在心裏，凝在裏面爲精，發出光彩爲神。精屬陰，神屬陽。說到魂魄鬼神，又是說到大段麤處。」

孟子去其中又發揮出浩然之氣　語類：問：「必大謂自『上天之載』至『修道之教』皆一理也。言氣者，蓋又於此理之中，即人之運用勇決者言之。此氣一出，正大之理即上天之載，因人而著見者也。」曰：「此說得之。」

「**神如在其上**」至「**不過如此**」　語類：「神如在其上，如在其左右」，又皆是此理顯著之迹，看甚大事小事都離了這箇事不得。上而天地鬼神離這箇不得，下而萬事萬物都不出此[三〇]，故曰「徹上徹下，不過如此」。○「『神如在其上，如在其左右』，不知何？」曰：「一段皆是明道體無乎不在。名雖不同，只是一理發出，是箇無始無終底意。」

形而上爲道，形而下爲器 語類：問：「明道云『陰陽亦形而下者，而曰道，只此兩句截得上下分明』。『截』字，莫是『斷』字誤？」曰：「正是『截』字。形而上、形而下，只就形處離合分別，此正是界至處。若止説在上在下，便成兩截矣。」○西山真氏曰：凡天地之物，有形有象者，皆器也。其理便在其中。大而天地亦形而下者，乾坤乃形而上者。日月星辰、風雨霜露，亦形而下者，其理即形而上者。以身言之，身之形體皆形而下者[三一]，曰性，曰心之理，乃形而上者。至於一物一器莫不皆然。且如燈燭者，器也，其所以能照物，形而上之理也。且如椅卓，器也，而其用，理也。天下未嘗有無理之器、無器之理。即器以求之，則有性情之理[三二]，精粗本末，初不相離。若舍器而求理，未有不陷於空虛之境，非吾儒之實學也。

「但得道在，不繫今與古」云云 語類：形而上者，無形無聲是此理；形而下者，有情有狀是此器。然有此器則有此理，有此理則有此器，未嘗相離，却不是於器形之外別有所謂理。亘古亘今，萬事萬物皆只是這箇，所以説「但得道在，不係今與古[三三]，己與人」。○平巖葉氏曰：言人能體道而不違，則道在我矣。不拘人己古今，無往而不合，蓋道本無間然矣。○語類：以時節分段言之，便有古今；以血氣支體言之，便有人己。却只是一箇理也。

底意思。」

「醫書言」章

語類：「『立』字、『達』字之義，皆兼内外而言。謂如在此而得穩，便是立；如行要到，便是達。如身要成立，亦是立；學要通達，亦是達。事事皆然。」又曰：「立是安存底意思，達是發用底意思。」

以天地萬物爲一體　朱集：陳經正云：「我見天地萬物皆我之性，不復知我身之爲我矣。」伊川先生曰：「他人食飽，公無餒乎？」正是説破此説〔三四〕。○語類：「伊川語録中説『仁者以天地萬物爲一體』，説得太深，無捉摸處。易傳其手筆，只云『四德之元，猶五常之仁』云云。」又曰：「『仁者天下之公，善之本也。』易傳只此兩處説仁，極平實。」

「**生之謂性**」至「**生之謂也**」　朱集：天之付與萬物者謂之命，物之稟受於天者謂之性。然天命流行，必二氣五行交感凝聚，然後能生物也。性命，形而上者也，氣則形而下者也。形而上者，一理渾然，無有不善；形而下者，則紛紜雜揉，善惡有所分矣。故人物既生，則即此所稟以生之氣，而天命之性存焉。此程子所以發明告子「生之謂性」之説，而以「性即氣、氣即性」者言之也。○語類：「『性之謂性〔三五〕』，是生下來喚做性底，便有氣稟夾雜，便不是理底性了。○

問：「蓋告子之言，若果如程先生之説，亦無害。而渠意直是指氣爲性，與程先生之意不同。」曰：「程先生之言，亦是認告子語脉不著[三六]。果如此説，則孟子何以排之[三七]？則知其發端固非矣。」

人生有氣禀，理有善惡 朱集：所禀之氣，所以必有善惡之殊者，亦性之謂也[三八]。蓋氣之流行，性爲之主，以其氣之或純或駁而善惡分焉，故非性中本有二物相對也。然氣之惡者，其性亦有不善[三九]，故惡亦不可不謂之性也。先生又曰：「善惡皆天理。謂之惡者，本非惡，但或過或不及，便如此。蓋天下無性外之物，本皆善而流於惡耳。」○語類：「此『理』不是説實理，猶云理當如此。」又曰：「理只作『合』字看。」

后稷之「克岐克嶷」 集傳曰：岐、嶷，峻茂之貌。

惡亦不可不謂之性 朱集：程子謂「善惡皆天理」，此句若甚可駭，謂之惡者本非惡。此句便都轉了。

「**蓋生之謂性**」止「**水流而就下**」 朱集：性則性而已矣，何言語之可形容哉！故善言性者，不過即其發見之端而言之，而性之韞因可默識矣。如孟子之論四端是也。觀水之流而必下，則水之性下可知。觀性之發而必善，則性之韞善亦可知也。○語類：「人生而静以上」，即是人物未生時。人物未生時，只可謂之理，説性未得，此所謂「在天曰命」也。「纔説性時，便已不是性」者，言纔謂之性，便是人生以後，此理已墮在形氣之中，不全是性之本體。○易中所言，蓋是説天命流行處，明道却將來就人發處説。孟子言性善，亦是就發處説。○性之在人，猶水之在山，其清不可得而見。而流出而見其清，然後知其本清也。按，朱子曰「人生而静以上，人物未生之時，只可謂之理，不可名爲性」，此謂人墮地之後，此理落在氣質上，所以纔説性時已不是性。朱子曰：「性者性而已矣，何言語之可形容哉？」此蓋謂「人生而静以上」，當謂之理。「生而静」即生下來謂之性，才説性時，已不是性之時，則本然之性似無可安頓之地，故曰「性者性而已矣」云云。然則方是時，無復本然之性耶？曰：下文云「是理，天命也」以下，明本然之性，固已完具。此段生下來謂之性，則指涉氣質者，「人生而」，「生」字須著眼，生之謂性，即有氣質夾雜，非復本然之性矣。然非此外別有本然之性，猶之下流雖污濁，其本皆清。苟澄治之，則元初之水也。余舊説以「性者性而已」之説爲異於人物未生之説，今悟其誤。朱子答王子合書曰：「人生而静者，固是性。然只有『生』字，便帶著却氣質了。但『生』字以上又不容説，蓋此理未有形見處。故今才説性，便須帶著氣質，無能懸空説得性者。『繼之者善』，本是説造化發育之功，明道此處却是就人性發用處説，孟子所謂『乃若其情，則可以爲善』之類是也。」此言可謂明白。

又按，「惡亦不可不謂之性」，此亦有異説。朱子引程子曰「善惡皆天理」一條以解之。此義蓋謂「仁流而爲姑息，義流而爲慘覈」之類，皆其過不及使然。設使性無仁義，則姑息慘覈，亦無因而生，譬之水火然。火能煖物、熟物以養人，其害能焚人燒屋以至燎原，不可撲滅。唯其有炎上之性，故能養人亦能害物，乃「過不及」之謂也。水能潤口腹、供濯溉，其害能溺人蕩物以至懷山襄陵，下民昏墊。唯其有潤下之性，故能養人亦能害物，害物乃「過不及」之謂也。人之性亦復如此。○有謂「其人狠戾暴虐，悖人之性」者，亦不可不謂之狠戾暴虐之性，就見在而言之，非別有本然之性。見在之惡即是氣質之性也。程子「惡不可不謂之性」之意如此，此説誤認程子之意，不可不審。

「**皆水也**」止「**各自出來**」朱集：此又以水之清濁譬之。水之清者，性之善也。流至海而不污者，氣稟清明，自幼而善，聖人性之而全其天者也。流未遠而已濁者，氣稟偏駁之甚，自幼而惡者也。流既遠而方濁者，長而見異物而遷焉，失其赤子之心者也。濁有多少，氣之昏明純駁有淺深也，不可以濁者不爲水，惡亦不可不謂之性也。然則人雖爲氣所昏，流於不善，而性未嘗不在其中，特謂之性，則非其本然，謂之非性，則初不離是。以其如此，故人不可以不加澄治之功。惟能學以勝氣，則知此性渾然，初未嘗壞，所謂「元初水也」，雖濁而清者存，故非將清來換濁。既清則本無濁，故非取濁置一隅也。如此，則其本善而已矣，性中豈有兩物對立而並行也哉！

「**此理天命也**」止「**此舜有天下而不與者也**」朱集：「此理，天命也！」該始終本末而言也。修道雖以人事而言，然其所以修者，莫非天命之本然，非人私智所能爲也。然非聖人有不能盡，故以舜明之。○中庸或問：所引舜之事或非論語本文之意。○語類：「生之謂性」一段，當作三節看，其間有言天命者，有言氣質者。「生之謂性」是一節，「水流就下」是一節，清濁又是一節。○此段引譬喻亦叢雜。如説水流而就下了，又説從清濁處去，與就下不相續。這處只要認得大意可也。○氣質之説，起於張、程，極有功於聖門，有補於後學。言之使人深有感，如退之説性三品，也是，但不曾分明説是氣質之性耳。孟子説性善，但説得本原處，却不曾説得氣質之性，所以亦費分疏。使張、程之説早出，則諸子説性惡與善惡混等，自不用争論。故張、程之説立，則諸子之説泯矣。

「萬物之生意最可觀」章

語類：物之初生，其本未遠，固好看。及幹成葉茂，便不好看。如赤子入井時，惻隱怵惕之心，只此子仁，見得時却好看。到得發政施仁，其仁固廣，便看不見得何處是仁。

「滿腔子是惻隱之心」章

朱集：「『腔子』，猶言軀殼耳，只是俗語，非禪語也。滿腔子，只是言充塞周遍本來如此，未説到不餒處。」又曰：「『滿腔子是惻隱之心。』此是就人身上指出此理充塞處，最爲親切。」〇程子曰：「腔子外是甚？亦只是這箇物事。這箇物事是甚底？即滿腔子底物事。」曰：「然則惻隱之心亦在外耶？」曰：「自這一箇腔子通天地萬物，只此一理。理一氣亦非二，故曰『一人之心即天地之心』。」〇語類：「謝上蔡以覺言仁，如何？」曰：「覺者，是要覺得箇道理。須是分毫不差，方能全得此心之德，這便是仁。若但知得箇痛癢，則凡人皆覺得，豈盡是仁者耶？醫者以頑痺爲不仁，以其不覺，故謂之『不仁』。不覺固是不仁，然便謂覺是仁，則不可。」

「天地萬物之理」章

語類：問：「『天地萬物之理，無獨必有對。』對是物也，理安得有對？」曰：「有高必有下，有大必有小，皆是理必當如此。如天之生物，不能獨陰，必有陽；不能獨陽，必有陰。皆是對。這對處不是理對，其所以有對者，是理合當恁地。」○新安陳氏曰：安排者以私意揣度之，而不順其自然。

「中者天下之大本」章

語類：「喜怒哀樂未發謂之中」，「亭亭當當，直上直下」語，皆是形容中之在我，其體段如此。「出則不是」者，出便是已發。發而中節，只可謂之和，不可謂之中矣。○問「亭亭當當」之說。曰：「此俗語也，蓋不偏不倚，直上直下之意也。」問：「敬固非中，惟敬而無失，乃所以爲中否？」曰：「只是常敬，便是喜怒哀樂未發之中也。」○出則不是如此，則是内敬而無失，最盡居敬。

「伊川先生曰公則一」章

朱子曰：公則通，天下只是一箇道理。不仁則是狹小[四〇]，故變詐百出而不一也。

「凡物有本末」章

雙峰饒氏曰：程朱所論本末，不同朱子以大學之「正心誠意」爲本。程子以理之所以然爲本，朱子是以子游之意而推之。○勉齋黄氏曰：「然」猶云「如此」也。其如此者，灑掃應對之節文，所以如此者，謂有此理而後其節文之著見者如此也。

「楊子拔一毛不爲」章

孟子集注：摩頂，摩突其頂也。○朱子曰：三聖相授，「允執厥中」與「子莫執中」文同而意異。蓋精一之餘，無適非中。其曰「允執」，則非徒然執之也。子莫之執中，其爲我不敢爲楊朱之深，其兼愛不敢爲墨翟之過，而於二者之中執其一節以爲中耳。故由三聖以爲中，則其中活；由子莫以爲中，則其中死。中之活者，隨時隨事而無不中，中之死者，非學聖人之學，不能有以權之而常適於中也。

「无妄」章

語類：无妄是自然之誠，不欺是著力去做底。○朱集：問：「无妄是聖人之誠，不欺是學者之誠，如何？」曰：「程子此段似是名理之言，不爲人之等差而發也。」○語類：「无妄，是兼天地萬物所同得底渾淪道理；不欺，是就一邊説。」泳問：「不欺，是就人身説否？」曰：「然。」

「冲漠無朕」章

朱集：陰陽也，君臣父子也，皆事物也，人之所行也，形而下者，萬象紛羅者也。是數者各有當然之理，即所謂道也，當行之路也，形而上者也，冲漠之無朕者也。若以形而上者言之，則冲漠者固爲體，而其發於事物之間者爲之用；若以形而下者言之，則事物又爲體，而其理之發見者爲之用。不可概謂形而上者爲道之體、天下達道五爲道之用也。

「既是塗轍」云云 語類：「既是塗轍，却只是一箇塗轍」，如既君君臣臣底塗轍，却是元有君臣之理也。○「未應」如未有此物，而此理已具；到有此物，亦只是這道理。塗轍，是車行處。且如未有塗轍，而車行必有塗轍之理。○問：「『既是塗轍，却只是一箇塗轍』，是如何？」曰：「恐是記者欠了字，亦曉不得。」○闇齋山崎氏曰：「冲漠無朕，萬象森然已具」，言造化者也。「未應不是先，已應不是後」，言人心者也。

「近取諸身」章

朱集：此段爲横渠「形潰反原」之説而發也。○語類：是言人之一身與天地相爲流通，無一之不相似。至下言「屈伸往來之義，只於鼻息之間見之」，却只是説上意一脚。○問：「屈伸往來，氣也。程子云『只是理』，何也？」曰：「其所以屈伸往來者，是理必如此。『一陰一陽之謂道。』陰陽氣也，其所以一陰一陽循環而不已者，乃道也。」

「明道先生曰天地之間只有一箇感應而已」章

語類：蓋陰陽之變化，萬物之生成，情僞之相通，事爲之終始。一爲感，則一爲應，循環相代，所以不已也。○事事物物，皆有感應。寤寐、語默、動静亦然。譬如氣聚則風起，風止則氣復聚。

「問仁，伊川先生曰」章

朱集：「仁」字之義，孟子言心，該貫體用，統性情而合言之也。程子言性，剖析疑似，分體用而對言之也。

博愛謂之仁　語類：問：「原道起頭四句，恐説得差。且如『博愛之謂仁』，愛如何便盡得仁？」曰：「只爲他説得用，又遺了體。」

「問仁與心」章

語類：心性以穀種論，則包裹底是心；有秫種，有粳種，隨那種發出不同，這便是性。心是箇發出底。○勉齋黄氏曰：心是穀種，心之德是穀種中生之性也。生之性便是理，謂其具此生理而未生也。若陽氣發動生出萌芽後已是情，須認得「性」字[四一]，不涉那喜怒哀樂去。○語類：生之性便是愛之理。

「義訓宜」章

朱子曰：「仁是愛之體，覺自是智之用。仁統四德，故仁則無不覺，然便以覺爲仁則不可。」或謂：「仁只是人心之生理，以『生』字訓之，何如？」朱子曰：「不必須用一字訓，只要識得大意通透耳。」○「言仁處大概」讀。

「性即理也」章

語類：伊川謂「性即理也」一句，直自孟子後惟伊川説得盡。這一句便是千萬世説性之根基！理是箇公共底物事，不解會不善。人做不是，自失了性。○「性即理也」四字，顛撲不破。○施氏璜曰：此是決言性之所以善也。蓋性即是天理，安得有惡？天下無不善之理，安有不善之性？此是在本原上見得通透。

「問心有善惡」章

語類：履之問：「『心本善，發於思慮，則有善不善』章，如何？」曰：「疑此段微有未穩處。蓋凡事莫非心之所爲，雖放僻邪侈，亦是心之爲也。善惡但如反覆手耳，翻一轉便是惡，止安頓不著，也便是不善。如當惻隱而羞惡，當羞惡而惻隱，便不是。」

「心既發」云云　語類：「『既發則可謂之情，不可謂之心』，此句亦未穩。

「性出於天，才出於氣」章

語類：問：「才亦禀於天乎？」曰：「皆天所爲，但理與氣分爲兩路。」又問：「程子謂『才禀於氣』，如何？」曰：「氣亦天也。」道夫曰：「理純而氣則雜〔四二〕。」曰：「然。理精一，故純；氣粗，故雜。」

「性者自然完具」章

語類：四端之信猶五行之土，無定位，無成名，無專氣，而水火木金無不待是以生者。故土於四行無不在，於四時則寄王焉，其理亦猶是也。

「心生道也」章

語類：「心，生道也」，此句是張思叔所記，疑有欠闕。○「心，生道也」，心乃生之道。「惻隱之心，人之生道也」，乃是得天之心以生，生物便是天之心。○「心，生道也」，全然做天底，也不得。蓋理只是一箇渾然底，人與天地混合無間。○尾藤志尹曰：「心，生道也」一句，是泛説不必指人心，有是心斯具此形以生。此「心」字指生道，猶云有此生道。此節大意只是説天地生物之心即人之所受以爲心。

「横渠先生曰氣坱然太虛」章

語類：「『坱然太虛』，此張子所謂『虛空即氣』也。蓋天在四畔，地居其中，減得一尺地，遂有一尺氣，但人不見耳。此是未成形者。」問：「虛實以陰陽言否？」曰：「以有無言，及至『浮而上，降而下』」，則已成形者，若『融結糟粕煨燼[四三]』」，即是氣之查滓。要之，皆是示人以理。」○問：「『氣坱然太虛，升降飛揚，未嘗止息』，此是言一氣混沌之初，天地未判之時，爲復亘古今如此？」曰：「只是統說。只今便如此。」○問：「升降者是陰陽之兩端，飛揚者是游氣之紛擾否？」曰：「此只是說陰陽之兩端。下文此『虛實動静之機，陰陽剛柔之始』，此正是說陰陽之兩端。到得『其感遇聚結』云云以下，却正是說游氣之紛擾者也。」○「『虛實動静之機，陰陽動静之始』兩句，欲云『虛實動静，乘此氣以爲機；陰陽剛柔，資此氣以爲始』，可否？」曰：「此兩句只一般。實與動，便是陽；虛與静，便是陰。但虛實動静是言其用，陰陽剛柔是言其體而已。」○平巖葉氏曰：虛實動静，妙用由是而形，故曰機。陰陽剛柔，定體由是而立，故爲始。○語類：上文說「升降飛揚」，便含這虛實動静兩句在裏面了。所以虛實動静、陰陽剛柔者，便是這升降飛揚者爲之，非兩般也。○問：「『此虛實動静之機，陰陽剛柔之始。』言機言始，莫是說理否？」曰：「此本只是說氣，理自在其中。一箇動，一箇静，便是機處，無非教也。教便是說理。」○「始」字只是說如箇生物底相似，萬物都從這裏生出去。

無非教也　禮記孔子閑居[四四]：天有四時，春秋冬夏，風雨霜露，無非教。

「游氣紛擾」章

語類：問：「『游氣紛擾』一段，説氣與理否？」曰：「此一段專是説氣，未及言理。『游氣紛擾，合而成質者，生人物之萬殊』，此言氣，到此已是查滓麤濁者。去生人物，蓋氣之用也。『其動静兩端〔四五〕，循環不已者，立天地之大義』，此説氣之本。」○所謂游氣者，指其所以賦與萬物。一物各得一箇性命，便有一箇形質，皆此氣合而成之也。○晝夜運而無息者，便是陰陽之兩端；其四邊散出紛擾者，便是游氣，以生人物之萬殊。某常言，正如麵磨相似，其四邊只管層層撒出。正如天地之氣，運轉無已，只管層層生出人物。其中有麤有細，故人物有偏有正，有精有粗。○問陰陽、游氣之辨。曰：游氣是生物底。陰陽譬如扇子，扇出風，便是游氣。

「天體物不遺」章

語類：天體在物上，仁體在事上。猶言天體於物，仁體於事。本是言物以天爲體，事以仁爲體。緣須著從上説，故如此下語。

「昊天曰明」云云 語類：「出王」之「王」，音「往」，言往來游衍，無非是理。「無一物之不體」，猶言無一物不將這箇做骨。

「鬼神者，二氣之良能也」章

語類：「『二氣』，即陰陽也。『良能』，是其靈處。○『鬼神者，二氣之良能』，是説往來屈伸乃理之自然，非有安排布置，故曰『良能』。○問：『「鬼神者，造化之迹也。」此莫造化不可見，唯於其氣之屈伸往來而見之，故曰迹？「鬼神者，二氣之良能。」此莫是言理之自然，不待安排？』曰：『只是如此。』」

「物之初生」章

朱集：上四句乃泛言凡物聚散始終之理如此，而下四句始正言鬼神也。

「性者，萬物之一源」章

平巖葉氏曰：性原于天，而人之所同得也。惟大人者能盡己之性，則能盡人之性。蓋性本無二也，故己有所立，必與夫人以俱立；己有所知，必使夫人以周知；愛必兼愛，使人皆得所愛也；成不獨成，使人皆有所成也。四者，大人之所存心也。

「一故神」章

語類：「張子曰『一故神，兩故化』，言『兩在』者，或在陰，或在陽，在陰時全體都是陰，在陽時全體都是陽。化是逐一挨將去底，一日復一日，一月復一月，節節挨將去，便成一年，這是化。」直卿云：「『一故神』，猶『一動一静，互爲其根』；『兩故化』，猶『動極而静，静極復動』。」○一是一箇道理却有兩端，用處不同。譬如陰陽：陰中有陽，陽中有陰；陽極生陰，陰極生陽，所以神化無窮。○「一故神」，横渠親注云：「兩在故不測。」只是這一物，却周行乎事物之間。如所謂陰陽、屈伸、往來、上下，以至乎什伯千萬之中，無非這一箇物事，所以謂「兩在故不測」。「兩故化」，注云：「推行乎一。」凡天下之事，一不能化，惟兩而後能化。且如一陰一陽，始能化生萬物。雖是兩箇，要之亦是推行乎此一爾。此説得極精，須當與他子細看。○「一故神，兩故化。」兩者，陰陽、消長、進退。兩者，所以推行於一；一所以爲兩。一不立，則兩不可得而見；兩不可見，則一之道息矣。横渠此説極精。非一，則陰陽、消長無自而見；非陰陽、消長，則一亦不可得而見矣。○發於心，達於氣[四六]，天地與吾身共只是一團物事。所謂鬼神者，只是自家氣。自家心下思慮纔動，這氣即敷於外，自然有所感通。

「心統性情」章

語類：性者，理也。性是體，情是用。性情皆出於心，故心能統之。統，如統兵之「統」，言有以主之也。○性是未動，情是已動，心包得已動未動。蓋心未動則爲性，已動則爲情，所謂「心統性情」者也。[四七]

【校勘記】

[一] 仁民便類推去愛物　此句，朱子語類卷四十九作「仁民是親親之類，理會得仁民，便推類去愛物」。

[二] 又因這件事推去理會那一件事　「因」原作「曰」，據朱子語類卷四十九改。

[三] 盡爲衆木之總會　「盡」，周元公集（文淵閣四庫全書本）卷一引此作「蓋」。

[四] 而周子言無極　「極」下，朱子語類卷九十四有「之真」二字。

[五] 更無究極　「究」，朱子語類卷九十四作「窮」。這類「窮」作「究」的情況，稿中多有，以下不再出校説明。

[六] 故能成物　「物」，朱子語類卷九十四作「形」。

〔七〕義是裁成斷決之事　「成」，朱子語類卷九十四作「制」。
〔八〕又言無欲故静　「又」上，朱子語類卷九十四有「静字只好作敬字看故」九字。
〔九〕所謂無惡　「所謂無惡」，性理大全（文淵閣四庫全書本）卷二作「無所謂惡」。
〔一〇〕聖賢有之　「聖」上，性理大全卷二有「惟」字。
〔一一〕所説大概得之　「之」下，性理大全卷二有「但其間曲折更有合細講處」十一字。
〔一二〕四者因情以明性　「四」，性理大全卷二作「曰」。
〔一三〕朱氏曰　「氏」，筑大藏寫本作「子」。
〔一四〕此只是上天　「天」，朱子語類卷六十九作「文」。
〔一五〕功用是有迹處　「處」，朱子語類卷六十八作「底」。
〔一六〕生意則惻隱之心也　「生意則」三字，朱子語類卷六十八作「乃」。
〔一七〕而天地流行之初　「而天地」，朱子語類卷七十一作「此天命」。
〔一八〕則此心之體雖無所不在　「心之」，朱子語類卷七十一作「之心」。
〔一九〕然却未有發見處　「未」字原無，據朱子語類卷七十一補。
〔二〇〕乃見天地心　「乃」，筑大藏寫本作「爲」。
〔二一〕出入往來　「往來」，朱子語類卷七十一作「朋來」。

［二二］只是喚作外感　「是」，朱子語類卷九十五作「得」。

［二三］方周遍平正　「正」原作「生」，據朱子語類卷九十五改。

［二四］凡物皆有理　「凡」上，朱子語類卷九十五有「在物爲理」四字。

［二五］義　「義」上，朱子語類卷九十五有「處物爲義」四字。

［二六］其實姑始於此耳　「此」原作「無」，據朱子語類卷九十四改。

［二七］忠信　「信」下，朱子語類卷六十九有「進德」二字。

［二八］今把木板子來　「今」，朱子語類卷九十五作「因甚」。

［二九］便是神　「便」上，朱子語類卷九十五有「只此」二字。

［三〇］下而萬事萬物都不出此　「下」原作「上」，據朱子語類卷九十五改。

［三一］身之形體皆形而下者　「之」原作「也」，據性理大全卷一改。

［三二］則有性情之理　「則」上，性理大全卷一有「則理在其中即如天地則有健順之理即形體」十八字。

［三三］不係今與古　「古」，朱子語類卷九十五作「後」。

［三四］正是説破此説　「説」，晦庵先生朱文公文集卷四十三作「病」。

［三五］性之謂性　前一「性」，朱子語類卷九十五作「生」。

［三六］亦是認告子語脉不著　「著」，朱子語類卷九十五作「差」。

〔三七〕則孟子何以排之　「以」，朱子語類卷九十五作「必」。
〔三八〕亦性之謂也　「謂」，晦庵先生朱文公文集卷六十七作「理」。
〔三九〕其性亦有不善　「有」，晦庵先生朱文公文集卷六十七作「無」。
〔四〇〕不仁則是狹小　「狹小」，朱子語類卷九十七作「私意」。
〔四一〕須認得性字　「性」，孟子集注大全（文淵閣四庫全書本）卷十一作「生」。
〔四二〕理純而氣則雜　「則雜」之「雜」原作「純」，據朱子語類卷五十九、筑大藏寫本改。
〔四三〕若融結糟粕煨燼　「若」下，朱子語類卷九十八有「所謂山川之」五字。
〔四四〕禮記孔子閑居　「閑」，原作「間」，據禮記改。
〔四五〕其動静兩端　「動静」，葉采近思録集解（元刻本）作「陰陽」。
〔四六〕達於氣　「達」，筑大藏寫本作「連」。
〔四七〕按：此卷末有尾題「近思録集説卷之一終」九字，校點時删。以下各卷此類情形不再出校。

近思録集説卷之二

爲學

「濂溪先生曰聖希天」章

通書注：三者隨其所用之淺深，以爲所至之遠近。不失令名，以其有爲善之實也。○胡氏曰：周子患人以發策決科、榮身肥家、希世取寵爲事也，故曰「志伊尹之所志」；患人以廣聞見、工文詞、矜智能、慕空寂爲事也，故曰「學顏子之所學」。○語類：問：「『聖希天。』若論聖人，自是與天相似了。得非聖人未嘗自以爲聖，雖已至聖處，而猶戒謹恐懼，未嘗頃刻忘所法則否？」曰：「不消如此說。天自是天，人自是人，終是如何得似天？自是用法天。『明王奉若天道，建邦設都』，無非法天者。大事大法天，小事小法天。」○人無私意，便與天地相似。但天地無一息間斷，「聖希天」處正在此。○竇又問：「『志伊尹之志，乃是志於行。』」曰：「只是不志於私。今人仕宦只爲祿，伊尹却『祿之天下弗顧，繫馬千駟弗視也』。」又云：「雖志於行道，若自家所學元未有本領，如何便能舉而措之天下？又須有那地位。若身處貧賤，又如何行？然亦必自修身始，修身齊家，然後達諸天下也。」又曰：「此箇道理，緣爲家家分得一分，不是一人所獨得而專者。經世濟物，古人有這箇心。若只是我自會得，自卷而懷之，却是私。」○「『志伊尹之所志，學顔子之所學。』志固是要立得大，然其中又自有先後緩急之序，致廣大而盡精微。若曰未到伊尹田地做未得，不成塊然喫飯，都不思量天下之事！若是見州郡所行事有不可人意，或百姓遭酷虐，自家寧不惻然動心？若是朝夕憂慮，以天下國家爲念，又那裏教你恁地來？」或曰：「聖賢憂世之志，樂天之誠，蓋有並行而不相悖者，如此方得。」曰：「然。便是怕人倒向一邊去。今人若不塊然不以天下爲志，便又切切然理會不干己事。如世間一樣學問，專理會典故世務，便是如此。古之欲明明德於天下者，合下學，便是學此事。既曰『欲明明德於天下』，不成只恁地空説！裏面有幾多工夫。」○問：「『過則聖，及則賢。』若過於顔子，則工夫又更絶細，此固易見。不知過伊尹時如何説？」曰：「只是更加些從容而已，過之，便似孔子。伊尹終是有擔當底意思多。」

「聖人之道，入乎耳」章

通書注：欲人真知道德之重，而不溺於文辭之陋也。

「或問聖人之門其徒三千」章[一]

雲峰胡氏曰：程子此段議論皆自周子太極圖説來。「天地儲精」，此「精」字即是「二五之精」，其本也真而静，「真」字即是「無極之真」。○語類：問：「『天地儲精』，如何是儲精？」曰：「儲謂儲蓄。天地蓄得二氣之精聚[二]，故能生出萬物。」○問：「何謂儲精？」曰：「儲，儲蓄；精，精氣。精氣流過[三]，若生物時闌定。本是本體，真，是不雜人僞；静，是未發。」復問：「上既言静，下文又言未發，何也？」曰：「疊這一句。」○「『得五行之秀者爲人』，只説五行而不言陰陽者，蓋做這人，須是五行做得成。然陰陽便在五行中，所以周子云『五行一陰陽也』。舍五行無别討陰陽處。如甲乙屬木，甲便是陽，乙便是陰；丙丁屬火，丙便是陽，丁便是陰。不須更説陰陽，而陰陽在其中矣。」或曰：「如言四時而不言寒暑耳。」曰：「然。」○朱集：「真而静」是兩字純一無僞，却只説得「真」字。○伊川先生曰「天地儲精」至「其性鑿矣」。熹詳味此語，與樂記之説指意不殊。所謂静者，亦指未感時言爾。當此之時，心之所存渾是天理，未有人欲之僞，故曰「天之性」。及其感物而動，則是非真妄自是分矣。然非性，則亦無自而發，故曰「性之欲」。伊川所謂「其本真而静」者，「真」、「静」兩字，亦自不同。蓋真則指本體而言，静則但言其初未感物耳。○「人生而静，天之性」者，言人生之初，未有感時便是渾然天理也。「感物亦動，性之欲」者，言及其有感，便是此理之發也。程子於顔子好學論中論此極詳，但平心易氣，熟玩而徐思之，自當見得義理明白穩當處。○論程子真静之説，以真爲本體，静爲未感，此亦是也。然當云：「下文所謂未發，即静之謂也。所謂五性，即真之謂也。然則仁義禮智信云者，乃所謂未發之藴，而性之真也歟？」如此則文義備矣。○天理既渾然，然既謂之理，則便是箇有條理底名字。故其中所謂仁義禮智四者，合下便各有一箇道理，不相混雜。以其未發，莫見端緒，不可以一理名，是以謂之渾然。非是渾然裏面都無分别，而仁義禮智却是後來旋次生出四件有形有狀之物也。須知天理只是仁義禮智之總名，仁義禮智便是天理之件數。更以程子好學論首章求之，即可見得。果然見得，即心性仁愛之説皆不辨而自明矣。○語類：問：「程子云『情既熾而益蕩，其性鑿矣』，性上如何説鑿？」曰：「性固不可鑿，但人不循此理，任意妄作，去傷了他耳。鑿，與孟子所謂鑿一般。」○見得道理透，自不遷不貳，所以伊川謂顔子之學，「必先明諸心，知所往，然後力行以求至」，蓋欲見得此道理透也。○「其本也真而静」是説未發。真，便是不雜，無人僞；静，便是未感。「覺者約其情使合於中，正其心，養其性」，方是大綱説。「學之道，必先明諸心，知所往，然後力行以求至」，便是詳此意。一本作「知所養」，恐「往」字爲是，「往」與「行」字相應。○問「守之也，非化之也」。曰：「聖人則都無這箇，顔子則疑於遷貳與不遷貳之間。」○聖人無怒，何待於不遷？聖人無過，何待於不貳？所以不遷不貳者，猶有意存焉，與「願無伐善，無施勞」之意同，猶今人所謂「願得不如此」。是固嘗如此，而今且得其不如此也，此所謂「守之，非化之也」。○敬子解「不求諸心而求諸迹，以博聞强記、巧文麗詞爲工[四]」，以爲「人不知性，故怠於爲希聖之學，而樂於爲希名慕利之學」。曰：「不是他樂於爲希名慕利之學，是他不知聖之可學，别無可做，只得向那裏去。若知得有箇道理，可以學做聖人，他豈不願爲！緣他不知聖人之可學，『飽食終日，無所用心』，不成空過。須討箇業次弄，或爲詩，或爲文。是他没著渾身處，只得向那裏去，俗語所謂『無圖之輩』是也。」因曰：「世上萬般皆下品，若見得這道理高，見世間萬般皆低。故這一段緊要處，只在『先明諸心』上。蓋『先明諸心』了，方知得聖之可學，有下手處，方就這裏做工夫。若不就此，如何地做？」○蔡元思問：「好學論似多頭項。」曰：「伊川文字都如此多頭項，不恁纏去，其實只是一意[五]。此論須做一意纏看。」○朱集：皇祐二年，伊川先生年十八，間游大學時，海陵胡翼之先生方主教導，嘗以顔子所好何學論試諸生。得先生所試，大驚，即延見，處以學職。

「横渠先生問於」章

朱集：定性者，存養之功至，而得性之本然也。性定則動静如一，而内外無間矣。天地之所以爲天地，聖人之所以爲聖人，不以其定乎？君子之學，亦以求定而已矣。故擴然而大公者，仁之所以爲體也。物來而順應者，義之所以爲用也。仁立義行，則性定而天下之動一矣，所謂貞也。夫豈急於外誘之除，而反爲是憧憧哉？然常人之所以不定者，非其性之本然也。自私以賊夫仁，用知以害夫義，是以情有所蔽而憧憧耳。不知自反以去其所蔽，顧以惡外物爲心而反求照於無物之地，亦見其用力愈勞，而燭理愈昧，益以憧憧而不自知也。艮其背，則不自私矣。行無事，則不用知矣。内外兩忘，非忘也，一循於理，不是内而非外也。不是内而非外，則大公而順應，尚何事物之爲累哉！聖人之喜怒，大公而順應，天理之極也；衆人之喜怒，自私而用知，人欲之盛也。忘怒則公，觀理則順，二者所以爲自反而去蔽之方也。夫張子之於道，固非後學所敢議，然意其强探力取之意多，涵泳完養之功少。故不能無疑於此。程子以是發之，其旨深哉！○明道答横渠書，誠似太快，然其間理致血脉精密貫通，儘須玩索，如「大公」、「順應」、「自私」、「用智」、「忘怒」、「觀理」，便與「主敬究理」互相涉入，不可草草看過。如上文既云「以其情順萬事」，即其下云「而無情亦自不妨」。○平巖葉氏曰：將，送也。事之往也無將，事之來也無迎，動静一定，何有乎將迎？○莊子應帝王篇：至人之用心若鏡，不將不迎，而不藏。○語類：明道答横渠「定性未能不動」一章，明道意言不惡事物，亦不逐事物。今人惡則全絶之，逐則又爲物引將去。惟不拒不流，泛應曲當，則善矣。蓋横渠有意於絶外物而定其内。明道意以爲須是内外合一。「動亦定，静亦定」，則應物之際，自然不累於物。苟只静時能定，則動時恐却被物誘去矣。○西山真氏曰：夫能定能應，有寂有感，皆心之妙也[六]。若以定與寂爲是，而應與感爲非，則是以性爲有内外也。事物之來，以理應之，猶鏡懸於此而形不能遁也。鏡未嘗隨物而照，性其可謂隨物而在外乎？故事物未接，如鏡之本空者，性也；事物既接，如鏡之有形者，亦性也。内外曷嘗有二本哉？知此則知事物不能累吾性，雖酬酢萬變，未嘗不定也。○語類：無事時只得無事，有事時也如無事時模樣。只要此心常在，所謂「動亦定，静亦定」也。○問：「聖人動亦定，静亦定，所謂定者是體否？」曰：「是。」曰：「此是惡物來感時定，抑善惡來皆定？」曰：「惡物來不感，這裏自不接。」曰：「善物則如何？」曰：「當應便應，有許多分數來，便有許多分數應。這裏自定。」曰：「子哭之慟，而何以見其爲定？」曰：「此是當應也。須是『擴然而大公，物來而順應』。再三誦此語，以爲説得圓。」○明道云：「不能以有爲爲應迹。」應迹，謂應事物之迹。若心，則未嘗動也。○孟子離婁或問：或問：「程子之答張子，旁引此文以爲説耶？果有以發乎此章之意耶？」曰：「是固不主於此章之文義，然既通乎此，而後即其言以推之，則其於造道而入德也，用功而意廣矣。」○語類：明道曰：「與其非外而是内，不若内外之兩忘也。」説得最好，便是「不獲其身，行其庭，不見其人」，不見有物，不見有我，只見其所當止也。如「爲人君止於仁」，不知下面道如何，只是我當止於仁；「爲人臣止於敬」，不知上面道如何，只是我當止於敬。只認我所當止也。以至父子兄弟夫婦朋友，大事小事，莫不皆然。○明道爲學者理未甚明底説，言於怒時且權停閣這怒而觀理之是非，少間自然見得當怒不當怒。蓋怒氣易發難制，如水之澎張，能權停閣這怒，則如水漸漸歸港。○「惟思爲能窒慾，如何？」曰：「思與觀同，如言『第能於怒時遽忘其怒而觀理之是非』。蓋是非既見，自然欲不能行。」○人情易發而難制。明道云：「人能於怒時遽忘其怒，亦可見外誘之不足惡，而於道亦思過半矣。」此語可見。然有一説，若知其理之曲直，不必校，却好；若見其直而又怒，則愈甚。大抵理只是此理，不在外求。若於外復有一理時，却難，爲只有此理故。○舜弼問：「定性書也難理會。」曰：「也不難。『定性』字，説得也詑異。此『性』字，是箇『心』字意。明道言語甚圓轉，初讀未曉得，都没理會。子細看，却成段相應。此書在鄠時作，年甚少。」○問：「定性書是正心誠意工夫否？」曰：「正心誠意以後事。」○「明道定性書自胸中瀉出，如有物在後面逼逐他相似，皆寫不辨。」直卿曰：「此正所謂『有造道之言』。」曰：「然。只是一篇之中，都不見一箇下手處。」蜚卿曰：「『擴然而大公，物來而順應』，這莫是下工處否？」曰：「這是説已成處。且如今人私欲萬端，紛紛擾擾，無可奈何，如何得他大公？所見與理皆是背馳，如何便得他順應？」道夫曰：「這便是先生前日所謂『也須存得這箇在』。」曰：「也不由你存。此心紛擾，看著甚方法，也不能得他住。這須是見得，須是知得天下之理，都著一毫私意不得，方是，所謂『知止而後有定』也。不然，只見得他如生龍活虎相似，更把捉不得。」○「漢卿前日説『佛是自私』。味道舉明道『自私用智』之語，亦是此意。先生嘗以此自私説較麤，是常人之自私。某細思之，如『自私則不能以有爲爲應迹，用智則不能以明覺爲自然』，亦是説得煞，細恐只是佛氏之自私。」先生曰：「此説得較闊，兼兩意。也是見横渠説得有這病，故如此説。」賀孫云：「『今以惡外物之心，求照無物之地，猶反鑒而索照也』，亦是説絶外物而求定之意。」曰：「然。但所謂『自私而用智』，如世人一等嗜慾，也是不能『以有爲爲應迹』，如異端絶滅外物，也是不能『以有爲爲應迹』。若廓然大公，物來順應，便都不如此，上不淪於空寂，下不累於物欲。」○性理大全：問：「『天地之常』至『而順』，應是第二段，此書大意不過此七句而已。廓然大公是不絶乎物，物來順應是不累乎物。」勉齋黄氏曰：「固是如此，然自『心普萬物，情順萬事』便是不絶乎物，無情無心便是不累乎物。只是此兩意貫了一篇」。又曰：「自易曰『貞吉』至『不可得而除也』是第三段，此乃引易以結上段之意。『貞吉』則虚中無我，不絶乎物而亦不累乎物也。『憧憧』則累乎物也。」又曰：「自『人之情』至『索照也』是第四段，只是與前二段相反。自私便是求絶乎物，用智是反累乎物。不能以有爲爲應迹，故求絶乎物；不能以明覺爲自然，故反累乎物。」又曰：「自『易曰艮其背』至『應物爲累哉』是第五段，亦引易以結上文[七]。艮不獲其身，則無我，無我則不自私，用智而鑿則不以明覺爲自然，故不若内外之兩忘也。」又曰：「自『聖人之喜』至『爲如何哉』是第六段，以聖人喜怒明其廓然大公、物來順應也。」又曰：「自『夫人之情』至末是第七段，未嘗無怒而觀理之是非，則未至於聖人，而於道思過半矣。以此讀之則自粲然明白矣。」又曰：「末一段專説『順應』一邊，然未嘗不怒則是『大公』。朱文公舊説亦兼大公、順應而言，蓋以遽忘其怒爲大公也。」〇語類：問：「定性書云『大率患在於自私而用智。自私則不能以有爲爲應迹，用智則不能以明覺爲自然』。」曰：「此一書，首尾只此兩項。伊川文字段數分明，明道多只慿成片説將去，初看似無統，子細理會，中間自有路脉貫串將去。『君子之學，莫若擴然而大公，物來而順應』，自後許多説話，都只是此二句意。『艮其背，不獲其身；行其庭，不見其人』，此是説『擴然而大公』。『孟子曰，所惡於智，爲其鑿也』，此是説『物來而順應』。『第能於怒時遽忘其怒，而觀理之是非』，『遽忘其怒』是應『廓然而大公』，『而觀理之是非』是應『物來而順應』。這須子細去看，方始得。」

「内積忠信」章

語類：問：「『内積忠信，所以進德也。』『積』字又也似用力，如何？」曰：「正是用力，不用力如何得！乾卦雖如此，亦是言學。但乾是先知得透，故勇猛嚴厲，其進莫之能禦。」〇「内積忠信」，一言一動，必忠必信，是積也。「知至至之」，全在「知」字；「知終終之」，在著力守之。〇問「知至至之，可與幾也；知終終之，可共存義也」。曰：「上『至』字是至處，下『至』字是到那至處。『知終』是終處，『終之』是終之而不去。蓋求必終於是，而守之不去也。先知爲幾，如人欲往長安，雖未到長安，然已知長安之所在，所謂『可與幾也』。若已到彼，則不謂之『幾』。幾也先知之謂也，存者守而勿失。既知得箇道理如此，則堅守之而勿失，所謂『可與存義也』。」○「知至至之。」「知至」則「知」字是輕，「至」字是到那處。「至之」則「至」字是實，「之」字是虛。如知得要到臨安，是「知至」，須是行到那裏，方是「至之」。大學「知至」，「知」字重，「至」字輕。○問：「『知至至之，致知也』；『知終終之，力行也』。雖是如此，知至、知終皆致知事；至之、終之皆力行事。然『知至至之』主於知，故『可與幾』；『知終終之』主於行，故『可與存義』，如何？」曰：「『知至至之』者，言此心所知者，心真箇到那所知田地。雖行未到，而心已到，故其精微幾密一齊在此，故曰『可與幾』。『知終終之』者，既知到極處，便力行進到極處。此真實見於行事，故天下義理都無走失，故曰『可與存義』。所謂知者，不似今人略知得而已，其所知處，此心真箇一一到那上也。『知至至之』，進德之事。以知得端的如此，此心自實。從此實處去，便是做進德處〔八〕。」○朱集：問：「程先生云『知至至之，始條理也；知終終之，終條理也』。其義何如？乞賜批誨。」曰：「學者之初，須是知得到，方能行得；末後須是行得到，方是究竟。故程先生又云『知至至之主知，知終終之主行』，此語亦可更考玩也。」○「可與存義也。」「存」字似不甚貼「義」字，然亦且作「存」字看，所以伊川云「守之在後」。

「君子主敬」章

語類：敬立而内自直，義形而外自方。若欲以敬要去直内，以義要去方外，即非矣。○「敬以直内」，便能「義以方外」，非是别有箇義。敬譬如鏡，義便是能照底。○敬以養其心，無一毫私念，可以言直矣。由是而發[九]，所施各得其當，是之謂義。○問「義形而外方」。曰：「義是心頭斷事底。心斷於内，而外便方正，萬物各得其宜。」

「動以天爲无妄」章

朱集：但所謂雖無邪心而不合正理者，實該動静而言。如燕居獨處之時，物有來感，理所當應，而此心頑然，固執不動，則雖無邪心，而只此不動處便非正理。又如應事接物處理當如彼，而吾所以應之者乃如此，則雖未必出於有意之私，然只此亦是不合正理。既不合正理，則非邪妄而何？恐不可專以莊敬持養、此心既存爲無邪心，而必以未免紛擾、敬不得行然後爲有妄之邪心也。○語類：跛依倨傲，亦未必盡是私意，亦有性自粗率者。伊川所謂「人雖無邪心，苟不合正理，乃邪心也」。佛氏之學，超出世故，無足以累其心，不可謂之有私意。然只見他空底，不見實理，所以都無規矩準繩。

「感之象曰君子虚以受人」章

語類：克去己私，心便無私主。心有私主，只是相契者便應，不相契者便不應。如好讀書人，見書便愛；不好讀書人，見書便不愛。○問：「『以量而容之，擇合而受之。』以量，莫是要著意容之否？」曰：「非也。以量，乃是隨我量之大小以容人，便是不虚了。」○問：「『往來』是心中憧憧然往來，猶言往來於懷否？」曰：「非也。下文分明説『日往則月來，月往則日來』，『寒往則暑來，暑往則寒來』，安得爲心中之往來？伊川説微倒了，所以致人疑。一往一來，感應之常理也，自然如此。」又問：「是憧憧於往來之間否？」曰：「亦非也。這箇只是對那日往則月來底説。那箇是自然之往來，此憧憧者是加私意，不好底往來。憧憧只是加一箇忙迫底心，不能順自然之理，猶言助長、正心，與計獲相似。方往時，又便要來；方來時，又便要往。只是一箇忙。」

貞者虚中無我之謂也　平巖葉氏曰：此與象「以虚受人」異者，蓋象取山澤通風之義，謂虚中以受人之感；爻取四爲感之主，謂虚中以感人也。

「非明則動無所之」章

語類：徒明不行，則明無所用，空明而已；徒行不明，則行無所向，冥行而已。

「習，重習也」章

論語或問：夫習而熟，熟而說，脉絡貫通最精切。程子所謂「浹洽」者是已。○重復思繹者，以知言也。○語類：「浹洽」二字，宜子細看，凡於聖賢言語思量透徹，乃有所得。譬之浸物於水，水若未入，只是外面稍濕，裏面依前乾燥。必浸之久，則透内皆濕。程子言「時復思繹，浹洽於中」，說極有深意。○善，不是自家獨有，人皆有之。我習而自得，未能及人，雖說未樂。○問：「『以善及人而信從者衆』，是樂其善之可以及人乎，是樂其信從者衆乎？」曰：「樂其信從者衆也。大抵私小底人或有所見，則不肯告人，持以自多。君子存心廣大，已有所得，足以及人。若已能之，以教諸人，而人不能，是多少可悶！今既信從者自遠而至，其衆如是，安得不樂！」

「伊川先生謂方道輔曰」章

「買櫝還珠」。韓非子：楚人賣珠於鄭，爲木蘭之櫝，薰以桂椒，綴以珠玉，飾以瑰玉[一〇]。鄭人買其櫝，還其珠。可謂善賣櫝，不可謂善鬻珠。

「明道先生曰修辭立其誠」章

語類：問：「蘇季明以治經爲傳道居業之事，居常講習，只是空言無益，質之兩先生。何如？」曰：「季明是横渠門人，祖横渠『修辭』之説，以立言傳後爲修辭，是爲居業。明道與説易上『修辭』不恁地。修辭，只是如『非禮勿言』。若修其言辭，正爲立己之誠意，乃是體當自家『敬以直内，義以方外』之實事，便是理會敬義之實事，便是表裏相應。『敬以直内，義以方外』，便是立誠。道之浩浩，何處下手？惟立誠才有可居之處，有可居之處則可以修業。業，便是逐日底事業，恰似日課一般。『忠信所以進德』，爲實下手處。如是心中實見得理之不妄，『如惡惡臭，如好好色』，常常恁地，則德不期而進矣。誠，便即是忠信。修省言辭，便是要立得這忠信。若口不擇言，只管逢事便説，則忠信亦被汩没動蕩，立不住了。」

體當　平巖葉氏曰：「體當」，俗語，猶所謂體驗勘當也。

「伊川先生曰志道」章

「緩急」。尾藤志尹曰：有緩急，猶云有次第。

「孟子才高」章

語類：孟子大段見得敏，見得快，他説話恰似箇獅子跳躍相似。且如他説箇惻隱之心，便是仁之端；羞惡之心，便是義之端。只他説在那裏底便是。似他説時，見得聖賢大段易做，全無許多等級，所以程子云：「孟子才高，學之無可依據。」○「孟子才高，學之無可依據」，爲他元來見識自高。顔子才雖未嘗不高，然其學却細膩切實，所以學者有用力處。孟子終是麤。

「明道先生曰且省外事」章

語類：問：「『且省外事，但明乎善，唯進誠心』，只是教人鞭辟近裏。竊謂明善是致知，誠心是誠意否？」曰：「知至即便意誠，善才明，誠心便進。」又問：「『其文章雖不中不遠矣』，便是應那『省外事』一句否？」曰：「然。外事所可省者即省之，所不可省者亦强省不得。善，只是那每事之至理，文章是威儀制度。『所守不約，泛濫無功』，説得極切。這般處，只管將來玩味，則道理自然都見。」又曰：「這般次第，是吕與叔自關中來初見二程時説話。蓋横渠多教人禮文制度之事，他學者只管用心，不近裏，故以此説教之。然只可施之與叔諸人。若與龜山言，便不著地頭了。」

「學者識得仁體」章

語類：「學者識得仁體，實有諸己，只要義理栽培。」識得與實有，須做兩句看。識得，是知之也；實有，是得之也。若只識得，只是知有此物；却須實有諸己，方是己物也。〇「學者識仁體，實有諸己，只要義理栽培。」恐人不曉栽培，更説「如求經義，皆栽培之意」。

「昔受學於周茂叔」章

論語注：程子之言，引而不發，蓋欲學者深思而自得之，今亦不敢妄爲之説。學者但當從事於博文約禮之誨，以至於欲罷不能而竭其才，則庶乎有以得之矣。

「須是大其心」章

語類：心只是放寬平便大，不要先有一私意隔礙，便大。心大則自然不急迫。如有禍患之來，亦未須驚恐；或有所獲，亦未要便歡喜在。少間亦未必不禍更轉爲福〔一二〕，福更轉爲禍。荀子言：「君子大心則天而道，小心則畏義而節。」蓋君子心大則是天心，心小則文王之翼翼，皆爲好也；小人心大則放肆，心小則是褊隘私吝，皆不好也。

「明道先生曰自舜」章

語類：問：「『若要熟，也須從這裏過。』人須從貧困艱苦中做來，方堅牢。」曰：「若不從這裏過，也不識所以堅牢者，正緣不曾親歷了，不識。似一條路，須每日從上面往來，行得熟了，方認得許多險阻去處。若素不曾行，忽然一旦撞行將去，少間定墮坑落塹去也！」

「參也竟以魯得之」章

語類：「『參也，竟以魯得之』，不説須要魯，魯却正是他一般病，但却尚是箇好底病。就他説，却是得這箇魯底力。○明道謂曾子『竟以魯得之』。緣他質鈍，不解便理會得，故著工夫去看，遂看得來透徹，非他人所及。有一等伶俐人見得雖快，然只是從皮膚上略過，所以不如他。

「明道先生以記誦」章

語類：明道以上蔡記誦爲玩物喪志，蓋爲其意不是理會道理，只是誇多鬥靡爲能。若明道看史不蹉一字，則意思自别。此正爲己爲人之分。

「禮樂只在進反之間」章

朱集：主於減，以進爲文；主於盈者，以反爲文。中間便自有箇恰好處，所謂「性情之正」也。此固不離於中和。然只喚作「中和」，便説殺了，須更玩味。進反之間，見得一箇恰好處，方是實識得中和也。○語類：問：「『禮樂只在進反之間，便得情性之正。』記曰：『禮主其減，樂主其盈。禮減而進，以進爲文；樂盈而反，以反爲文。』恐減與盈，是禮樂之體本如此；進與反，却是用功處否？」曰：「減，是退讓、撙節、收斂底意思，是禮之體本如此。進，力行之謂。盈，是和説、舒散、快滿底意思，是樂之體如此。反者，退斂之謂。『禮主其減』，却欲進一步向前著力去做；『樂主其盈』，却須退斂節制，收拾歸裏。如此則禮減而却進，樂盈而却反，所以爲得情性之正也，故曰『減而不進則消，盈而不反則亡』也。」因問：「如此，則禮樂相爲用矣。」曰：「然。」

「父子君臣，天下之定理」章

語類：「天分」，即天理也。父安其父之分，子安其子之分，君安其君之分，臣安其臣之分，則安得私！故雖行一不義，殺一無辜而得天下，有所不爲。

「論性不論氣」章

語類：「論性不論氣，不備；論氣不論性，不明。」蓋本然之性，只是至善。然不以氣質而論之，則莫知其有昏明開塞，剛柔强弱，故有所不備。徒論氣質之性，而不自本原言之，則雖知有昏明開塞、剛柔强弱之不同，而不知至善之源未嘗有異，故其論有所不明。須是合性與氣觀之，然後盡。蓋性即氣，氣即性也。若孟子專於性善，則有些是論性不論氣，韓愈三品之説，則是論氣不論性。○論性不論氣，孟子也。不備，但欠少耳。論氣不論性，荀揚也。不明，則大害事。○問「二之則不是」。曰：「不可分作兩段説。性自是性，氣自是氣，如何不可分作兩段説？他所以説不備、不明，須是兩邊都説，理方明備，故云『二之則不是』。『二之』者，正指上兩句也。」

「曾點、漆雕開」章

語類：「曾點、漆雕開已見大意。」他只是見得這大綱意思，於細密處未必便理會得。如千兵萬馬，他只見得這箇，其中隊伍未必知。○曾點已見大意，却做得有欠缺。漆雕開見得不如點透徹，而用工却密。點天資甚高，見得這物事透徹。如一箇大屋，但見外面墻圍周匝，裏面間架却未見得，却又不肯做工夫。

「根本須是先培壅」章

語類：「根本須是先培壅〔一二〕，涵養持敬，便是栽培。○問「根本須是先培壅，然後可立趣向」。曰：「此段只如『弟子入孝出弟，行謹言信，愛衆親仁，行有餘力則以學文』之意耳。先只是從實上培壅一箇根脚，却學文做工夫去。」

「敬義夾持」章

語類：仲思問「敬義夾持直上，達天德自此」。曰：「最是他下得『夾持』兩字好。敬主乎中，義防於外，二者相夾持。要放下霎時也不得，只得直上去，故便達天德。」○「直上」者，無許多人欲牽惹也。

「不學便老而衰」章

平巖葉氏曰：學問則義理爲主，故閲理久而益以精明；不學則血氣爲主，故閲時時久而益以衰謝〔一三〕。

「董仲舒曰」章

「孫思邈」云云。天台陳氏曰：膽大謂敢爲，心小謂畏敬，智圓謂通變，行方謂有守。○淮南子：知圓者，無不知也；行方者，有不爲也。○文子者，老子弟子也。其言曰：「心欲小，志欲大，智欲圓，而行欲方。」

「大抵學不言」章

語類：問「學不言而自得者，乃自得也」。曰：「道理本自廣大，只是潛心積慮，緩緩養將去，自然透熟。若急迫求之，則是起意去趕趁他，只是私意而已，安足以入道！」

「視聽、思慮、動作皆天也」章

語類：「皆天也」，言視聽、思慮、動作皆是天理。其順發出來，無非當然之理，即所謂真。其妄者，却是反乎天理者也。雖是妄，亦無非天理，只是發得不當地頭。譬如一草一木合在山上[一四]，此是本分，今却移在水中。其爲草木固無以異，只是那地頭不是。恰如「善固性也，惡亦不可不謂之性」之意[一五]。

「明道先生曰學以要鞭辟」章

語類：至之問：「『學要鞭辟近裏』，『鞭辟』如何？」曰：「此是洛中語，一處説作『鞭約』，大抵是要鞭督向裏去。今人皆不是鞭督向裏，心都向外。明道此段下云『切問近思，言忠信，行篤敬』云云，何嘗有一句説做外面去。學要博，志須要篤，志篤，問便切，思便近，只就身上理會。伊川言『仁在其中，即此是學』，元不曾在外，這箇便是『近裏著己』。今人皆就外面做工夫，恰似一隻船覆在水中，須是去翻將轉來，便好，便是使[一六]。吾輩須勇猛著力覆將轉！」先生轉身而言曰：「須是翻將轉來，始得。」○楊問：「『學要鞭辟近裏』，何謂『鞭辟』？」曰：「辟，如驅辟一般。」又問：「『質美者明得盡，查滓便渾化，與天地同體』，是如何？」曰：「明得透徹，查滓自然渾化。」又問：「查滓是甚麼？」曰：「查滓是私意人欲。天地同體處如義理之精英，查滓是私意人欲之未消者。人與天地本一體，只緣查滓未去，所以有間隔。若無查滓，便與天地同體。『克己復禮爲仁』，己是查滓，復禮便是天地同體處。『有不善未嘗不知』，不善處是查滓。顔子『三月不違仁』，既有限，此外便未可知。如曾子『爲人謀而不忠，與朋友交而不信，傳而不習』，是曾子查滓處。漆雕開言『吾斯之未能信』，皆是有些查滓處。只是質美者，也見得透徹，那查滓處都盡化了。若未到此，須當莊敬持養，旋旋磨擦去教盡。」○朱集：切問、忠信只是泛引切己底意思，非以爲致知力行之分也。質美者固是知行俱到，其次亦豈有全不知而能行者？但因持養而所知愈明耳。○語類：顏子則是明得盡者也，仲弓則是莊敬以持養之者，及其成功一也。

「忠信所以進德」章

語類：「忠信進德，修辭立誠」與「敬以直内，義以方外」分屬乾、坤，蓋取健、順二體。修辭立誠，自有剛健主立之體；敬義便有静順之體。進修便是箇篤實，敬義便是箇虚静，故曰「陽實陰虚」。○「忠信所以進德，修辭立其誠所以居業」，如何是乾德？只是健底意思，恁地做去。「敬以直内，義以方外」，如何是坤德？只是順底意思，恁地收斂。

「有人治園圃」章

「振民育德」。臨川吴氏曰：振者作興彼之善，新民之事也；育者培養己之善，明德之事也。○語類：役智力於農圃，内不足以成己，外不足以治人，是濟甚事！

「博學而篤志」章

集注曰：四者皆學問思辨之事耳，未及乎力行而爲仁也。然從事於此，則心不外馳，而所存自熟，故曰仁云云。〇語類：問：「『博學而篤志，切問而近思，仁在其中矣。了此便是徹上徹下道理。』此是深説也恁地，淺説也恁地否？」先生首肯，曰：「是。徹上徹下，只是這箇道理，深説淺説都恁地。」

「弘而不毅則難立」章

平巖葉氏曰：弘，寬大。毅，剛强也。

「忠恕所以公平」章

語類：忠恕是工夫，公平則是忠恕之效，所以謂「其致則公平」。致，極至也。

「仁之道，要之只消道一公字」章

語類：公是仁之方法，人是仁之材料。〇體者，乃是以人而體公。蓋人撑起公作骨子，則無私心而仁矣。蓋公只是一箇公理，仁是人心本仁。人而不公，則害夫仁。故必體此公在人身上以爲之體，則無所害其仁，而仁流行矣。〇朱子曰：公則無情，仁則有愛。「公」字屬理，「愛」字屬人。「克己復禮」，不容一毫之私。豈非公乎？親親仁民，而無一物之不愛，豈非仁乎？〇語類：世有以公爲心而慘刻不恤者，須公而有惻隱之心，此功夫却在「人」字上。蓋人體之以公方是仁，若以私欲，則不仁矣。○或問仁與公之别。曰：「仁在内，公在外。」○仁是本有之理，公是克己功夫極至處。故惟公然後能仁[一七]，理甚分明。○朱集：仁是本來固有之理，不因公而有，特因公而存爾。如溝渠窒塞，故水不通流。去其窒塞，則水流矣。水固不因去塞而有，然亦非既去其塞而又别有一段工夫使水流通也。○語類：仁之發處自是愛，恕是推那愛底。愛是恕之所推者。若不是恕去推，那愛也不能及物，也不能親親仁民愛物，只是自愛而已。若裏面元無那愛，又只推箇甚麽？○蓋公猶無塵也，人猶鏡也，仁則猶鏡之光明也。鏡無纖塵則光明，人能無一毫之私欲則仁。然鏡之明，非自外求也，只是鏡元來自有這光明，人不爲塵所昏爾[一八]。人之仁，亦非自外得也，只是人心元來自有這仁，今不爲私欲所蔽爾。故人無私欲，則心之體用廣大流行，而無時不仁，所以能愛能恕。仁之名不從公來，乃是從人來，故曰「公而以人體之則爲仁[一九]」。○公、恕、愛皆所以言仁者也。公在仁之前[二〇]，恕與愛在仁之後。公則能仁，仁則能愛能恕故也。○問：「『恕則仁之施，愛則仁之用』，施與用何以别？」曰：「施是從這裏流出，用是就事説。推己爲恕，恕是從己流出去及那物，愛是才調恁地。愛如水，恕如水之流。」又問：「先生謂『愛如水，恕如水之流』。淳退而思，有所未合。竊謂仁如水，愛如水之潤，恕如水之流，不審如何？」曰：「説得好。昨日説過了。」

「人謂要力行，亦只是淺近語」章

語類：問：「何以爲淺近？」曰：「他只是見聖賢所爲，心下愛，硬依他行。這是私意，不是當行。若見得道理時，皆是當恁地行。」又問：「『這一點意氣能得幾時了[二一]』，是如何？」曰：「久時，將次只是恁地休了。」

「涵養須用敬」章

朱集：此二言者，實學者立身進步之要，而二者之功蓋未嘗不交相發也。然夫子教人持敬，不過以整衣冠、齊容貌爲先，而所謂致知者，又不過讀書史、應事物之間求其理之所在而已，皆非如近世荒誕怪譎、不近人情之説也。○語類：「須」字、「在」字，便是皆要齊頭著力，不可道知得了方始行。有一般人儘聰明，知得而行不及，是資質弱，又有一般人儘行得而知不得。○致知、力行，用功不可偏。偏過一邊，則一邊受病。如程子云：「涵養須用敬，進學則在致知。」分明自作兩脚説，但只要分先後輕重。論先後，當以致知爲先；論輕重，當以力行爲重[二二]。

「問必有事焉當用敬否」章

或問：孟子之學，以義爲養氣之本；程子之學，以敬爲入德之門。然義非敬則不能以自集，故孟子雖言集義，而必先之以持志；敬非義不能以自行，故程子雖言持敬，而於其門人有事于敬之問，亦未嘗不以集義爲言也。○語類：季容甫問：「『中理在事，義在心』，如何？」曰：「中理，只是做得事來中理；義，則所以能中理者也。義便有揀擇取舍，易傳曰『在物爲理，處物爲義』。」

「古之學者爲己」章

語類：問：「伊川云『爲己，欲得之於己也；爲人，欲見知於人也』。後又云『古之學者爲己，其終至於成物；今之學者爲人，其終至於喪己』。兩説不同，何也？」曰：「此兩段思意自別，前段是低底爲人，後段好底爲人。前爲人，只是欲見知於人而已。後爲人，却是真箇要爲人。」

「君子之學必日新」章

平巖葉氏曰：或曰：「聖人純亦不已，固未嘗不日新也。」曰：「論其心，則固無時而自已。一念之或已，則是間斷也，何以爲聖人？論其進德之地，則至於神聖而極，不容有所加損也。」

「弘而不毅」章

語類：毅有忍耐意思。程子所云無規矩是説目今[二三]，難立是説後來。

「知性善以忠信爲本」章

孟子或問：性命之理，若究其所以言而論之，則誠有不易言者，若其大體之已然，則學者固不可以不知也。蓋必知此，然後知天理人欲，有主賓之分，趍善從惡，有順逆之殊。○語類：「知性善以忠信爲本。」須是的然識得這箇物事，然後從忠信做將去。若不識得這箇，不知是做甚麽，故曰：「先立乎其大者。」

「明道先生曰人之爲學」章

朱集：「竊意若以聖人爲標準，何不可之有？若無所指擬，茫然而去，將何所歸宿哉？伏乞指教。」曰：「忌先立標準，如孟子所謂勿正者。學者固當以聖人爲標準，然豈可日日比並而較量之乎？觀顔子喟然之歎，不於堅高瞻忽處用功，却就博文約禮上進步，則可見矣。」○語類：用之問：「『學者忌先立標準』，如何？」曰：「如『必有事焉而勿正』之謂。而今雖道是要學聖人，亦且從下頭做將去。若日日恁地比較，也不得[二四]。雖則是曰『舜何人也？予何人也？』若只管將來比較，不去做工夫，又何益！」

「尹彦明見伊川」章

語類：「尹和靖從伊川半年後，方得見西銘、大學，不知那半年是在做甚麽？想見只是且教他聽説話。」曾光祖云：「也是初入其門，未知次第，驟將與他看未得。」先生曰：「豈不是如此？」○平巖葉氏曰：始學之士未知嚮方，教之以大學，使其知入道之門、進學之序也[二五]。然學莫大於求仁，繼之以西銘，所以使其知仁之體，而無私己之蔽已。

「有人説無心」章

平巖葉氏曰：苟欲無心，則必一切絶滅思慮，槁木死灰而後可，豈理也哉！故聖賢未嘗無心，特是心之所存所用者，無非本天理之公而絶乎人欲之私耳。

「謝顯道見伊川」章

語類：問：「『謝氏説『何思何慮』處，程子道『恰好著工夫』，此是著何工夫？」曰：「人所患者，不能見得大體。謝氏合下便見得大體處，只是下學之功夫却欠。程子道『恰好著工夫』，便是教他著下學底工夫。」

「謝顯道云」章

朱集：明道「玩物喪志」之説，蓋是箴上蔡記誦博識而不理會道理之病。渠得此語，遂一向掃蕩，直要得胸中曠然無一毫所能，則可謂矯枉過其正矣。觀其論曾點事，遂及列子御風，以爲易做，則可見也。大抵明道所謂「與學者語如扶醉人」，真是如此。來喻有「懲創太過」之説，亦正謂此，吾人真不可不深自警察耳。

「橫渠先生曰精義入神」章

語類：「事豫吾内，求利吾外，素利吾外，致養吾内。」此下學所當致力處。過此以上則不容計功。所謂「究神知化」，乃養盛自至，非思勉所及，此則聖人事矣。○豫，先知也，事未至而先知其理之謂豫。○「『求』字似有病，便有箇先獲底心。『精義入神』，自然是能利吾外，何待於求？」曰：「然。當云『所以利吾外也』。」○入神，是入至於微妙處。此却似向内做工夫，非是作用於外，然乃所以致用於外也。○如稟得氣清明者，這道理只在裏面；稟得氣昏濁者，這道理亦只在裏面，只被這昏濁遮蔽了。譬之水，清底裏面纖微皆可見，渾底裏面便見不得。孟子說性善，只見得大本處，未說到氣質之性細碎處。

「形而後有氣質之性」章

孟子或問：或問：「孟子初未嘗有氣質之說也，孔子雖以性之相近爲言，然亦不明言其爲氣質也。程、張之說，何所據而云然乎？」曰：「孔子雖不言相近之爲氣質，然其於易大傳之言性，則皆與相近之云者不類，是固不無二者之分矣。但聖人於此，蓋罕言之，而弟子有不得而問者[二六]，故其傳者止是，而無以互相發明耳。孟子雖不言氣質之性，然其告子生之謂性之辨，則亦既微發其端矣。但告子辭究無復辨問，故亦不得盡其辭焉。孟子既没，學失其傳，吾儒之言性者，漫不省此，而支離穿鑿之説滿天下，學者方此昏迷眩瞀，不知所定，而爲釋氏者，又鼓其荒誕之説而乘之，雖其高妙虚無，若不可説[二七]，然覈其實，則所謂蠢動含靈，皆有佛性之説。所謂作用是性之説，皆不過告子生與食色之餘論耳。至於性之爲理，與其仁義禮智之藴，惻隱羞惡恭敬是非之發，則反以爲前程妄想而棄絶之，及論智愚善惡之不齊，則舉而歸之輪迴宿昔不可致詰之地[二八]。舉世之人亦且崇信而歸往之，無有能異其説者。及周子出，始復推明太極陰陽五行之説，以明人物之生，其性則同，而氣質之所從來，其變化錯糅有如此之不齊者。至於程子，則又始明性之爲理，而與張子皆有氣質之説，然後性之爲善者，無害於氣質之有不善，氣質之不善者，終亦不能亂性之必爲善也[二九]。此其有功於聖門，而惠於後學也厚矣，子尚安得以其無所據而致疑耶？」曰：「然則孔子之所罕言者，孟子詳言之，孟子之所言而不盡者，周、程、張子又詳言之。若是何耶？」曰：「道學不明，異端競起，時變事異，不得不然也。」

「德不勝氣，性命於氣」章

朱集：問：「横渠説『性命於氣』、『性命於德』之『命』，恐只是聽命之意。『性天德，命天理』，『天理』云者，亦曰『聽命於德，無非天理之當然耳』。不知是否？」曰：「『性命於氣』，恐

『性命』兩字須作一般看，言性命皆出於氣稟之偏也。『性天德，命天理』，即所謂『性命於德』。」○語類：橫渠云：「所不可變者，惟壽夭耳。」要之，此亦可變。但大概如此。

「莫非天也」章

語類：問：「『莫非天也』是兼統善惡而言否？」曰：「然。正所謂『善固性也，然惡亦不可不謂之性』，二者皆出於天也。陽是善，陰是惡；陽是強，陰是弱；陽便清明，陰便昏濁。大抵陰陽有主對待而言之者，如陽是仁，陰是義之類。這又別是一様，是專就善上說，未有那惡時底說話。」頃之，復曰：「程先生曰『視聽、思慮、動作，皆天也。人但於其中要識得真與妄爾』。」

「大其心則能體天下之物」章

語類：「大其心則能遍體天下之物。」體，猶「仁體事而無不在」，言心理流行，脈絡貫通，無有不到。苟一物有未體，則有不到處。包括不盡，是心爲有外。蓋私意間隔，而物我對立，則雖至親，且未必能無外矣。「故有外之心，不足以合天心。」○問：「『物有未體，則心爲有外。』『體』之義如何？」曰：「此是置心在物中，究見其理，如格物、致知之義，與『體用』之『體』不同。」○或問：「如何是『有外之心』？」曰：「只是有私意，便內外扞格，只見得自家身己，凡物皆不與己相關，便是『有外之心』。橫渠此説固好。然只管如此説，相將便無規矩，無歸著，入於邪遁之説。且如夫子爲萬世道德之宗，都説得語意平易，從得夫子之言，便是無外之實。若便要説天大無外，則此心便瞥入虛空裏去了。」○橫渠之以「絶」爲禁止之詞，是言聖人將這四者使學者禁絶而勿爲。「毋」字亦禁止之意。故曰：「自始學至成德，竭兩端之教也。」必，是事之未來處；固，是事之已過處。○朱集：問：「橫渠曰『仲尼絶四〔三〇〕，意，有思也』。夫子嘗言『學而不思則罔』，又言『君子有九思』，今橫渠之言與此相反。」曰：「絶四是聖人事，不思不勉者也。學者則思不可無，但不可有私意耳。」○語類：張子曰：「意，有思也。」未安。意却是箇有爲底意思。爲此一事，故起此一意。

「上達反天理」章

語類：小人徇人欲，只管被他墜下去，只見沈了，如人墜水相似。

「知崇，天也」章

語類：橫渠「知崇，天也」一段，言知識高明如天，形而上，指此理。「通乎晝夜而知」，通，猶兼也，兼陰陽晝夜之道而知。知晝而不知夜，知夜而不知晝，則知皆未盡也。合知禮而成性，則道義出。知禮，行處也。○橫渠「知禮成性」之説。曰：「橫渠説『成性』謂是渾成底性。『知禮成性』，如『習與性成』之意同。」又問「不以禮性之」。曰：「如『堯舜性之』相似。但它言語艱，意是如此。」○「橫渠言『成性』，與古人不同。他所説性，雖是那箇性，然曰『成性』，則猶言『踐形』。」又曰：「他是説去氣稟物欲之私，以成其性。」

「困之進人也」章

語類：橫渠言：「爲德辨，爲感速。」辨，猶子細；感速，言我之感發速也。

「言有教，動有法」章

語類：橫渠云「言有教」至「瞬有存」，此語極好。君子終日乾乾，不可食息閑。○「息有養，瞬有存。」言一息之間亦有養，一瞬之頃亦有存，如「造次顛沛必於是」之意，但説得太緊。

「橫渠先生作訂頑」章

語類：西銘狀仁之體，元自昭著，以昧者不見，故假父母、宗子、家相、等名以曉譬之。初未嘗謂與乾坤都無干涉，而姑爲是言以形容之。○西銘本不會説理一分殊，因人疑後，方説此一句。○西銘首論天地萬物與我同體之意，固極宏大，功夫則自「于時保之」以下方極親切[三一]。○西銘自首至末，皆是理一分殊。乾父坤母，固是一理。分而言之，便見乾坤自乾坤，父母自父母，惟「稱」字便見異也。○朱集：所論西銘名虛而理實，此語甚善。名雖假借，然其理則未嘗有少異也。若本無此理，則又如之何而可强假耶？○語類：横渠只是借那事親底來形容那事天底。○西銘主意不是説孝，只是以人所易見者，明其所難曉耳。○「吾其體，吾其性」，有我去承當之意。○問：「西銘説『潁封人之錫類』，『申生其恭』。二子皆不能無失處，豈能盡得孝道？」曰：「西銘本不是説孝，只是説事天，但推事親之心以事天耳。二子就此處論之，誠是如此。蓋事親却未免有正有不正處。若天道純然，則無正不正之處，只是推此心以奉事之耳。」○因事親之誠，以明事天之道，只是譬喻出來。下面一句事親，一句事天，如「匪懈」、「無忝」是事親，「不愧屋漏」、「存心養性」是事天。下面説事親，兼常變而言。如曾子是常，舜、伯奇之徒皆變。此在人事言者如此，天道則不然，直是順之無有不合者。○臨川吴氏曰：天理者，父母所以與我者也，而乃違之，是不愛其親也[三二]。仁者，父母所以與我之心德也，而害之，是戕其親也。○雙峰饒氏曰：父母之氣即天地之氣也。分而言之，人各一父母也；合而言之，舉天下同一父母也。人知父母之爲父母，而不知天地之爲大父母。○語類：張子此篇，大抵皆古人説話集來。

訂頑 左傳：心不則德義之經曰頑。

乾稱父坤稱母 易説卦：乾，天也，故稱乎父；坤，地也，故稱乎母。

藐焉 文選寡婦賦序：孤女藐焉始孩。左傳：藐諸孤。

混然中處 柳文天説：渾然而中處者，世謂之元氣。「渾」與「混」通。

塞帥 孟子：塞乎天地之間。○志者，氣之帥也。○禮記孔子閑居〔三三〕：志氣塞乎天地。

體性 孟子：氣，體之充。○堯舜性之。

同胞 漢書東方朔傳：同胞之徒，無所容居。蘇林曰：「胞者，胞胎也，言親兄弟也。」○北史：海内瞻仰，同胞共氣。

吾與 論語：死而無悔者，吾不與。○孟子：約與國。○語類：「與」如「與國」、「相與」之「與」。

大君 易師卦：大君有命。○武人爲于大君。

宗子 詩：宗子維城。○禮記内則：適子、庶子，祗事宗子、宗婦。

大臣 論語：大臣以道事君，不可則止。

家相 禮記曲禮：不名家相、長妾。

高年 前漢刑法志：高年老長，人所尊敬也。○漢武紀：先耆艾，奉高年，古之道也。

長長　孟子：人人親其親，長其長而天下平。

孤弱　史記呂后紀：魯元王蚤失父母，孤弱。

幼幼　孟子：老吾老以及人之老，幼吾幼以及人之幼。

合德　易文言：大人與天地合其德。

其秀　禮記王制：司徒論選士之秀者而升之學。

疲癃　漢書：罷癃咸出。師古曰：「『罷』讀曰『疲』。」

殘疾　未詳。

惸獨鰥寡　詩：哀此惸獨。○哀此鰥寡。

無告　書大禹謨：不虐無告。

顛連　論語：顛沛。蹇卦：蹇連。闇齋山崎氏曰：「此二字未見出處，疑張子合之歟？」

退溪李氏曰：顛連猶顛沛。

于時保之　詩：畏天之威，于時畏之。

子之翼　詩：詒厥孫謀，以燕翼子。○翼翼文王。

樂且不憂　易繫辭：樂天知命，故不憂。

純乎孝　左傳：潁考叔，純孝也。

違　退溪李氏曰：違，如違仁之違。

悖德　孝經：不愛其親而愛他人者，謂之悖德。

害仁　論語：志士仁人，無求生以害仁。

賊　孟子：賊仁者謂之賊。

濟惡不才　左傳：顓頊氏有不才子，不可教訓，世濟其凶，增其惡名。

踐形　孟子：惟聖人然後可以踐形。

惟肖　書：説築傅巖之野，惟肖。○漢書：人肖天地之貌。○孟子：丹朱之不肖。

知化究神　繫辭：究神知化，德之盛也。

繼述　中庸：孝者，善繼人之志，善述人之事者也。

屋漏　詩：相在爾室，尚不愧于屋漏。

無忝　孝經引詩曰：夙與夜寐，無忝爾所生。

心性　孟子：存其心，養其性，所以事天也。

匪懈　詩：夙夜匪懈，以事一人。

旨酒　孟子：禹惡旨酒。

崇伯　國語：在有虞氏，有崈伯鯀。注：「崈，古『崇』字。」

公。

雇養　孟子：博弈好飲酒，不顧父母之養，不孝也。

英才　孟子：得天下英才而教育之。

潁封人　左傳：「潁考叔爲潁谷封人」云云。君子曰：「潁考叔，純孝也。愛其母，施及莊公。詩曰『孝子不匱，永錫爾類』，其是之謂乎！」

弛勞　語類：横渠解論語「無施勞」亦作「弛勞」。

底豫　孟子：舜盡事親之道，而瞽瞍底豫。○語類：豫，後漢書言「天意未豫」。

其功　左傳：舜有大功，二十而爲天子。

無所逃　莊子人間世：無所逃於天地之間。

申生其恭　禮記檀弓：「申生」云云，是以爲恭世子。

體受　孝經：身體髮膚，受之父母，不敢毁傷，孝之始也。

歸全　禮記祭義：父母全而生之，子全而歸之，可謂孝矣。

參乎　論語：參乎，吾道一以貫之。

勇於從　孝經：從父之令，可謂孝子。

順令　始皇紀：和安敦勉，莫不順令。

伯奇　闇齋山崎氏曰：尹吉甫以後妻譖殺伯奇，事見家語、説苑。

富貴貧賤　論語：富與貴是人之所欲，貧與賤是人之所惡也。

憂戚　文選東方朔贊：出不休顯，賤不憂戚。

福澤　未詳。

厚吾生　大禹謨：正德，利用，厚生。

玉女　詩：王欲玉汝，是用大諫。

存没　李華吊古戰場文：其存其没，家莫聞知。

順事　易象傳：「王用亨於岐山」，順事也。

寧　書：志以道寧。○公羊傳注：存寧正性。

「程子曰訂頑之言，極純無雜」云云　性理大全：問：「此篇只發明萬物爲一之意，如何見得仁體？」北溪陳氏曰：「非指與萬物爲一處爲仁之體，乃言天理流行無間爲仁之體也。」○見得此理渾然無間，實有諸己後，日用酬酢，無往而非此理，更何事？更何用？究高極遠。

「又曰游酢」云云　性理大全：問：「游氏讀西銘曰『此中庸之理也』，是言人物體性之所自來否？」北溪陳氏曰：「不止是言體性之所自來，須兼事天節目言之，皆是日用切己之實，無過無不及，所以謂中庸之理也。」○西山真氏曰：愚謂中庸綱領在性、道、教三言，而終篇之義無非教人以全天命之性。西銘綱領亦只在其體、其性之二言，而終篇反復推明，亦欲人不失乾父坤母之所賦予者，爲天地克肖之子而已。故游先生以爲即中庸之理也，豈不信哉？

「**楊中立問**」云云　南軒張氏曰：西銘謂以乾爲父，坤爲母，有生之類無不皆然，所謂理一也。而人物之生，血脉之屬，各親其親，各子其子，則其分亦安得而不殊哉？是則然矣。然即其理一之中，乾則爲父，坤則爲母，民則爲同胞，物則爲吾與。若此之類分，固未嘗不具焉。〇天地位而萬物散殊，其親殊皆有一定之勢，然不知理一，則私意將勝，而其流蔽將至於不相管攝而害夫仁，故西銘因其分之立，而明其理之本一。所謂以止私勝之流，仁之方也，雖推其理之一，而其分森然者，自不可亂，義蓋所以存也。大抵儒者之道，爲仁之至、義之盡者，仁立則義存，義精而後仁之體爲無蔽也。

「**又作砭愚**」云云　問東銘。曰：「此正如今法書所謂『故失』兩字。」因令道夫寫作圖子看：「戲言出於思也，戲動作於謀也。發於聲，見於四支[三四]。謂非己心，不明也；欲人無己疑，不能也。過言非心也，過動非誠也。失於聲，謬迷其四體。謂己當然，自誣也；欲他人己從，誣人已。或者謂出於心者，歸咎爲己戲；失於思者，自誣爲己誠。不知戒其出汝者，歸咎其不出汝者，長遂且傲非[三五]，不智孰甚焉！」

「將修己，必先厚重以自持」章

論語或問：張子「學則不固」之說。此蓋古注舊説，而張子從之，但文勢若有反戾而不安者，且學之爲功，又豈止於不固而已哉。

「横渠先生謂范巽之曰」章

朱集：横渠先生之意正要學者將此題目時時省察，使之積久貫熟而自得之耳，非謂只要如此説殺也。○語類：問：「横渠答范巽之一段如何？」曰：「惟是今人不能脱然如大寐之得醒，只是捉道理説。要之，也説得去，只是不透徹。」又曰：「正要常存意，使不忘，他釋氏只是如此。然他逼拶得又緊。」直卿曰：「張子語比釋氏更有究理工夫在。」曰：「工夫固自在，也須用有意。」問直卿：「如何説『存意不忘』？」曰：「只是常存不及古人意。」曰：「設此語者，只不要放倒此意爾。」○寓曰：「開之未信，若一理見未透，即是未信。」曰：「也不止説一理。要知信不過，不真知決是如此。『行一不義，殺一不辜，得天下不爲。』須是真見得有不義不辜處，便不可以得天下。若説略行不義，略殺不辜，做到九分也未甚害，也不妨，這便是不信處。這裏更須玩味省察，體認存養，亦會見得決定恁地，而不可不恁地。所謂『脱然如大寐之得醒』，方始是信處耳。」

「未知立心，惡思多之致疑」章

語類：横渠「未能立心，惡思多之致疑」，此説甚好，便見有次序處。必大録云：「蓋云事固當考索。然心未有主，却泛然理會不得。」若是思慮紛然，趨向未定，未有箇主宰，如何地講學！○問「未知立心，惡思多之致疑；既知所以立，惡講治之不精」一章。曰：「未知立心，則或善或惡，故胡亂思量，惹得許多疑起。既知所立，則是此心已立於善而無惡，便又惡講治之不精，又却用思。講治之思，莫非在我這道理之内。如此，則『雖勤而何厭』！『所以急於可欲者』，蓋急於可欲之善，則便是無善惡之雜，便是『立吾心於不疑之地』。人之所以有疑而不果於爲善者，以有善惡之雜。今既有善而無惡，則『若決江河而以利吾往』矣[三六]。『遜此志，務時敏』，雖是低下著這心以順他道理，又却抖擻起那精神，敏速以求之，則『厥修乃來』矣。這下面云云，只是説一『敏』字。」

「載所以使學者先學禮者」章

語類：問：「横渠先以禮教人，何也？」曰：「學禮中也有博文。如講明制度文爲，這都是文。那行處方是約禮也。」

「人多以老成則不肯下問」章

語類：横渠有一段説：「人多爲人以前輩見處，每事不肯下問，壞了一生。我寧終身不知。」此段最好看。

「爲學大益」章

語類：或問：「聖賢教人，如『克己復禮』等語，多只是教人克去私欲，不見有教人變化氣質處，如何？」曰：「『寬而栗，柔而立，剛而無虐』，這便是教人變化氣質處。」又曰：「有人生下來便自少物欲者，看來私欲是氣質中一事。」

「文要密察」章

語類：讀書，須痛下工夫，須要細看。心粗性急，終不濟事。横渠云：「文欲密察，心欲洪放。」若不痛做工夫，維是難入[三七]。

「心大則百物皆通」章

朱集：問：「横渠云『心欲洪放』，又曰『心大則百物皆通，心小則百物皆病』。孫思邈云『膽欲大而心欲小[三八]』。竊謂横渠之説是言心之體，思邈之説是言心之用，未知是否？」曰：「心自有合要大處，有合要小處。若只著題目斷了[三九]，則便無可思量矣。」○語類：「心大則百物皆通。」通，只是透得那道理去，病，則是窒礙了。○問：「横渠言『心大則百物皆通，心小則百物皆病』，何如？」曰：「此心小是卑陋狹隘，事物來都没奈何，打不去，只管見礙，皆是病。如要敬則礙和，要仁則礙義，要剛則礙柔。這箇只看得一箇[四〇]，更著兩箇不得。爲敬，便一向拘拘；爲和，便一向放肆，没理會。仁，便煦煦姑息；義，便龘暴決裂。心大，便能容天下萬物。有這物則有這理，有那物則有那道理。並行而不相悖，並育而不相害。」○居甫問：「『心小則百物皆病』，如何是小？」曰：「此言狹隘則事有窒礙不行，如仁則流於姑息，義則入於殘暴，皆見此不見彼。」

「合内外，平物我」章

語類：「合内外，平物我，此見道之大端。」蓋道只是致一公平之理而已。

凡事蔽蓋不見底

施氏璜曰：凡事遮掩，不使人知其底裏，又不肯言其所得所至，皆是不求益，惟恐人之非笑也。若有求益之心，則必以其所得所至，盡其底裏，就正於有道矣。

【校勘記】

〔一〕或問聖人之門其徒三千　「門」原作「問」，據近思録集解改。

〔二〕天地蓄得二氣之精聚　「地」下，朱子語類卷三十有「儲」字。

〔三〕精氣流過　「過」，朱子語類卷三十作「通」。

〔四〕以博聞强記巧文麗詞爲工　「聞」原作「問」，據朱子語類卷九十五改。

〔五〕其實只是一意　「意」下，朱子語類卷三十有「如易傳包荒便用馮河，不遐遺便朋亡，意只是如此，他成四項起，不恁纏説」二十九字。

〔六〕皆心之妙也　「也」下，性理大全卷三十三有「所以然者性也」六字。

〔七〕亦引易以結上文　「結」字原無，據性理大全卷三十三補。

〔八〕按：自「知至至之進德之事」至「便是做進德處」，原本爲雙行小字，今改爲正文大字。

［九］由是而發　「是」，晦庵先生朱文公文集卷四十一作「此心」。

［一〇］飾以瑰玉　「瑰玉」，韩非子卷十一作「玫瑰」。

［一一］亦未要便歡喜在少間亦未必不禍更轉爲福　「要」，朱子語類卷九十五作「有」；「不」字，朱子語類卷九十五無。

［一二］根本須是先培壅　「根」字原無，據朱子語類卷九十五補。

［一三］故閲時時久而益以衰謝　「時時」，葉采近思録集解卷二作「時」。

［一四］譬如一草一木合在山上　下「一」字，朱子語類卷九十五無。

［一五］惡亦不可不謂之性之意　「惡」原作「要」，據朱子語類卷九十五改。

［一六］便是使　「是」，朱子語類卷四十五作「得」。

［一七］故惟公然後能仁　此句，朱子語類卷六作「故惟仁然後能公」。

［一八］人不爲壟所昏爾　「人」，朱子語類卷九十五作「今」。

［一九］公而以人體之則爲仁　「仁」下，底本原衍一「仁」字，據筑大藏寫本及朱子語類卷九十五删。

［二〇］公在仁之前　「仁」字原無，據朱子語類卷九十五補。

［二一］這一點意氣能得幾時了　「了」原作「子」，據朱子語類卷九十五改。

〔二二〕當以力行爲重　「當」，筑大藏寫本作「常」。

〔二三〕程子所云無規矩是説目今　「目」，筑大藏寫本作「自」。

〔二四〕也不得　「不」字原無，據朱子語類卷九十五補。

〔二五〕使其知入道之門進學之序也　「道」原作「進」，據葉采近思録集解改。

〔二六〕蓋罕言之而弟子有不得而問者　「言」下原衍一「言」字，據孟子或問（朱子全書本）卷十一删；「問」，孟子或問卷十一作「聞」。

〔二七〕若不可説　「説」，孟子或問（朱子全書本）卷十一作「詰」。

〔二八〕則舉而歸之輪迴宿昔不可致詰之地　「昔」，孟子或問卷十一作「習」。

〔二九〕終亦不能亂性之必爲善也　「必」，筑大藏寫本作「心」。

〔三〇〕仲尼絶四　「絶」原作「説」，據晦庵先生朱文公文集卷六十一改。

〔三一〕功夫則自于時保之以下方極親切　「功」上，晦庵先生朱文公文集卷四十九有「然其所論事天」六字。

〔三二〕是不愛其親也　「也」字下，性理大全卷四有「賊仁者謂之賊」六字。

〔三三〕禮記孔子閑居　「閑」原作「間」，據禮記改。

〔三四〕按：自「戲言出於思也」至「見於四支」原作雙行小字，今改作大字。又按：本條下文「過言非心也」至「謬迷其四體」，「或者謂」至「長遂且遂非」，亦有大小字混雜，今亦改作大字。

［三五］長遂且傲非　「長遂且傲非」，筑大藏寫本、朱子語類卷九十八同，張子全書（文淵閣四庫全書本）作「長傲且遂非」。

［三六］則若決江河而以利吾往矣　「而」字，朱子語類卷九十八無。

［三七］維是難入　「維」，朱子語類卷十九作「終」。

［三八］孫思邈云膽欲大而心欲小　「孫」原作「遜」，據晦庵先生朱文公文集卷六十改。

［三九］若只著題目斷了　「目」，筑大藏寫本作「自」。

［四〇］這箇只看得一箇　「這箇」之「箇」，朱子語類卷九十五作「裏」。

近思録集説卷之三

致知

語類：問：「看致知説如何？」曰：「程子説得確實平易，讀着意味愈長。」先生曰：「且是教人有下手處。」〇朱集：近思録中横渠夫子所論讀書次第，最爲精密。試一考之當得其趣。

「伊川先生答門人曰」章

朱集：所問「禱祠之惑」，此蓋燭理未明之故，又爲憂患所迫，立不定[二]。今雖未能遽明，但且謹守自家規矩。一面講學窮理，遇聖賢有説此事處，便更著力，加意理會。積累功夫，漸漬日久，一旦忽然有開明處，便自然不爲所惑矣。今未能然，且當謹守聖賢訓誡以爲根脚，如程子所謂「不敢自信而信其師」者，始有寄足之地，不然則飄摇没溺，終不能有以自立矣。〇語類：遺書云，不信其師，乃知當時有不信者。

「伊川先生答横渠先生曰」章

語類：正蒙所論道體，覺得源頭有未是處，故伊川云「過處乃在正蒙」。答書之中云「非明睿所照，而考索至此」。蓋横渠却只是一向苦思求將前向去，却欠涵泳以待其義理自形見處。如云「由氣化有道之名」，説得是好，終是生受辛苦，聖賢便不如此説。試教明道説，便不同。

「學原於思」章

語類：「學原於思。」思所以起發其聰〔二〕。○朱集：問：「學原於思，不思則不得。然而溱竊復以謂覬得之之心，又學者之患。」曰：「方其思時，自是著覬得之心不得，但思則自當有得，如食之必飽耳。」

「所謂日月至焉」章

語類：問：「看來日月至與不息者全然别，伊川言『略相似』，何也？」曰：「若論到至處，却是與久而不息底一般。只是日月至者，至得不長久；不息者，純然無間斷。」○論語或問：所見規模意味氣象之云，非其身親而實有之，亦豈能發明至此耶！

「問忠信進德之事，固可勉强」章

大學或問：此言格物致知所以當先而不可後之意也。○語類：魏問：「横渠言『十五年學恭而安不成』，明道曰『可知是學不成，有多少病在』。莫是如伊川説『若不知得，只是覷却堯，學他行事，無堯許多聰明睿智，怎生得似他動容周旋中禮[三]』？」曰：「也是如此。」○論語或問：昔程子晚而自言：「吾年二十時，解釋經義與今無異，然其意味則今之視昔爲不同矣。」此温故知新之大者，學者以是爲的而深求之，則足以見夫義理之無窮，而亦將不暇於爲師矣。

「凡一物上有一理」章

大學或問：此言格物致知所當用力之地，與其次第工程也。○朱集：古人之學以致知爲先，而致知之方在乎格物。所謂格物云者，河南夫子所謂「或讀書講明義理，或尚論古人別其是非，或應接事物而處其當否」，皆格物之事也。格物知至則行無不力，而遇事不患其無立矣，然欲從事於此，要須屏遠外好，使力專而不分，則庶乎其進之易耳。○語類：道理聖人都説盡了。論語中有許多，詩、書中有許多，須是一一與理會過方得。程先生謂「或讀書講明道義，或論古今人物而別其是非，或應接事物而處其當否」，如何而爲孝，如何而爲忠，以至天地之所以高厚，一物之所以然，都逐一理會，不只是箇一便都了。○朱集：來書謂「窮理不必泥古人言句」，固是也。然亦豈可盡捨古人言句哉？程夫子曰：「窮理亦多端，或讀書講明道理，或論古今人物別其是非，或應事接物求其當否，皆窮理也。」夫講道明理，別是非而察之於應事物之際，以克去己私，求夫天理，循循而進，無迫切陵節之弊，則亦何患夫與古人背馳也。若欲盡捨去古人言句，道理之不明，是非之不別，泛然無所決擇。雖欲惟出處語默之察，譬之適越者不知東西南北之殊，而僕僕然奔走於途，其不北入燕，則東入齊、西入秦耳。○語類：物理無窮，故他說得來亦自多端。如讀書以講明道義，則是理存於書；如論古今人物以別其是非邪正，則是理存於古今人物；如應接事物而審處其當否，則是理存於應接事物。所存既非一物能專，則所格亦非一端而盡。如曰：「一物格而萬物通[四]，雖顏子亦未至此。但當今日格一件，明日又格一件，積習既多，然後脱然有箇貫通處。」此一項尤有意味[五]。向非其人善問，則亦何以得之哉？○朱集：問「論古今人物而別其是非」。曰：「人之過，惡豈可輕論？但默觀之而反諸己，或有未明，則密以資於師友，而勿暴於外，可也。」○語類：問：「『今日格一件，明日格一件』，工夫如何？」曰：「如讀書，今日看一段，明日看一段。又如今日理會一事，明日理會一事，積習多後，自然通貫。」○今日既格得一物，明日又格一物，工夫更不住地做。如左脚進得一步，右脚又進一步；右脚進得一步，左脚又進。接續不已，自然貫通。○朱集：程子一日一件者，格物工夫次第也；脱然貫通者，知至效驗極致也。不循其序而遽責其全，則爲自罔；但求粗曉而不期貫通，則爲自畫。故古經、程子之言未見其有不同也。○語類：舊見李先生說：「理會文字，須令一件融釋了後，方更理會一件。」「融釋」二字下得極好，此亦伊川所謂「今日格一件，明日又格一件，格得多後，自脱然有貫通處」。此亦是他真曾經歷來，便說得如此分明。今若一件未能融釋，而又欲理會一件，則第二件又不了。推之萬事，事事不了，何益！○但積累多後，自然脱然有貫通處。積累多後，便是學之博；脱然有貫通處，便是約。

「思曰睿，思慮久後」章

語類：程子之言誠善。窮一事未透，又便别窮一事，又不得。彼謂有甚不通者，不得已而如此耳。不可便執此說，容易改换，却致工夫不專一也。

「問觀物察己」章

語類：問：「『觀物察己，還因見物反求諸己。』此說亦是。程子非之，何也？」曰：「這理是天下公共之理，人人都一般，初無物我之分。不可道我是一般道理，人又是一般道理，將來相比。如赤子入井，皆有怵惕。知得人有此心，便知自家亦有此心，更不消比並自知。」○「格物、致知，彼我相對而言耳。格物所以致知。於這一物上窮得一分之理，即我之知亦知得一分；於物之理窮二分，即我之知亦知得二分；於物之理窮得愈多，則我之知愈廣。其實只是一理，才明彼，即曉此。所以大學説『致知在格物』，又不説『欲致其知在格其物』。蓋致知便在格物中，非格之外別有致處也。」又曰：「格物之理，所以致我之知。」○朱集：窮理者，欲知事物之所以然，與其所當然者而已。知其所以然，故志不惑；知其所當然，故行不謬。非謂取彼之理而歸諸此也。程子所謂「物我一理，纔明彼，即曉此，不必言觀物而反諸身」者，蓋已説破此病。○語類：一身之中是仁義禮智，惻隱羞惡，辭遜是非，與夫耳目手足視聽言動，皆所當理會。至若萬物之榮悴與夫動植小大，這底是可以如何使，那底是所以如何用，車之可以行陸，舟之可以行水，皆所當理會。○問：「所謂『一草一木亦皆有理』，不知當如何格？」曰：「此推而言之，雖草木亦皆有理存焉。一草一木，豈不可以格。如麻麥稻粱，甚時種，甚時收，地之肥，地之磽，厚薄不同，此宜植某物，亦皆有理。」○朱集：格物之論，伊川意雖謂眼前無非是物，然其格之也，亦須有緩急先後之序[六]，豈遽以爲存心於一草木器用之間而忽然懸悟也哉？且如今爲此學而不窮理、明人倫、講聖言、通世故[七]，乃兀然存心於一草木、一器用之間，此是何學問！如此而望有得，是炊沙而欲其成飯也。○語類：問程子格物之説。曰：「須合而觀之，所謂『不必盡窮天下之物』者，如十事已窮得八九，則其一二雖未窮得，將來湊會，都自見得。又如四旁已窮得，中央雖未窮得，畢竟是在中間了，將來貫通，自能見得。程子謂『但積累多後，自當脱然有悟處』，此語最好。若以爲一草一木亦皆有理，今日又一一窮這草木是如何，明日又一一窮這草木是如何，則不勝其繁矣。蓋當時也只是逐人告之。」○程先生曰：「窮理者，非謂必盡窮天下之理，又非謂止窮得一理便到。但積累多後，自當脱然有悟處。」又曰：「自一身之中以至萬物之理，理會得多，自當豁然有箇覺處。」今人務博者，却要盡窮天下之理，務約者又謂反身而誠，則天下之物無不在我。此皆不是。且如一百件事，理會得五六十件了，這三四十件雖未理會，也大概可曉了。某在漳州有訟田者，契數十本，自崇寧起來，事甚難考。其人將正契藏了，更不可理會。某但索四畔衆契比驗，四至昭然。及驗前後所斷，情僞更不能逃。

「問如何是近思」章

語類：有問伊川曰：「如何是近思？」曰：「以類而推。」今人不曾以類而推，蓋謂不曾先理會得一件，却理會一件。若理會得一件，逐件件推將去，相次亦不難，須是劈初頭要理會教分曉透徹。且如煮物事，合下便用熳火養，便似煮肉，却煮得頑了，越不能得軟。政如義理，只理會得三二分，便道只恁地得了，却不知前面撞頭搕腦。人心裏若是思索得到時，遇事自不難。須是將心來一如鏖戰一番，見行陣，便自然向前得去，如何不教心經履這辛苦。若是經一番，便自知得許多路道，方徹。○楊問：「程子曰『近思，以類而推』，何謂類推？」曰：「此語道得好。不要跳越望遠，亦不是縱横陡頓[八]，只是就這裏近傍那曉得處挨將去。如這一件事理會得透了，又因這件事推去做那一件事，知得亦是恁地。如識得這燈有許多光[九]，便因這燈推將去，識得那燭亦恁地光。如升階，升第一級了，便因這一級進到第二級，又因第三級進到四級。只管恁地挨將去，只管見易，不見其難，前面遠處只管會近。若第一級便要跳到三級，舉步闊了便費力，只管見難，只管見遠。如要去建寧，須從第一鋪，便去到柳營江，柳營江便去到魚㛀驛。只管恁地去，這處進得一程，那處又減得一程。如此，雖長安亦可到矣。不然，只要一日便到，如何得？如讀書，讀第一段了，便到第二段，第二段了，便到第三段。只管挨將去，次第都能理會得。若開卷便要獵一過，如何得？」直卿問：「是理會得孝，便推去理會得弟否？」曰：「只是傍易曉底挨將去。如理會得親親，便推類去仁民，仁民是親親之類。理會得仁民，便推類去愛物，愛物是仁民之類。如『刑于寡妻』，便推類去『至于兄弟』；『至于兄弟』，便推類去『御于家邦』。如修身，便推去齊家；齊家，便推去治國。只是一步了，又一步。學記謂『善問者，如攻堅木，先其易者，後其節目』。此説甚好。且如中央一塊堅硬，四邊軟，不先就四邊攻其軟，便要去中央攻那硬處，徐寓録云：「其中堅硬，被那軟處抨在這裏。」如何攻得。枉費了氣力，那堅硬底又只在。須是先就四邊旋旋抉了軟處，中央硬底自走不得。兵書所謂『攻瑕則堅者瑕，攻堅則瑕者堅』，亦是此意。」徐寓録云：「不會問底人，先去節目處理會。枉費了工夫，這箇堅又只在。」○問：「『以類而推』，是如何？」曰：「只是就近推將去。」曰：「如何是就近推去？」曰：「且如十五志學，至四十不惑，學者尚可以意會。若自知命以上，則雖苦思力索，摸索不著。縱然説得，亦只是臆度。是自近而推，漸漸看將去，則自然見得矣。」○問以類而推之説。曰：「是從己理會得處推將去，如此便不隔越。若遠去尋討，則不切於己。」○論語或問：或問：「兩程子所謂近思，其義亦若有不同者，奈何？」曰：「伯子之意，蓋曰思之以不遠于己耳。叔子所謂類推者，則以思之有序爲近也。伯子之言，固亦得其本者，然不參以類推之説，則將有捐事棄物[一〇]，專以反思默造爲功，而不自知其陷於異端者，是則二子之説雖殊，要之不可以偏廢也。」

「横渠先生答范巽之曰」章

論語或問：源源自見，蓋曰以漸而見云耳。然張子曰「學至於知天，則死生鬼神當源源自見」，爲學者而言，故以爲漸而見之耳。○語類：問：「横渠『物怪神姦』書，先生提出『守之不失』一句。」曰：「且要守那定底。如『精氣爲物，游魂爲變』，此是鬼神定説。又如孔子説『非其鬼而祭之諂也』，『敬鬼神而遠之』等語，皆是定底。其他變處，如未曉得，且當守此定底。如前晚説怪，便是變處。」○横渠所謂「物怪神姦」不必辨，且只「守之不失」。如「精氣爲物，游魂爲變」，此是理之常也。「守之勿失」者，以此爲正，且恁地去，他日當自見也。若「要之無窮，求之不可知〔一一〕」，此又溺於茫昧〔一二〕，不能以常理爲主者也。伯有爲厲，别是一種道理。此言其變，如世之妖妄者也。

「子貢謂夫子之言性與天道」章

論語或問：文章性命之説。張子以爲聖人未嘗不言性命〔一三〕，但其旨淵奥，學者非自得之，則但聞而不喻也，此説善矣。然考之論語之書，則聖人之言性命者蓋鮮矣，故門人又記之曰「子罕言利與命與仁」。竊恐子貢之本意，亦不過于如此也。

「學不能推究事理，只是心麤」章

語類：大凡氣俗不必問，心平則氣自和。惟心麤一事，學者之通病。横渠云：「顔子未至聖人，猶是心麤。」一息不存，即爲麤病。要在精思明辨，使理明義精，而操存涵養無須臾離，無毫髮間，則天理常存，人欲消去，其庶幾矣哉！○問：「顔子心麤之説，恐太過否？」曰：「顔子比之衆人純粹，比之孔子便麤。如『有不善未嘗不知，知之未嘗復行』，是他細膩如此。然猶有這不善，便是麤。伊川説『未能不勉而中，不思而得，便是過』一段，説得好。」○顔子心麤。顔子尚有此語。人有一毫不是，便是心麤。

「博學於文者」章

語類：問：「橫渠謂『博學於文，只要得習坎心亨』，何也？」曰：「難處見得事理透，便處斷無疑，行之又果決，便是『習坎心亨』。凡事皆如此。且以看文字一節論之，見這説好，見那説又好。如此説有礙，如彼説又有礙，便是險阻處。到這裏須討一路去方透，便是『習坎心亨』。」○博學於文，又要得「習坎心亨」。如應事接物之類皆是文，但以事理切磨講究，自是心亨。且如讀書，每思索不通處，則翻來覆去，倒橫直豎，處處窒塞，然其間須有一路可通。只此便是許多艱難險阻，習之可以求通，通處便是亨也。○博學於文，只是要「習坎心亨」，不特有文義。且如學這一件物事，未學時，心裏不曉；既學得了，心下便道曉得這一事。若這一事曉不得，於是一事上心便黑暗。

「義理有疑則」章

朱集：「義理有疑，即濯去舊見，以來新意。」此言最有理。蓋舊見已是錯了，今又就上面更起意思，擘畫分疏，費力愈多，而於本經正文意思轉見昏了。須是一切放下，只將經文虛心涵泳，令其本意瞭然心目之間，無少差互，則却回頭來看舊來見處，其是非得失不崇朝而決矣。○語類：「濯去舊見，以來新意」，此説甚當。若不濯去舊見，何處得新意來。今學者有二種病，一是主私意，一是舊有先入之説，雖欲擺脱，亦被他自來相尋。

「學者要自得」章

朱集：問「且見得路徑後，各自立得箇門庭，歸而求之可矣」。曰：「此是説讀六經只要從師講問，且識得如何下功夫，便是立得門庭，却歸去依此實下工夫，便是歸而求之。」○語類：「六經浩渺，乍難盡曉。且見得路徑後，各自立得一箇門庭。」問：「如何是門庭？」曰：「是讀書之法。如讀此一書，須知此書當如何讀。伊川教人看易，以王輔嗣、胡翼之、王介甫三人易解看，此便是讀書之門庭。緣當時諸經都未有成説，學者乍難捉摸，故教人如此。」或問：「如詩是吟咏性情，讀詩者便當以此求之否？」曰：「然。」

「子在川上曰」章

語類：問：「張思叔説『此便是無窮』，伊川曰『一箇無窮，如何便了得』。何也？」曰：「固是無窮，然須看因甚恁地無窮。須見得所以無究處，始得。若説天只是高，地只是厚，便也無説了。須看所以如此者是如何。」〇「無窮」之言固是。但爲渠道出不親切，故以爲不可。

「凡解經不同無害」章

朱集：天下之理萬殊，然其歸則一而已矣，不容有二三也。知所謂一，則言行之間雖有不同，不害其爲一。不知其一而强同之，猶不免於二三，况遂以二三者爲理之固然而不必同，則其爲千里之謬，將不俟舉足而已迷錯於庭户間矣。故明道先生有言：「解經有不同處不妨，但緊要處不可不同耳。」此言有味也。

「初學入德之門」章

大學或問：曰：「程子之先大學而後論、孟，又且不及乎中庸，何也？」曰：「大學垂世立教之大典，通爲天下後世而言者也。論語應機接物之微言[一四]，或因一時一事而發者也。是以大學之規模雖大，然其首尾該備，而綱領可尋，節目分明，而工夫有序，無非切於學者之日用。論、孟之爲人雖切，然而問者非一人，記者非一手，或先後淺深之無序，或抑揚進退之不齊，其間蓋有非初學日用之所及者。此程子所以先大學而後論、孟，蓋以其難易緩急言之，而非以聖人之言爲有優劣也。至於中庸，則又聖門傳授極致之言，尤非後學之所易得而聞者，故程子之教未遽及之，豈不又以爲論、孟既通，然後可以及此乎？」○朱集：河南程夫子之教人，必先使之用力乎大學、論語、中庸、孟子之書，然後及乎六經，蓋其難易、遠近、大小之序固如此而不可亂也。抑嘗妄謂中庸雖七篇之所自出，然讀者不先於孟子而遽及之，則亦非所以爲入道之漸也。○熹曾聞之師友，大學一篇乃入德之門户，學者當先講習，知得爲學次弟規模，乃可讀語、孟。先見義理根原體用之大略，然後徐考諸經以極其趣，庶幾有得。蓋諸經條制不同，功夫浩博，若不先讀大學、論、孟、中庸，令胸中開明，自有主宰，未易可遽求也。

「凡看語、孟」章

語類：先生嘗舉程子讀論、孟切己之説，且如「學而時習之」，切己看時，曾時習與否？句句如此求之，則有益矣。

「論語有讀了後全然無事者」章

語類：安卿因呈問目。先生曰：「程子言『有讀了後全然無事者[一五]，有得一二句喜者』。到這一二句喜處，便是入頭處。如此讀將去，將久自解踏着他關捩了，倏然悟時，聖賢格言自是句句好。須知道那一句有契於心，著實理會得那一句透。如此推去[一六]，方解有得。今只恁地包罩説道好。如喫物事相似，事相似事事道好[一七]，若問那般較好，其好是如何，却又不知。如此，濟得甚事？」

「學者當以論語、孟子爲本」章

語類：「此條，程先生説讀書，最爲親切。今人不會讀書是如何？只縁不曾求聖人之意，纔拈得些小，便把自意硬入放裏面，胡説亂説。故教它就聖人意上求，看如何。」問：「『易其氣』是如何？」曰：「只是放教寬慢。今人多要硬把捉教住，如有箇難理會處，便要刻畫百端討出來，枉費心力。少刻只説得自底，那裏聖人意！」又曰：「固是要思索，思索那曾恁地！」又舉「闕其疑」一句，歎美之。

「問：且將語、孟緊要」章

語類：吕晉伯問伊川：「語、孟且將緊要處理會，如何？」伊川曰：「固是好。若有所得，終不浹洽。」後來晉伯終身坐此病，説得孤單，入禪學去。

「明道先生曰學者不可以不看詩」章

語類：讀詩便長人一格。如今人讀詩，何緣會長一格？詩之興，最不緊要。然興起人意處，正在興。會得詩人之興，便有一格長。

「看書須要」章

語類：問：「昨因看近思録，『如看二典，便當求堯所以治民，舜所以事君』。某謂堯所以治民，修己而已；舜所以事君，誠身以獲乎上而已。」曰：「便是不如此看。此只是大概説讀書之法而已〔一八〕，如何恁地硬要捺定一句去包括他得！若論堯所以治民，舜所以事君，是事事做得盡。且如看堯典，自『欽明文思安安』以至終篇，都是治民底事。自『欽明文思』至『格于上下』是一段，自『克明俊德』至『於變時雍』又是一段，自『乃命羲和』至『庶績咸熙』又是一段〔一九〕，後面又説禪舜事，無非是治民之事。舜典自『濬哲文明』以至終篇，無非事君之事，然亦是治民之事，不成説只是事君了便了！只是大概言觀書之法如此。」或曰：「若論堯所以治民，舜所以事君，二典亦不足以盡之。」曰：「也大概可見。」

奚以爲　雙峰饒氏曰：以訓用，「爲」字只語助辭。

「伊川先生易傳序曰」章

語類：伊川言：「易，變易也」。只説得相對底陰陽流轉而已，不説錯綜底陰陽交互之理。○朱集：問：「『易，變易也，隨時變易以從道也。』易即道也，然以變易而得名。道者，自然不易之理也。從之者，亦適當之而已，非以此而從彼也。」曰：「易之所以變易者，固皆是理之當然。聖人作易，則因其爻象之變灼見理之所當然者，而繫之辭，教人以變易從道之方耳。如乾初則潛、二則見之類，皆隨時變易以從道之謂也。」○「隨時變易以從道」，主卦爻而言，然天理人事皆在其中。今且以乾卦「潛」、「見」、「飛」、「躍」觀之，其流行而至此者易也，其定理之當然者道也。故明道亦曰「其體則謂之易，其理則謂之道」，而伊川又謂「變易而後合道，易字、道字不相似也」，又云「人隨時變易爲何？爲從道也」。此皆可以見其意矣。易中無一卦一爻不具此理，所以沿流而可以求其源也。○太極圖説解：後論所謂體用一源者，程子之言蓋已密矣。其曰「體用一源」者，以至微之理言之，則冲漠無朕，而萬象昭然已具也。其曰「顯微無間」者，以至著之象言之，則即物而此理無乎不在也[二〇]。言理則先體而後用，蓋舉體而用之理已具，是所以爲一源也。言事則先顯而後微，蓋即事而理之體可見，是所以爲無間也。然則所謂一源者，是豈漫無精粗先後之可言哉？○朱集：至於「體用一源，顯微無間」之語，則近嘗思之。前此看得大段鹵莽，子細玩味，方知此序無一字無下落，無一語無次序。其曰「至微者，理也；至著，象也。體用一原，顯微無間」。蓋自理而言，則即體而用在其中，所謂一原也；自象而言，則即顯而微不能外，所以無間也。其文理密察，有條不紊乃如此。○「體用一源」者，自理而觀，則理爲體，象爲用，而理中有象是一原也；「顯微無間」者，自象而觀，則象爲顯，理爲微，而象中有理，是無間也。先生後答語意甚明，子細消詳，便見歸著。且既曰有理而後有象，則理象便非一物，故伊川但言其一原與無間耳。其實體用顯微之分則不能無也。今曰理象一物不必分別，恐陷於近日含糊之弊，不可不察。○語類：「體用一原」，體雖無迹，中已有用。「顯微無間」者，顯中便具微。天地未有，萬物已具，此是體中有用；天地既立，此理亦存，此是顯中有微。○「至微者，理也；至著者，象也。體用一源，顯微無間，『觀會通以行其典禮』，則辭無所不備。」此是一箇理、一箇象、一箇辭。然欲理會理與象，又須辭上理會。辭上所載，皆「觀會通以行其典禮」之事。凡於事物須就其聚處理會，尋得一箇通路行去。若不尋得一箇通路，只驀地行去，則必有礙。典禮，只是常事。會，是事之合聚交加，難分別處。如庖丁解牛，固是「奏刀騞然，莫不中節」。若至那難處，便著些氣力，方得通。故莊子又說：「雖然，每至於族，吾見其難爲，怵然爲戒，視爲止，行爲遲。」莊子説話雖無頭當，然極精巧，説得到。今學者却於辭上看「觀其會通以行典禮」也。○朱集：「曰象曰辭，固皆理之所寓。然其曰『體用一源』，未知三者以何爲體？

以何爲用？又所謂『典禮』者，無非天叙天秩之自然，不知於會運處如何而觀？易中之辭？何者備之？」曰：「上四句，其説已見於太極圖圖解後統論中矣。『觀會通』是就事上看理之所聚，與其所當行處。『辭』謂卦爻之辭。」○語類：劉用之問易傳序「觀會通以行典禮」。曰：「如堯舜揖遜，湯武征伐，皆是典禮處。典禮只是常事。」○朱集：讀書之要[二一]，當循序而有常，致一而不懈，從容乎句讀文義之間，而體驗乎操存踐履之實，然後心静理明，漸見意味。不然，則雖廣求博取，日誦五車，亦奚益於學哉[二二]？故程子曰：「善學者求言必自近，易於近者非知言者也。」此言殊有味，惟因於遠求而無得者知之[二三]。○尾藤志尹曰：「易變易也」至「可謂至矣」，此節言作經之由。「去古雖遠」至「此傳所以作也」，此節言作傳之由。「易有聖人之道四焉」以下，總言學易之法。「至微者理也」，此下由説學易之法，以明理象皆具于辭。

「伊川先生答張閎中書曰」章

朱集：王弼曰：「義苟應健，何必乾乃爲馬？爻苟合順，何必坤乃爲牛？」而程子亦曰：「理無形也，故假象以顯義。」此其所以破先儒膠固支離之失，而開後學玩辭、玩占之方則至矣。然觀其意，又似直以易之取象無復有所自來，但如詩之比興、孟子之譬喩而已。如此則是説卦之作爲無所與於易，而「近取諸身，遠取諸物」者亦剩語矣[二四]。故疑其説亦若有未盡者。○語類：以上底推不得，只可從象下面説去。王輔嗣、伊川皆不信象。如今却敢如此説，只可説道不及見這箇了。且從象以下説，免得穿鑿。

「諸卦二、五，雖不當位，多以中爲美」章

語類：「中重於正，正不必中。」一件物事自以爲正，却有不中在耳。如饑渴飲食是正，若過些子，便非中節，中節處乃中也。責善，正也，父子之間則不中。

「問胡先生解九四作太子」章

語類：問：「胡安定將乾九四爲儲君。」曰：「易不可恁地看。易只是古人卜筮之書。如五雖主君位而言，然亦有不可專主君位言者。天下事有那一箇道理，自然是有。若只將乾九四爲儲位説，則古人未立太子者，不成是虚却此一爻。如一爻只主一事〔二五〕，則易三百八十四爻，乃止三百八十四件事。」〇林擇之云：「伊川易説得理也太多。」曰：「伊川求之太深，嘗説『三百八十四爻，不可只作三百八十四爻解』。其説也好。而今似他解時，依舊只作得三百八十四般用。」

「看易且要知時」章

語類：易之爲書，廣大悉備，人皆可得而用，初無聖賢之别。伊川有一段云：君有君之用，臣有臣之用。説得好。及到逐卦解釋，又却分作聖人之卦、賢人之卦，更有分作守令之卦者。古者又何嘗有此？不知是如何。

「易中只是言反覆」章

語類：「易中只是言反復、往來、上下。」這只是一箇道理。陰陽之道，一進一退，一長一消，反復、往來、上下，於是見之。

「游定夫問伊川」章

語類：仲思問：「遺書云『看雞雛可以觀仁』，如何？」曰：「既通道理後，這般箇久久自知之。記曰『善問者如攻堅木，先其易者，後其難者』。所以游先生問『陰陽不測之謂神』，而程子問之曰『公是揀難底問？是疑後問？』故昨日與公説，讀書，須看一句後，又看一句；讀一章後，又讀一章。格物，須格一物後，又格一物。見這箇物事道理既多，則難者道理自然識得。」

「伊川以易傳示門人曰」章

朱集：所示屯卦之説，深所未曉。若欲以此揍補易傳七分之心[二六]，恐合不著也。其曰「只説得七分」者，亦言沈酣浸漬，自信自得之功更有學者自著力耳，豈是更要別添外料[二七]，釀玄酒而和大羹也耶？

「伊川先生春秋傳序曰」章

朱集：「不先天而開人，各因時而立政。」胡本「天」作「時」。欽夫云作「天」字，大害事。愚謂此言「先天」，與文言之「先天」不同，文言之云「先天」、「後天」乃是左右參贊之意，如左傳云「實先後之[二八]」，意思即在中間，正合天運，不差毫髪，所謂啐啄同時也。此序所云「先天」却是天時未至，而妄以私意先之，若耕穫菑畬之類耳。兩「先天」文同而意不同，「先天」、「先時」却初不異，但上言天，下言人，上言時，下言政，於文爲協耳。○語類：或問伊川春秋序後條。曰：「四代之禮樂，此是經世之大法也。春秋之書，亦經世之大法也。然四代之禮樂是以善者爲法，春秋是以不善者爲戒。」又問：「孔子有取乎五霸，豈非時措從宜？」曰：「是。」又曰：「觀其予五霸，其中便有一箇奪底意思。」○程子所謂「春秋大義數十，炳如日星」者，如「成宋亂」，「宋災故」之類，乃是聖人直著誅貶，自是分明。如胡氏謂書「晉侯」爲以常情待晉襄，書「秦人」爲以王事責秦穆處，却恐未必如此。須是己之心果與聖人之心神交心契，始可斷他所書之旨。不然，則未易言也。程子所謂「微辭隱義，時措從宜者，爲難知」耳。○問：「春秋傳序引夫子答顔子爲邦之語，爲顔子嘗聞春秋大法，何也？」曰：「此不是孔子將春秋大法向顔子說。蓋三代制作極備矣，孔子更不可復作，故告以四代禮樂，只是集百王不易之大法。其作春秋，善者則取之，惡者則誅之，意亦只是如此，故伊川引以爲據耳。」○春秋序云：「雖德非湯武，亦可以法三王之治。」如是，則無本者亦可以措之治乎？語有欠。因云：「伊川甚麽樣子細，尚如此。難！難！」○尾藤志尹曰：章首至「天運周矣」，此節說古聖人教之旨。「聖王不復興」至「此其準的也」，此節說聖人作春秋之由。「後世以史視春秋」至章末，此說作傳之由。○按，世主必湯武，則不必待聖人之筆削，故垂教設戒，正爲不能爲湯武者，程語原無瑕疵。

「詩、書載道之文」章

平巖葉氏曰：道無非用，用無非道。然詩、書即道而推於用，主道而言，故曰「載道之文」。春秋即用以明道，主用而言。故曰「聖人之用」。

「學春秋亦善」章

語類：叔重問：「程子云『權者，言秤錘之義也。何物以爲權？義是也。然也只是説到義。義以上更難説，在人自看如何[二九]』。此意如何看？」曰：「此如人犯一罪，性之剛者以爲可誅，性之寬者以爲可恕，概之以義，皆未是合宜。此則全在權量之精審，然後親審不差。欲其權量精審，是他平日涵養本源，此心虚明純一，自然權量精審。伊川常云『敬以直内，則義以方外；義以爲質，則禮以行之』。」

「春秋傳爲按」章

語類：問：「春秋當如何看？」曰：「只如看史樣看。」曰：「程子所謂『以傳考經之事迹，以經別傳之真僞[三〇]』，如何？」曰：「便是亦有不可考處。」

「天官之職，須襟懷洪大」章

語類：天官之職，是總五官者。若其心不大，如何包得許多事？且冢宰内自王之飲食衣服，外至五官庶事，自大至小，自本至末，千頭萬緒，若不是大其心者區處應副，事到面前，便且區處不下。況於先事措置，思患預防，是者多少精神〔三一〕！所以記得此，復忘彼。佛氏只合下將那心頓在無用處，纔動步便疏脱。所以吾儒貴窮理致知，便須事事物物理會過。「舜明於庶物」，物即是物，只是明，便見皆有其則。今文字在面前，尚且看不得，況許多事到面前，如何奈得他！須襟懷大底人，始得。

「尚書難看」章

語類：問：「『尚書難讀，蓋無許大心胸。』他書亦須大心胸，方讀得。如何程子只説尚書？」曰：「他書却有次第。且如大學自格物致知以至平天下，有多少節次。尚書只合下便大。如堯典自『克明峻德，以親九族』至『黎民於變時雍』，展開是大小大！分命四時成歲，便是心中包一箇三百六十五度四分度之一底天，方見得恁地。若不得一箇大底心胸，如何了得？」

「讀書少則」章

語類：張子曰：「書所以維持此心，一時放下，則一時德性有懈。」也是説得「維持」字好。蓋不讀書，則此心便無用處。「書所以維持此心，若一時放下，則一時德性有懈。」若能時時讀書，則此心庶可無間斷矣。○問：「篤志，未説到行處否？」曰：「篤志，只是至誠懇切以求之，不是理會不得又掉了。若只管泛泛地外面去博學，更無懇切之志，反看這裏，便成放不知求底心，何成頑麻不仁底死漢了[三二]，那得仁！惟篤志，又切問近思，便有歸宿處，這心便不泛濫走作，只在這坎窠裏不放了，仁便在其中。横渠云『讀書以維持此心。一時放下，則一時德性有懈』。」

「書須成誦」章

朱集：横渠教人讀書必欲成誦，真是學者弟一義，須是如此已上，方有著力處也。○語類：横渠說：「讀書須是成誦。」今人所以不如古人處，只争這些子。古人記得，故曉得；今人鹵莽，記不得，故曉不得。緊要處、慢處，皆須成誦，自然曉得。○朱集：近與學者講論，尤覺横渠成誦之説最爲徑捷。蓋未論看得義理如何，且是收得此心有歸著處，不至走作。然亦須是專一精研，使一書通透爛熟，都無記不起處，方可別換一書，乃爲有益。若但輪流通念，而覈之不精，則亦未免枉費工夫也。須是都通透後，又却如此温習，乃爲佳耳。○語類：「横渠云『書須成誦，精思多在夜中，或静坐得之。不記則思不起』。今學者看文字，若記不得，則何緣貫通？」時舉曰：「緣資性魯鈍，全記不起。」曰：「只是貪多，故記不得。福州陳正之極魯鈍[三三]，每讀書只五十字，必三二百遍而後能熟。」○横渠語録有一段說：「讀書，須是成誦。不成誦，則思不起。」直須成誦，少間思量起，便要曉得，這方是浹洽。○朱集：程先生說「於不疑處有疑，方是長進」，此不可不深念也。

「如中庸」章

中庸或問：須句句理會，使其言互相發明。真讀書之要法，不但可施於中庸也。○語類：横渠云：「如中庸文字，直須句句理會過，使其言互相發。」今讀大學亦然。某年十七八時，讀中庸、大學，每旦起須誦十遍。

「春秋之書」章

語類：問：「先生二禮、書、春秋未有説，何也？」曰：「春秋是當時實事，孔子書在册子上。後世諸儒學未至，而各以己意猜傳，正横渠所謂『非理明義精而治之，故其説多鑿』是也。唯伊川以爲『經世之大法』，得其旨矣。然其間極有無定當、難處置處，今不若且存取胡文定本子與後來看，縱未能盡得之，然不中不遠矣。」

【校勘記】

［一］立不定　「立」前，晦庵先生朱文公文集卷四十九有「故」字。

［二］思所以起發其聰　「聰」下，朱子語類卷九十六有「明」字。

［三］怎生得似他動容周旋中禮　「似」字原無，據朱子語類卷三十四補。

［四］一物格而萬物通　下一「物」字，朱子語類卷十八作「理」。

［五］此一項尤有意味　「項」原作「頃」，據朱子語類卷十八改。

［六］亦須有緩急先後之序　「須」原作「頃」，據晦庵先生朱文公文集卷三十九改。

［七］且如今爲此學而不窮理明人倫講聖言通世故　「窮」下，晦庵先生朱文公文集卷三十九有「天」字。

［八］亦不是縱横陡頓　「不」字原無，據朱子語類卷四十九補。

［九］如識得這燈有許多光　「識」原作「織」，據朱子語類卷四十九改。

［一〇］則將有捐事棄物　「捐」原作「指」，據論語或問卷十九改。

［一一］若要之無窮求之不可知　朱子語類卷九十八作「若委之無窮，付之不可知」。

［一二］此又溺於茫昧　「茫」原作「范」，據朱子語類卷九十八改。

［一三］文章性命之説張子以爲聖人未嘗不言性命　論語或問（朱子全書本）卷五作「或問文章性命之説，曰，程子、張子、吕氏以爲聖人未嘗不言性命」。

［一四］論語應機接物之微言　「論語」，大學或問（朱子全書本）作「論孟」。

〔一五〕程子言有讀了後全然無事者　「有」、「後」原無，據朱子語類卷八十一補。

〔一六〕如此推去　「此」下，朱子語類卷八十一有「推來」二字。

〔一七〕如喫物事相似事相似事事道好　「事相似」三字，朱子語類卷八十一不重。

〔一八〕此只是大概説讀書之法而已　「説」字原無，據朱子語類卷五十六補。

〔一九〕自乃命羲和至庶績咸熙又是一段　「羲」原作「義」，據朱子語類卷五十六改。

〔二〇〕則即物而此理無乎不在也　「則」下，太極圖説解有「即事」二字。

〔二一〕讀書之要　「要」上，晦庵先生朱文公文集卷五十六有「法」字。

〔二二〕亦奚益於學哉　「奚」字原無，據晦庵先生朱文公文集卷五十六補。

〔二三〕惟因於遠求而無得者知之　「因」，晦庵先生朱文公文集卷五十六作「困」。

〔二四〕遠取諸物者亦剩語矣　底本原無「物者亦」三字，「諸」字下以小字注「磨滅」二字，據晦庵先生朱文公文集卷六十七改。

〔二五〕如一爻只主一事　「如一爻」三字原無，據朱子語類卷六十八補。

〔二六〕若欲以此揍補易傳七分之心　「揍」，晦庵先生朱文公文集卷五十六作「凑」。

〔二七〕豈是更要别添外料　「料」原作「科」，據晦庵先生朱文公文集卷五十六改。

〔二八〕如左傳云實先後之　「之」字原無，據晦庵先生朱文公文集卷三十補。

〔二九〕在人自看如何　「自」原作「目」，據朱子語類卷三十七改。

〔三〇〕以經別傳之真僞　「真」原作「如」，據筑大藏寫本改。

〔三一〕是者多少精神　「者」，朱子語類卷八十六作「著」。

〔三二〕何成頑麻不仁底死漢了　「何」，朱子語類卷四十九作「便」。

〔三三〕福州陳正之極魯鈍　「正」，朱子語類卷八十作「止」，疑當作「晉」。按：宋史卷四百三十二列傳一百九十一載：「陳暘，字晉之，福州人。」八閩通志卷六十二明弘治刻本載：「陳暘，字晉之。」

近思録集説卷之四

存養

「或問聖可學乎」章

語類：問：「伊川云『爲士必志於聖人』，周子乃云『一爲要，一者，無欲也』，如何？」曰：「若注釋古聖賢之書，恐認當時聖賢之意不親切，或有誤處。此書乃周子自著，不應有差。『一者，無欲』，一便是無欲。今試看無欲之時，心豈不一？」又問：「比主一之敬如何？」「無欲之與敬，二字分明。要之，持敬頗似費力，不如無欲撇脱。人只爲有欲，此心便千頭萬緒。此章之言，甚爲緊切，學者不可不知。」

「伊川先生曰陽始發」章

語類：問：「『陽初生甚微，必安静而後能長。故復之象曰：先王以至日閉關。』人於迷途之復，其善端之萌亦甚微，故須莊敬持養，然後能大。不然，復亡之矣。」曰：「然。」又曰：「古人所以四十强而仕者，前面許多年亦且養其善端。若一下便出來與事物滚了，豈不壞事！」○「陽氣始生甚微，必安静而後能長。」問曰：「此是静而後能動之理，如何？如人之天理亦甚微，須是無私欲撓之，則順發出來。」曰：「且如此看。」又問：「『安静』二字，還有分别否？」曰：「作一字看。」

「震驚百里，不喪匕鬯」章

語類：問：「伊川言『臨大震懼，能安而不自失，唯誠敬而已』。處震之道，固當如此。若出於不測，驚動莫不害事否？」曰：「若誠敬至，自是不驚，動則自是有間斷。」○震，未便説到誠敬處，只是説臨大震懼而不失其常。主器之事，未必彖辭便有此意，看來只是傳中方説。

「人之所以不能安其止者」章

語類：問「『艮其背』，背非見也」。曰：「只如『非禮勿視』，『姦聲亂色，不留聰明；淫樂慝禮，不接心術』，非是耳無所聞，目無所見。程子解『艮其背』，謂『止於其所不見』，即是此説，但易意恐不如此。」○問：「伊川解『外物不接，内欲不萌』，此説如何？」曰：「只『外物不接〔二〕』，意思亦難理會。尋常如何說這句?某詳伊川之意[二],當與人交之時,只見道理合當止處,外物之私意不接於我。」曰:「某嘗問伯恭來,伯恭之意亦如此。然據某所見,伊川之說只是非禮勿視聽言動底意思。」問:「先生如何解『行其庭,不見其人』?」曰:「如在此坐,只見道理,不見許多人,是也。」曰:「如此,則與非禮勿視聽言動之意不協。」曰:「固是不協。伊川此處[三],恐有可疑處。」

「聖人千言萬語」章

語類:蜚卿問:「孟子說求放心,從『仁,人心也』說將來。莫是收此心便是仁,存得此心可以存此仁否?」曰:「也只是存得此心,可以存此仁。若只收此心,更無動用生意,又濟得甚麼!所以明道又云『自能尋向上去』。這是已得此心,方可做去,不是道只塊然守得這心便了。」問:「放心還當將放了底心重新收來,還只存此心,便是不放?」曰:「看程先生所說,文義自是如此,意却不然。只存此心,便是不放,不是將已縱出了底,依舊收將轉來。如『七日來復』,終不是已往之陽,重新將來復生。舊底已自過去了,這裏自然生出來。」

「明道先生曰學者全體此心」章

朱集：「『全體此心』者，蓋謂涵養本源，以爲致知格物之地而已。如云『聖賢千言萬語，只要人求其放心。自能尋向上去，下學而上達』，亦此意也。○語類：「學者全體此心。學雖未盡，若事物之來，不可不應。」此亦只是言其大概，且存得此心在這裏。「若事物之來，不可不應，且隨自家力量應之，雖不中，不遠矣。」更須下工夫，方到得的當[四]，至於至善處。此亦且爲初學言。如龜山却是恁地，初間只管道是且隨力量恁地，更不理會細密處，下稍都衰塌了。○「學者全體此心」，只是全得此心，不爲私欲汩没，非是更有一心能體此心也。此等當以意會。

「居處恭，執事敬，與人忠」章

朱集：告樊遲三語便與告顔淵、仲弓都無異，故程子曰：「此是徹上徹下語。」安得謂姑爲之安立根脚乎？若此只是安立根脚，即不知如何方是正下手爲仁處耶？

「伊川先生曰學者須敬守此心」章

語類：「學者須敬守此心，不可急迫，當栽培深厚。」栽，只如種得一物在此。但涵養持守之功繼繼不已，是謂栽培深厚。如此而優游涵泳於其間，則浹洽而有以自得矣。苟急迫求之，則此心已自躁迫紛亂，只是私己而已，終不能優游涵泳以達於道。

「明道先生曰思無邪」章

語類：「『毋不敬』是渾然底，思是已萌，此處只争些。○問：「『思無邪』、『毋不敬』是一意否？」曰：「『思無邪』有辨别，『毋不敬』却是渾然好底意思。大凡持敬，程子所謂敬如有箇宅舍。講學如游騎，不可便相離遠去。須是於知處求行，行處求知，斯可矣。」

「今學者敬而不見得」章

語類：「『只是心生』，言只是敬心不熟也。『恭者私爲之恭』，言恭只是人爲；『禮者非體之禮』，言只是禮，無可捉摸。故人爲之恭，必循自然底道理，則自在也。

「今志于義理」章

語類：持之大甚，便是助長。亦須且恁去。助長固是不好，然合下未能到從容處，亦須且恁去，猶愈於不能執捉者。○問：「『今志于義理，而心不安樂』至『左右逢其原也』，此一段多所未解。」曰：「這箇也自分明。只有『且恁地去』此一句難曉。其意只是不可説道持之大甚，便放下了，亦須且恁持去。德孤，只是單丁有這些道理，所以不可靠，易爲外物侵奪。緣是處少，不是處多。若是處多，不是處少，便不爲外物侵奪。到德盛後，自然左右逢其原也。」

「敬而無失」章

朱集：「敬而無失，乃所以中。」此語至約，是真實下功夫處。願於日用語默動静之間，試加意焉，當知其不妄矣。〇語類：「敬而無失，本不是中，只是敬而無失，便見得中底氣象。此如公不是仁，然公而無私則仁。」又曰：「中是本來底，須是做工夫，此理方著。」〇「喜怒哀樂未發謂之中」，程子云：「敬不可謂之中，敬而無失，即所以中也。」未説到義理涵養處。大抵未發已發，只是一項工夫，未發固要存養，已發亦要審察。遇事時時復提起，不可自怠，生放過底心。無時不存養，無事不省察。〇正淳曰：「未發時當以理義涵養。」曰：「未發時著理義不得，纔知有理有義，便是已發。當此時有理義之原，未有理義條件。只一箇主宰嚴肅，便有涵養功夫。伊川曰『敬而無失便是，然不可謂之中。但敬而無失，即所以中也』。」

「司馬子微嘗作坐忘論」章

語類：司馬子微坐忘論，是所謂「坐馳」也。他只是要得恁也虛静，都無事。但只管要得忘，便不忘，是馳也[五]。

「明道先生曰某寫字時甚敬」章

朱集：「明道先生曰『某寫字時甚敬，非是要字好，只此是學』。絅謂此正在勿忘勿助之間也[六]。今作字忽忽，則不復成字，是忘也；或作意令好，則愈不能好，是助也。以此知持敬者正勿忘勿助之間也。」曰：「若如此語，則只是要字好矣。非明道先生之意也。」

「人心作主不定」章

語類：「明道説『張天祺不思量事後，須强把他這心來制縛，亦須寄寓在一箇形象，皆非自然。君實又只管念箇中字，此又爲中所制縛。且中字亦何形象？』他是不思量事，又思量箇不思量底，寄寓一箇形象在這裏。如釋氏教人，便有些是這箇道理。如曰『如何是佛』云云，胡亂掉一語，教人只管去思量。又不是道理，又别無可思量，心只管在這上行思坐想，久後忽然有悟[七]。『中』字亦有何形象？又去那處討得箇『中』？心本來是錯亂了，又添這一箇物事在裏面，這頭討『中』又不得，那頭又討不得，如何會討得？天祺雖是硬捉，又且把定得一箇物事在這裏。温公只管念箇『中』字，又更生出頭緒多，他所以説終夜睡不得。」又曰：「天祺是硬截，温公是死守，旋旋去尋討箇『中』。伊川即曰『持其志』，所以教人且就裏面理會。譬如人有箇家，不自作主，却倩別人來作主！」〇「一心之中如有兩人焉，將爲善，有惡以間之；爲不善，又有愧恥之心。此正交戰之驗。」程子此語，正是言意不誠，心不實處。大凡意不誠，分明是吾之賊。我要上，他牽下來；我要前，他拖教去後。此最學者所宜察。

翻車　見通鑒靈帝紀，注曰：設機車以引水。

「伊川先生曰聖人不記事」章

語類曰：聖人之心虛明，便能如此。常人記事忘事，只是著意之故。

「明道先生在澶州日」章

語類：李德之問：「竊謂凡事須思而後通[八]，安可謂『心不可有一事』？」曰：「事如何不思？但事過則不留於心可也。明道肚裏有一條梁，不知今人有幾條梁柱在肚裏。佛家有『流注想』。水本流將去，有些滲漏處便留滯。」

「伊川先生曰入道莫如敬」章

朱集：大學之序固以致知爲先，而程子發明「未有致知而不在敬」者，尤見用力本領親切處。○道之體用雖極淵微，而聖賢言之則甚明白。學者誠能虚心静慮而徐以求之日用躬行之實，則其規模之廣大，曲折之詳細，固當有以得之燕間静一之中，其味淡而實腴，其旨雖淺而實深矣，然其所以求之者，不難於求而難於養，故程夫子之言曰：「學莫先於致知，然未有能致知而不在敬者。」而邵康節之告章子厚曰：「以君之材，於吾之學頃刻可盡，但須相從林下一二十年，使塵慮銷散，胸中豁豁無一事，乃可相授。」正爲此也。○語類：問：「程子言『未有致知而不在敬』，如何？」曰：「心若走作不定，如何見得道理？且如理會這一件事未了，又要去理會那一件事，少間都成没理會。須是理會這事了，方去理會那事。」又問：「只是要主一？」曰：「當如此。」

「孔子言仁」章

語類：或問：「伊川云『孔子言仁，只説「出門」云云，至「中禮」，惟謹獨便是守之之法』。」

曰：「亦須先見得箇意思，方謹獨以守之。」又曰：「此前面説『敬而不見得』，此便是見得底意思，便是見得敬之氣象功效恁地。若不見得，即黑窣窣地守一箇敬，也不濟事。」○問：「程先生説云云，『看其氣象，便須心廣體胖，動容周旋中禮』。看來也是平日用功，方能如此。非一旦『出門如見大賓，使民如承大祭』，便能如此。」曰：「自這裏做去，方能如此。只是常能存得此心，便能如此。」○「惟上下一於恭敬」，這却是上之人有以感發興起之。「體信」是忠，「達順」是恕。「體信」是無一毫之僞，「達順」是發而皆中節，無一物不得其所。「聰明睿智皆由此出」，這是自誠而明。賀孫録云：「是自誠而明意思。『體信』是信實不忘[九]，『達順』是使萬物各得其處。」信，只是實理；順，只是和氣。「體信」是致中底意思，「達順」是致和底意思。此是禮記中語言，能恭敬則能體信達順。「聰明睿智由此出」者，言能恭敬，自然心便開明。○「『體信』只盡這至誠道理，順即自此發出，所謂『和者天下之達道』。『體信達順』即是『主忠行恕』。」問：「『聰明睿知皆由是出』，是由恭敬出否？」曰：「是心常恭敬，則常光明。」先生又贊言：「『修己以敬』一句，須是如此。這處差，便見顛倒錯亂。詩稱成湯『聖敬日濟[一〇]』。聖人所以爲聖人，皆由這處來。這處做得工夫，直是有功。」○亞夫問：「程先生説『修己以敬』，因及『聰明睿知皆由此出[一一]』，不知如何？」曰：「且看敬則如何不會聰明！敬則自是聰明。人之所以不聰不明，止緣身心惰慢，便昏塞了。敬則虚静，自然通達。」賀孫因問：「周子云『静則明[一二]，明則通』，是此意否？」

曰：「意亦相似。」

「心要在腔子裏」章

朱集：問：「學者問曰：『遺書曰「只外面有些罅隙，便走了」。學者能日用間常切操存，則可漸無此患矣。』」大時答曰：「『其中充實，則其外無罅隙矣。』」曰：「『外面只些罅隙，便走了』，此語分明，不須注解。只要時時將來提撕，便唤得主人公常在常覺也。」○問：「『心要在腔子裏。』若慮事應物時，心當如何？」曰：「思慮應接，亦不可廢。但身在此，則心合在此。」曰：「然則方其應接時，則心在事上；事去，則此心亦合管看。」曰：「固是要如是。」○語類：「心要在腔子裏」。人一箇心，終日放在那裏去，得幾時在這裏？孟子所謂只管教人求放心。今人終日放去，一箇身恰如箇無梢工底船，流東流西，船上人皆不知。某嘗謂，未讀書，且先收斂得身心在這裏，然後可以讀書求得義理。而今硬捉在這裏讀書，心飛揚那裏去，如何得會長進！

「人心常要活」章

語類：問：「人心要活，如何是活？」曰：「心無私，便可推行。活者，不死之謂。」○人心活則周流，無偏係即活。憂患樂好，皆偏係也。方謂無私意，則循天之理，自然周流。

「明道先生曰天地設位」章

語類：易是自然造化。聖人本意只説自然造化流行，程子是將來就人身上説。敬則這道理流行，罃録云：「敬便易行也。」不敬便間斷了。前輩引經文，多是借來説己意。○問：「不知易何以言敬？」曰：「伊川門説得闊，使人難曉。」曰：「下面云『誠敬而已矣』，恐是説天地間一箇實理如此。」曰：「就天地之間言之，是實理；就人身上言之，惟敬，然後見得心之實處流行不息。敬才間斷，便不誠。不誠便無物，是息也。」○因説「子在川上」章，問：「明道曰『天地設位，而易行乎其中，只是敬也，敬則無間斷也』，也是這意思？」曰：「固是天地與聖人一般，但明道説得寬。」

「敬以直内」章

語類：問：「『敬以直内，義以方外，仁也。』如何以此便謂之仁？」曰：「亦是仁也。若能到私欲浄盡，天理流行處，皆可謂之仁。如『博學篤志，切問近思』，能如此，則仁亦在其中。徐寓録作「便可爲仁」。如『克己復禮』，亦是仁；『出門如見大賓，使民如承大祭』，亦是仁；『居處恭，執事敬，與人忠』，亦是仁。看從那路入。但從一路入，做到極處皆是仁。」○問：「言敬義内外，方做工夫，而程子又何以遽言仁也？」曰：「此亦言敬以直内，則無一毫私[一三]，爲仁自在其中爾。大抵這般處要寛看，識得他意，不可迫切求之。」○人心至靈，主宰萬變，而非物所能宰，故纔有執持之意，即是此心先自動了。此程子所以每言坐忘即是坐馳，又因默數倉柱發明其理，而其指示學者操存之道，則必曰「敬以直内」，而又有「以敬直内，便不直矣」之云也。蓋惟整齊嚴肅，則中有主而心自存，非是别有以操存乎此而後以敬名其理也。

「子在川上曰」章

論語或問：或問：「川上之嘆，程子所謂『純亦不已』者，其果聖人之本意乎？」曰：「程子之言，非以爲聖人之意本如是也。亦曰非其心之如是，則無以見天理之如是。」「其曰『其要只在謹獨』者，何也？」曰：「言人欲體此道者，當如是也。蓋道無時而不然[一四]，唯慎其獨，則可以無所間斷而不虧真體。」○語類：川流不息，天運也。純亦不已，聖人之心也。謹獨，所以爲不已，學者之事也。○問「自漢以來儒者皆不識此」。曰：「如仲舒語，只約度有這物事。韓退之雖知有這物事，又説得太闊疏了。」○「有天德[一五]，則便是天理，便做得王道；無天德，則做王道不成。」又曰：「無天德，則是私意，是計較。後人多無天德，所以做王道不成。」

「不有躬」章

語類：下面是伊川解易上句，後二句又是覆解此意，在乎以立己爲先，應事爲後。今人平日講究所以治國、平天下之道，而自家身己全未曾理會得。若能理會自家身己，雖與外事若茫然不相接，然明德在這裏了，新民只見成推將去。己不立，則在我無主宰矣。雖向好事，亦只是見那事物好，隨那事物去，便是爲物所化。○程子說：「不得以天下萬物撓己，己立後，自能了得天下萬物。」今自家一箇身心不知安頓去處，而談王說霸，將經世事業別作一箇伎倆商量講究，不亦誤乎？○佛家一向撤去許多事，只理會自身己。其教雖不是，其意思却是要自理會。所以它那下常有人，自家這下自無人。今世儒者，能守經者，理會講解而已；看史傳者，計較利害而已。那人直是要理會自己[一六]，從自家身己做去。不理會自身己，說甚別人長短！明道曰：「不立己，後雖向好事，猶爲化物。不得以天下萬物撓己，己立後，自能了當得天下萬物。」只是從程先生後，不再傳而已衰。所以某嘗說自家這下無人。

「閑邪則誠自存」章

語類：主一之功，學者用力切要處。○主一兼動静而言。○問：「程子以敬教人，自言主一之謂敬。不之東又不之西，不之此又不之彼，如此則何時而不存。然欲到得此功夫，須如釋氏攝心坐禪始得。」曰：「二先生所論『敬』字，須該貫動静看方得。夫方其事而存主不懈者[一七]，固敬也；及其應物而酬酢不亂者，亦敬也。故曰『毋不敬，儼如思』，又曰『事思敬』『執事敬』。豈必以攝心坐禪而謂之敬哉？」○問「主一」。曰：「做這一事，且做一事，做了這一事，却做那一事。今人做這事未了，又要做那一事，心下千頭萬緒[一八]。」○問：「和靖説『其心收斂，不容一物』。」曰：「這心都不着一物，便收斂。他上文云『今人入神祠，當那時直是更著不得些子事，只有箇恭敬』。此最亲切。今人若能專一此心，便收斂緊密，都無些子空罅。若這事思量未了，又走做那邊去，心便成兩路。」

「閑邪則固一矣」章

語類：只是覺見邪在這裏，要去閑他，則這心便一了。所以説道閑邪，則固一矣。既一則邪便自不能入，更不消説又去閑邪。恰如知得外面有賊，今夜用須防他，則惺了。既惺了，不須更説防賊。○主一似「持其志」，閑邪似「無暴其氣」。閑邪只是要邪氣不得入，主一則守之於内。二者不可有偏，此内外交相養之道也。○問敬。曰：「不用解説，只整齊嚴肅便是。」○問：「上蔡説『敬者，常惺惺法也』，此語極精切。」曰：「不如程子『整齊嚴肅』之説爲好。蓋人能如此，其心則在此，便惺惺，未有外面整齊嚴肅，而内不惺惺者。如人一時間外面整齊嚴肅，便一時惺惺；一時放寬了，便昏怠也。」○楊丞問心思擾擾。曰：「程先生云『嚴威整肅，則心便一。一則自無非僻之干』。只才整頓起處，便是天理，無別天理。但常常整頓起，思慮自一。」○學者須是培養。今不做培養工夫，如何究得理？程子言：「動容貌，整思慮，則自生敬。敬只是主一也。存此，則自然天理明。」又曰：「整齊嚴肅，則心便一。一則自是無非僻之干，此意但涵養久之，則天理自然明。」今不曾做得此工夫，胸中膠擾駁雜，如何究得理？

「有言未感時知何所寓」章

語類：這處難説，只争一毫子。只是看來看去，待自見得。若未感時，又更操這所寓，便是有兩箇物事。所以道「只有操而已」。只操，便是主宰在這裏。如「克己復禮」，不是「克己復禮」三四箇字排在這裏。「克復」二字，只是拖帶下面二字，要挑撥出天理人欲。非禮勿視聽言動，不是非禮是一箇物事，禮又是一箇物事，勿又是一箇物事。只是勿，便是箇主宰。若恁地持守勿令走作，也由他；若不收斂，一向放倒去，也由他。釋氏這處便説得驚天動地，聖人只渾淪説在這裏，教人自去看。

「敬則自虛静」章

語類：「聖人定之以中正仁義而主静」，正是要人静定其心，自作主宰。程子又恐只管静去，遂與事物不相交涉，却説箇「敬」，云：「敬則自虛静。」須是如是做工夫。

「學者先務，固在心志」章

朱集：敬則内欲不萌、外誘不入。自其内欲不萌而言則曰虛，自其外誘不入而言則曰實，只是一時事，不可作兩截看也。○語類：二先生説，自有相關透處，如伊川云：「有主則實。」又云：「有主則虛。」如孟子云：「生其心，害於其政；發其政，害於其事。」又云：「作於其心，害於其事；作於其事，害於其政。」自當隨文、隨時、隨事看，各有通徹處。○廣云：「有主則實，謂人具此實然之理，故實；無主則實[一九]，謂人心無主，私欲爲主，故實。」先生曰：「心虛則理實，心實則理虛。『有主則實』，此『實』字是好，蓋指理而言也。『無主則實』，此『實』字是不好，蓋指私欲而言也。以理爲主，則此心虛明，一毫私爲著不得。譬如一泓清水，有少許砂土便見。」○有主於中，外邪不能入，便是虛；有主於中，理義甚實，便是實。○問：「『有主則實』，又曰『有主則虛』，如何分別？」曰：「只是有主於中，外邪不能入，自其有主於中言之，則謂之

『實』」；自其外邪不入言之，則謂之『虛』。」又曰：「若無主於中，則目之欲，也從這裏入；耳之欲，也從這裏入；鼻之欲，也從這裏入。大凡有所欲，皆入這裏，便滿了，如何得虛？」陳淳録云：「『皆入這裏來，這裏面便滿了。』以手指心曰『如何得虛』？」因舉林擇之作主一銘云：「『有主則虛』，神守其都；『無主則實』，鬼闞其室！」又曰：「『有主則實』，既言『有主』，便已是實了，却似多了一『實』字。看來這箇『實』字，謂中有主則外物不能入矣。」又曰：「程子既言『有主則實』，又言『有主則虛[二〇]』，此不可泥看。須看大意各有不同，始得。凡讀書，則看他上下意是如何，不可泥著一字。如揚子言『於仁也柔，於義也剛』，到易中言，剛却是仁，柔却是義。又論語『學不厭，知也；教不倦，仁也』；到中庸又謂『成己，仁也；成物，知也』。各隨本文意看，自不相礙。」○朱集：問：「主一蓋兼動靜而言。」曰：「是也。」○程子「無適」之「適」，訓「之」、訓「往」而讀如字；論語「無適」之「適」，訓「專」、訓「主」而讀如「的」。其音義皆不同，不當以此而明彼。細考之可見。程子之謂，只是持守得定，不馳騖走作之意耳。持守得定而不馳騖走作即是主一，主一即是敬，只是輾轉相解，非無適之外別有主一，主一之外又別有敬也。○語類：問：「何謂主一？」曰：「無適之謂一，一只是不走作。」又問：「思其所當思，如何？」曰：「却不妨，但不可胡思，且只得思一件事。如思此一事，又別思一件事，便不可。」○主一是敬表德，只是要收斂。處宗廟只是敬，處朝廷只是嚴，處閨門只是和，便是指敬[二一]。○朱集：所論主一、主事之不同，恐亦未然。主一只是專一，蓋無事則湛然安静而不騖於動，有事則隨事應變而不及乎他。是所謂主事者，乃所以爲主一者也。觀程子書中所論敬處，類集而考之，亦可見矣。若是有所係戀，却是私意。雖似專一不舍，然既有係戀，則必有事已過而心未忘、身在此而心在彼者。此其支離畔援，與主一無適非但不同，直是相反。今比而論之，亦可謂不察矣。○語類：「伊川云『主一之謂敬，無適之謂一』，又曰『人心常要活，則周流無窮而不滯於一隅』。或者疑主一則滯，滯則不能周流無窮矣。道夫竊謂，主一則此心便存，心存則物來順應，何有乎滯？」曰：「固是。然所謂主一者，何嘗滯於一事？不主一，則方理會此事，而心留於彼，這却是滯於一隅。」又問：「以大綱言之，有一人焉，方應此事未畢，而復有一事至，則當何如？」曰：「也須是做一件了，又理會一件，亦無雜然而應之理。但甚不得已，則權其輕重可也。」○朱集：心一而已，所謂操存者，亦豈以此一物操彼一物，如鬬者之相捽而不相舍哉？亦曰主一無適，非禮不動，則中有主而心自存耳。聖人千言萬語，考其發端，要其歸宿，不過如此。○「敬」之一字，學者若能實用其力，則雖程子兩言之訓，猶爲剩語。如其不然，則言愈多，心愈雜，而所以病乎敬者益深矣[二二]。

「嚴威儼恪[二三]，非敬之道」章

朱集：「持敬」之説，不必多言，但熟味「整齊嚴肅」、「嚴威儼恪」、「動容貌」、「整思慮」、「正衣冠」、「尊瞻視」此等數語，而實加功焉，則所謂直内、所謂主一，自然不費安排而身心肅然，表裏如一矣。豈陸棠之謂哉？彼其挾詐欺人，是乃敬之賊，且今反以敬之名歸之，而謂敬之實真有不足行者，豈不誤甚矣哉！大抵身心内外，初無間隔。所謂心者固主于内，而凡視聽言動、出處語默之見於外者，亦即此心之用而未嘗離也。○語類：或問「整齊嚴肅」與「嚴威儼恪」之別。曰：「只一般。整齊嚴肅雖非敬，然所以爲敬也。嚴威儼恪，亦是如此。」

「舜孶孶爲善」章

語類：用之問：「『舜孶孶爲善，未接物時，只主於敬，便是爲善。以此觀之，聖人之道，不是默然無言。』聖人之心純亦不已，雖無事時，也常有箇主宰在這裏。固不是放肆，亦不是如槁木死灰。」曰：「這便如夜來説只是有操而已一段。如今且須常存箇誠敬做主，學問方有所歸著。如有屋舍了，零零碎碎方有頓處。不然，却似無家舍人，雖有千萬之寶，亦無安頓處。今日放在東邊草裏，明日放在西邊草裏，終非己物。」○此亦只是存養此心在這裏[二四]，照管勿差失，徐寓録作「令勿偏倚」。便是「戒謹乎其所不睹，恐懼乎其所不聞」，「不動而敬，不言而信」處。

「問人之燕居形體怠惰」章

緱氏 絅齋淺見氏云：緱氏是程子所居縣名，「來緱氏」，來于緱氏也，非自緱氏來。

「蘇季明問喜怒哀樂未發之前求中可否」章

朱集：遺書中「纔思即是已發」一句，能發明子思言外之意。蓋言不待喜怒哀樂之發，但有所思，即爲已發，此意已極精微，説到未發界至十分盡頭，不復可以有加矣。問者不能言下領略，切己思惟，只管要説向前去，遂有無聞無見之問。據此所問之不切，與程子平日接人之嚴，當時正合不答，不知何故却引惹他，致他如此記録？前後差舛，都無理會。後來讀者若未敢便以爲非，亦且合存而不論。○「程子曰『存養於未發之前則可』，又曰『善觀者却於已發之際觀之』，何哉？」曰：「此持敬之功貫通乎動静之際者也。就程子此章論之，方其未發，必有事焉，是乃所謂静中之知覺，復之所以見天地之心也。及其已發，隨事觀省，是乃所謂動上求静，艮之所以止其所也。然則静中之動，非敬其孰能形之？動中之静，非敬其孰能察之？故又曰『學者莫如先理會敬，則自知此矣』。然則學者豈可舍是而他求哉！」○未發之中，本體自然不須究索。但當此之時，敬以持之，使此氣象常存而不失，則自此而發者，其必中節矣。此日用之際本領工夫。其曰「却於已發之處觀之」者，所以察其端倪之動，而致擴充之功也。一不中則非性之本，然而心之道或幾乎息矣。故程子於此，每以「敬而無失」爲言。又云：「入道莫如敬，未有能致知而不在敬者。」又曰：「涵養須是敬，進學則在致知。」以事言之，則有動有靜。以心言之，則周流貫徹，其功夫初無間斷也，但以靜爲本爾。周子所謂「主靜」者亦是此意，但言靜則偏，故程子又説敬。○語類：曰：「喜怒哀樂未發而不中者，如何？」曰：「此却是氣質昏濁，爲私欲所勝，客來爲主。其未發時，只是塊然如頑石相似，劈斫不開，發來便只是那乖底。」曰：「如此，則昏時是他不察，如何？」曰：「言察，便是呂氏求中，却是已發。伊川云『只平日涵養便是』。」○朱集：「涵養於未發之前則可，求中於未發之前則不可」，此語切當，不可移易，李先生當日用功，未知其於此兩句爲如何，後學未敢輕議。但今當只以程先生之語爲正，則欽夫之説亦未非。但其意一切要於鬧處承當，更無程子涵養之意，則又自爲大病耳。○心之有知，與耳之有聞、目之有見爲一等時節，雖未發而未嘗無。心之有思，乃與耳之有聽、目之有視爲一等時節，一有此則不得爲未發。故程子以有思爲已發則可，而記者以無見無聞爲未發則不可。○語類：用之問「蘇季明問怒哀樂未發之前求中」一條。曰：「此條記得極好，只中間説『謂之無物則不可，然靜中須有箇覺處』，此二句似反説。『無物』字恐當作『有物』字。涵養於喜怒哀樂未發之前，只是『戒慎乎其所不睹，恐懼乎其所不聞』，全未有一箇動綻。大綱且約住執持在這裏，到謹獨處，便是發了。『莫見乎隱，莫顯乎微』，雖未大段發出，便已有一毫一分見了，便就這處分別從善去惡。『雖耳無聞，目無見，然見聞之理在始得。』雖是耳無聞，目無見，然須是常有箇主宰執持底在這裏，始得。不是一向放倒，又不是一向空寂了。」○問：「所謂『静中有物』者，莫是喜怒哀樂雖未形，而含喜怒哀樂之理否？」曰：「喜怒哀樂乃是感物而有，猶鏡中之影。鏡未照物，安得有影？」曰：「然則静中有物，乃鏡中之光明？」曰：「此却説得近似。但只是此類。所謂『静中有物』者，只是知覺便是。」曰：「伊川却云『纔説知覺，便是動』。」曰：「此恐伊川説得太過。若云知箇甚底，覺箇甚底，如知得寒，覺得煖，便是知覺一箇物事。今未曾知覺甚事，但有知覺在，何妨其爲静？不成静坐便只是瞌睡！」○蘇季明嘗患思慮不定，或思一事未了，他事如麻又生。伊川曰：「不可。此不誠之本也。須是習，習能專一時[二五]，便好。不拘思慮與應事，皆要專一。」而今學問，只是要一箇專一。若參禪修養，亦皆是專一，方有功。修養家無底事，他硬想成有。釋氏有底，硬想成無，只是專一，然他底却難。自家道理本來却是有，只要人去理會得，却甚順，却甚易。○問：「敬通貫動静而言。然静時少，動時多，恐易得撓亂。」曰：「如何都静得！有事須著應。人在世間，未有無事時節。要無事，除是死也。自早至暮，有許多事。不成説事多撓亂，我且去静坐。敬不是如此。若事至前，而自家却要主静，頑然不應，便是心死了。無事時敬在裏面，有事時敬在事上。有事無事，吾之敬未嘗間斷也。且如應接賓客，敬便是應接上；賓客去後，敬又在這裏。若厭苦賓客，而爲之心煩，此却是自撓亂，非所謂敬也。故程子説『學到專一時方好』。蓋專一，則有事無事皆是如此。程子此段，這一句是緊要處。」○程子論中庸未發處答問之際，初甚詳密，而其究竟，只就「敬」之一字都收殺了。其所謂敬，又無其他玄妙奇特，止是教人每事習箇專一而已，都無許多閑説話也[二六]。

「人於夢寐間」章

朱子曰：魂與魄交而成寐，心在其間，依舊能思慮，所以做出夢。若心神安定，夢寐亦不至顛倒。

「問人心所繫著之事」章

朱集：「以心使心」，蓋程子之意亦謂自作主宰，不使其散漫走作耳。如孟子云「操則存」，云「求放心」，皆是此類，豈以此使彼之謂邪？但今人著箇「察識」字，便有箇尋求捕捉之意，與聖賢所云操存、主宰之味不同。此毫釐間須看得破，不爾，則流於釋氏之説矣。如胡氏之書，未免此弊也。○語類：問：「『以心使心』此句有病否？」曰：「無病。其意只要此心有所主宰。」

「大率把捉不定」章

語類：問曰：「心之本體，湛然虚明，無一毫私欲之累，則心德未曾不存矣。把捉不定，則爲私欲所亂，是心外馳，而其德亡矣。」曰：「如公所言，則是把捉不定，故謂之不仁。今此但曰『皆是不仁』，乃是言惟其不仁，所以致把捉不定也。」

「伊川先生曰致知在所養」章

語類：道夫云：「『養知莫過於寡欲』，此句最爲緊切。」曰：「便是這話難説，又須是格物方得。若一向靠著寡欲，又不得。」○楊子順問：「『養知莫過於寡欲』，是既知後，便如此養否？」曰：「此不分先後。未知之前，若不養之，此知如何發得。既知之後，若不養，則又差了。」○致知者，推致其知識而至於盡也。將致知者，必先有以養其知。有以養之，則所見益明，所得益固。欲養其知者，惟寡欲而已矣。欲寡，則無紛擾之雜，而知益明矣；無變遷之患，而得益固矣。

「心定者其言重以舒」章

語類：言發於心，心定則言必審，故的確而舒遲，不定則内必紛擾，有不待思而發，故淺易而急迫。此亦志動氣之驗也。

「謝顯道從明道先生」章

朱集：問：「習静坐以立其本，而於思慮應事專一以致其用，以此爲主一之法，如何？」曰：「明道教人静坐，蓋爲是時諸人相從，只在學中，無甚外事，故教之如此。今若無事，固是只得静坐，若特地將静坐做一件功夫，則却是釋子坐禪矣。但只著一敬字，通貫動静，則於二者之間自無間斷處，不須如此分別也。」○伊川亦有時教人静坐，然孔孟以上却無此説。要須從上推尋，見得静坐與觀理兩不相妨，乃爲的當爾。○語類：明道在扶溝時，謝、游諸公皆在彼問學。明道一日曰：「諸公在此，只是學某説話，何不去力行？」二公云：「某等無可行者。」明道曰：「無可行時，且去静坐。」蓋静坐時，便涵養得本原稍定，雖是不免逐物，及自覺而收斂歸來，也有箇著落。譬如人出外去，才歸家時，便自有箇著身處。若是不曾存養得箇本源，茫茫然逐物在外，便要收斂歸來，也無箇著身處也。○問：「程子常教静坐，如何？」曰：「亦是他見人要多慮，且教人收拾此心耳。初學亦當如此。」○閑時若静坐些小[二七]，也不妨。因舉明道教上蔡且静坐，彼時却在扶溝縣學中。明道言：「賢只是聽某説話，更不去行。」上蔡對以「無可行處」，明道教他且静坐。若是在家有父母合當奉養，有事務合當應接，不成只管静坐休！

「横渠先生曰始學之要」章

語類：横渠内外賓主之辨極好[二八]。「三月不違」，那箇是主人，是長在家裏坐底[二九]，三月後或有一番出去，却便會歸來。「日月至焉」，那箇是客，是從外面到底。然亦是徹底曾到一番，却不是髣髴見箇恁地。或日一到這裏，或月一到這裏，便又出去。以月較日，又疏到了。○張子云云，這道理譬如一屋子，是自家爲主，朝朝夕夕時時只在裏面。如顔子三月不能不違，只是略暫出去，便又歸在裏面，是自家常做主。若日至者，一日一番至，是常在外爲客，一日一番暫入裏面來，又便出去。月至亦是常在外爲客，一月一番入裏面來，又便出去。○「『勉勉循循而不能已』，須是見得此心自不能已，方有進處。『過此幾非在我』，謂是『三月不違』，非工夫所能及。如『末由也已』，真是著力不得。」又云：「勉勉循循之説，須是真箇到那田地，實知得那滋味，方自不能已，要住不得，自然要去。『過此幾非在我』，言不由我了。如推車子相似，才着手推動輪子了，自然運轉不停。如人喫物，既得滋味，自然愛喫。『日月至焉』者，畢竟也是曾到來，但不久耳。」○問：「何謂『幾非在我者』？」曰：「此即『過此以往，未之或知』之意。蓋前頭事皆不由我，我不知前面之分寸，也不知前面之淺深。只理會這裏工夫，便内外賓主之辨常要分曉，使心意勉勉循循不已[三〇]。只如此而已，便到顔子『既竭吾才，如有所立卓爾』之地。『雖欲從之，末由也』，也只恁地。」

「心清時少，亂時常多」章

語類：問：「所謂客慮與習俗之心，有分別否？」曰：「也有分別。客慮是泛泛思慮，習俗之心，便是從來習染偏勝底心。實心是義理底心。」

「戲謔不惟害事」章

朱集：所喻戲謔本欲詞之巧而然，此固有之。然亦是自家有此玩侮之意以爲之根，而日用之間流轉運用，機械活熟，致得臨事不覺出來。又自以爲情信詞巧主於愛人，可以無害於義理，故不復更加防遏，以至於此。蓋不惟害事，而所以害於心術者尤深。昔橫渠先生嘗言之矣，此當痛改，不可緩也。

「敦篤虛静」章

孟子或問：張子「敦篤虛静」之云者，於學者爲有功，然比之孔子之言，則有間矣，學者審之。○語類：敦篤虛静，是爲仁之本。

「濂溪先生曰君子乾乾不息」章

通書解：「君子乾乾」至「深哉」，此以乾卦爻詞，損、益大象，發明思誠之方。蓋乾乾不息者，體也；去惡進善者，用也。無體則用無以行，無用則體無所措。故以三卦合而言之。或曰「其」字亦是「莫」字。「吉凶悔否」至「可不慎乎」，四者一善而三惡，故人之所值，福常少而禍常多，不可不謹。○此章論易所謂「聖人之藴」。○語類：「乾乾不息」者，懲忿窒慾，遷善改過不息，是也。○第一句言「乾乾不息」，第二句言損，第三句言益者，蓋以解第一句。若要不息，須著去忿慾而有所遷改。中間「乾之用其善是」，「其」字，疑「莫」字，蓋與下兩句相對。若只是「其」字，則無義理，說不通。○問：「此章前面『懲忿窒慾，遷善改過』，皆是自修底事。後面忽說動者何故？」曰：「所謂『懲忿窒慾，遷善改過』，皆是動上有這般過失。須於方動之時審之，方無凶悔吝，所以再說箇動。」

「濂溪先生曰孟子曰」云云章

語類：「『濂溪言『寡欲以至於無』，蓋恐人以寡欲爲便得了，故言不止於寡欲而已，必至於無而後可耳。然無底工夫，則由於能寡欲。到無欲，非聖人不能也。』曰：『然則『欲』字如何？』曰：『不同。此寡欲，則是合不當如此者，如私欲之類。若是飢而欲食，渴而欲飲，則此欲亦豈能無？但亦是合當如此者。』」

「伊川先生曰顏淵問克己復禮」章

朱集：「『由乎中而應外』，此一句但說理之自然，下句『制之於外所以養其中』，方是說下工夫處。若必曰先存其心，則未知所以存者，果如何而著力邪？○語類：或問：『非禮勿視聽言動，程子以爲『制之於外，以安其内』，却是與『克伐怨欲不行』底相似。』曰：『克己工夫，其初如何便得會自然！也須著禁制始得。到養得熟後，便私意自漸漸消磨去矣。今人須要揀易底做，却不知若不自難處入，如何得到易處。』○朱集：詳考從上聖賢以及程氏之說，論下學處，莫不以正衣冠、肅容貌爲先〔三二〕。蓋必如此，然後心得所存而不流於邪僻。易所謂『閑邪存其誠』，程氏所謂『制之於外，所以養其中』者，此也。但不可一向溺於儀章器數之末耳。○『由乎中而應乎外」是推本視、聽、言、動四者，皆是由中而出，泛言其理之如此耳。非謂從裏面做工夫出來也。「制乎外所以養其中」，方是説做工夫處全是自外而内，自葉流根之意，非謂内外交相養，與此章之文本不相戾，不須如此分疏也。如視、聽二箴云「心兮本虚」，「秉彝天性」。亦皆是推本而言。若其功夫，則全在制之於外、閑邪勿聽處，可更詳之。○語類：直卿問：「『制於外所以養其中』，此是説仁之體而不及用？」曰：「『制於外』，便是用。」○「操之有要，視爲之則」，只是人之視德言動，視最在先，爲操心之準則。此兩句未是不好。至「蔽交於前」，方有非禮而視，故「制之於外，以安其内」，則克己而復禮也。如是工夫無間斷，則久而自從容不勉矣，故曰「久而誠矣」。○問四箴。曰：「視是將這裏底引出去，所以云『以安其内』；聽是聽得外面底來，所以云『閑邪存誠』。」又問：「四者還有次第否？」曰：「視爲先，聽次之。」○問：「視箴何以特説心？聽箴何以特説性？」曰：「互换説，也得。然諺云『開眼便錯』。視所以就心上説。『人有秉彝，本乎天性。』道理本自好在這裏，却因雜得外面言語來誘化，聽所以就理上説。」○問：「聽箴『人有秉彝』云云，前面亦大概説。至後兩句言『閑邪存誠，非禮勿聽』，不知可以改『聽』字作視箴用得否？」曰：「看他視箴説又較力。視最在先，開眼便是，所以説得力。至於聽處，却又較輕也。」○問：「『知誘物化，遂亡其正』，這箇知是如何？」曰：「樂記云『人生而静，天之性也；感於物而動，性之欲也。物至知知，然後好惡形焉。好惡無節於内，知誘於外，不能反躬，天理滅矣！』人莫不有知，知者，所當有也。物至，則知足以知之而有好惡，這是自然如此。到得『好惡無節於内，知誘於外』，方始不好去。」○朱集：心氣和則言順理矣。然亦須就言上做工夫始得。伊川曰「發禁躁妄，内斯靜專」是也。内外表裏照管無少空闕，始得相應。○語類：問：「承誨，言箴自『人心之動，因言以宣』至『吉凶榮辱，惟其所召』，是謹諸己，以下是説接物許多病痛。」曰：「上四句是就身上最緊切處[三二]，須是不躁妄，方始靜專。纔不靜專，自家這心自做主不成，如何去接物！下云『矧是樞機，興戎出好』四句，都是説謹言底道理。下四句却説四項病：傷易則誕，傷煩則支，己肆則物忤，出悖則來違。」○四箴意思都該括得盡。四箇箴，有説多底，有説少底，多底減不得，少底添不得。如言箴説許多，也是人口上有許多病痛。從頭起，至「吉凶榮辱，惟其所召[三三]」，是就身上謹；「傷易則誕」至「出悖來違」，是當謹於接物間。都説得周備[三四]。○「哲人知幾，誠之於思」，此是動之於心；「志士勵行，守之於爲」，此是動之於身。○尹叔問：「『哲人知幾，誠之於思』，志士勵行[三五]，『守之於爲』，四句莫有優劣否？」曰：或録云[三六]：「只是兩項。」「思是動之微，爲是動之著。這箇是該動之精粗。爲處動，思處亦動。思是動於内，爲是動於外。蓋思於内，不可不誠；爲於外，不可不守。然專誠於思，而不守於爲，不可；專守於爲，而不誠於思，亦不可。」又曰：「看文字須是得箇骨子。諸公且道這動箴那句是緊要？」道夫云：「『順理則裕』，莫是緊要否？」曰：「更連『從欲則危』，兩句都是。這是生死路頭！」

「復之初九曰不遠復」章

語類：先生舉易傳語「惟其知不善，則速改以從善而已」，曰：「這般説話好簡當。」○「知其不善，則速改以從善。」曲折專以「速改」字上著力。若今日不改，是壞了兩日事；明日不改，是壞了四日事。今人只是憚難，過了日子。董銖録：「潘時舉雖云〔三七〕，最要在『速』字上著力。凡有過，若今日過愈深，則善愈微。若從今日便改，則善可自此而積。」

「晉之上九晉其角」章

語類：問：「『晉其角，維用伐邑』，本義作『伐其私邑』，程傳以爲『自治』，如何？」曰：「便是程傳多不肯説實事，皆以爲取喻。」○程傳：角，剛而居上之物。上九以剛居卦之極，故取角爲象。以陽居上，剛之極也。在晉之上，進之極也。

「夬之九五曰」章

易傳曰：莧陸，今所謂馬齒莧是也。曝之難乾，感陰氣之多者也，而脆易折。五若如莧陸，雖感於陰而決斷之易，則於中行無過咎矣。

「方説而止」章

大全：朱子曰：「『説以行險』，伊川之説是也。説則欲進，而有險在前，進去不得，故有止節之義。便是阻節之義[三八]。」

「人而無克伐怨欲」章

論語或問：或問：「問之説，程子以爲聖人開示之深，而原憲不能再問。敢問使憲也而再問。夫子告之宜奈何？」曰：「聖人未發之，夫孰能測之？然以程子之意而言，則四者之不行，亦制其末而不行於外爾，若其本則固著之於心而不能去也。譬之木焉，不去其根，則萌孽之生，自不能已。制而不行，日力亦不給矣。且雖或能制之，終身不見於外，而其鬱屈不平之意，乃日鬥進於胸中，則夫所謂仁者，亦且殫殘蔽害而不能以自存矣。必也絶其萌芽，蹙其根本，不使少有毫髮留於心念之間，則於仁也，其庶幾乎！嗚呼，非程子之學至，何足以及此？然以爲學者苟不能深省而力行之，則亦徒爲無當之大言而已，故雖發之，而亦有所不敢盡其言，其旨深矣。」

「治怒爲難」章

語類：胡叔器問：「每常多有恐懼，何由可免？」曰：「須是自下工夫，看此事是當恐懼不當恐懼。遺書云『治怒難，治懼亦難。克己可以治怒，明理可以治懼』。若於道理見得了，何懼之有！」

「目畏尖物」章

語類：疑病每如此。尖物元不曾刺人，他眼病只管見尖物來刺人耳。伊川又一處説此稍詳。有人眼病，嘗見獅子。伊川教他見獅子則捉來。其人一面去捉，捉來捉去，捉不著，遂不見獅子了。

「舍己從人最爲難事」章

語類：此程子爲學者言之。若聖人分上，則不如此也。「無適也，無莫也，義之與比。」曰「痛舍」，則大段費力矣。

「飢食渴飲」章

語類：問：「『飢食渴飲，冬裘夏葛』，何以謂之『天職』？」曰：「這是天教我如此。飢便食，渴便飲，只得順他。究口腹之欲，便不是。蓋天只教我飢便食，渴便飲，何曾教我究口腹之欲？」

「獵，自謂今無此好」章

語類：或問明道五十年猶不忘游獵之心。曰：「人當以此自點檢。須見得明道氣質如此，至五十年猶不能忘。在我者當益加操守方是，不可以此自恕。」

「罪己責躬不可無」章

語類：問：「『罪己責躬不可無，然亦不當長留在心胸爲悔。』今有學者幸知自訟矣，心胸之悔，又若何而能不留邪？」曰：「改了便無悔。」又問：「已往之失却如何？」曰：「自是無可救了。」

「所欲不必沈溺」章

孟子或問：養心寡慾之説，程子曰「不必沈溺」者尤密[三九]。

「問不遷怒」章

語類：問：「『不貳過』，却有過在。『不遷怒』，已至聖人，只此一事到。」曰：「纔云不遷，則與聖人之怒，亦有些異。」曰：「如此，則程先生引舜，且借而言。」曰：「然。」

「人之視最先」章

語類：「『人能克己』至『則餒矣』，如今見得直如此説得好！

「謝子與伊川別一年」章

語類：問：「人之病痛不一，各隨所偏處去。上蔡才高，所以病痛盡在『矜』字？」曰：「此説是。」○朱集：謝先生爲人，英果明決，强力不倦，克己復禮，日有程課，夫子蓋嘗許其有切問近思之功。○語類：謝氏對伊川云，知矜之爲害而改之，然謝氏終有矜底意。○謝氏謂去得

「矜」字，後來矜依舊在，説道理愛揚揚地。

「横渠先生曰湛一氣之本」章

語類：「湛一，是未感物之時，湛然純一，此是氣之本。攻取，如目之欲色，耳之欲聲，便是氣之欲。」曰：「攻取，是攻取那物否？」曰：「是。」

「纖惡必除，善斯成性矣」章

語類：必大曰：「『纖惡必除』至『必粗矣』，學者須是毫髪不得放過，德乃可進。」曰：「若能如此，善莫大焉。以小惡爲無傷，是誠不可。」

「惡不仁」章

語類：横渠言好仁、惡不仁，只是一人，説得亦好，但不合。聖人言兩「者」字，必竟是言兩人也。

「有潛心於道」章

語類：問：「『潛心於學，忽忽爲他慮引去者，此氣也。』震看得爲他慮所引，必是意不誠，心不定，便如此。橫渠却以爲氣，如何？」曰：「人誰不要此心定。到不定時，也不奈何得。如人擔一重擔，盡力擔到前面，忽擔不去。緣何如此？只爲力量不足。心之不定，只是合下無工夫。」曰：「所以不曾下得工夫，病痛在何處？」曰：「須是有所養。」曰：「所謂養者，以直養否？」曰：「未到以直養處，且持其志，無暴其氣，可也。若我不放縱此氣，自然心定。」

【校勘記】

[一] 曰只外物不接　「只」原作「且」，據朱子語類卷七十三改。

[二] 某詳伊川之意　「某」原作「其」，據朱子語類卷七十三改。

[三] 伊川此處　「處」下，朱子語類卷七十三有「説」字。

[四] 方到得的當　「得」下，朱子語類卷九十六有「細密」二字。

[五] 是馳也　「馳」字原無，據朱子語類卷九十六補。

[六] 絅謂此正在勿忘勿助之間也　「絅」原作「綗」，據晦庵先生朱文公文集卷五十八改。

［七］久後忽然有悟　「忽」，筑大藏寫本作「思」。

［八］李德之問竊謂凡事須思而後通　「問竊」原作「間切」，據朱子語類卷九十六改。

［九］體信是信實不忘　「信實不忘」，朱子語類卷四十四作「真實無妄」。

［一〇］詩稱成湯聖敬日濟　「濟」，朱子語類卷四十四作「躋」。

［一一］因及聰明睿知皆由此出　「睿」原作「處」，據朱子語類卷四十四改。

［一二］周子云静則明　「静」下，朱子語類卷四十四有「虛」字。

［一三］則無一毫私　「私」下，朱子語類卷四十二有「意」字。

［一四］蓋道無時而不然　「蓋」原作「善」，據論語或問卷九改。

［一五］有天德　「天」，筑大藏寫本作「大」。

［一六］那人直是要理會自己　「自」，朱子語類卷八作「身」。

［一七］夫方其事而存主不懈者　「其」下，晦庵先生朱文公文集卷四十五有「無」字。

［一八］心下千頭萬緒　「萬」字原無，據朱子語類卷九十六補。

［一九］無主則實　「主」、「實」二字原無，據朱子語類卷一百一十三補。

［二〇］謂中有主則外物不能入矣又曰程子既言有主則實又言有主則虛　「外物不能入矣又曰程子既言有主則實又言有主則虛」原作「虛」，據朱子語類卷九十六改。

［二一］便是指敬　「指」，朱子語類卷一百一十八作「持」。
［二二］而所以病乎敬者益深矣　「益」原作「蓋」，據晦庵先生朱文公文集卷八十四改。
［二三］嚴威儼恪　「威」原作「畏」，據葉采近思録集解改。按：本條下「嚴威儼恪」之「威」原多作「畏」，皆據改。
［二四］此亦只是存養此心在這裏　「心」字原無，據朱子語類卷二十一補。
［二五］須是習習能專一時　「習習」，朱子語類卷九十六作「事事」。
［二六］都無許多閑説話也　「閑」原作「間」，據晦庵先生朱文公文集卷四十八改。
［二七］閑時若静坐些小　「閑」原作「間」，據朱子語類卷二十六改。
［二八］横渠内外賓主之辨極好　「辨」，朱子語類卷三十一作「説」。
［二九］是長在家裏坐底　「長」，朱子語類卷三十一作「常」。
［三〇］使心意勉勉循循不已　「意」原作「竟」，據朱子語類卷三十一改。
［三一］莫不以正衣冠肅容貌爲先　「以」字原無，據晦庵先生朱文公文集卷三十三補。
［三二］上四句是就身上最緊切處　「切」，朱子語類卷四十一作「要」。
［三三］惟其所召　「召」原作「占」，據朱子語類卷四十一改。
［三四］都説得周備　「備」原作「偏」，據朱子語類卷四十一改。

〔三五〕志士勵行　「勵行」二字原無，據朱子語類卷四十一補。

〔三六〕或録云　「或」，朱子語類卷四十一作「寓」。

〔三七〕董銖録潘時舉雖云　「董銖録潘時舉雖云」，朱子語類卷二十一作「銖時舉録云」。

〔三八〕便是阻節之義　「便」上，周易大全（文淵閣四庫全書本）卷二十有「節」字。

〔三九〕程子曰不必沈溺者尤密　「程子曰」，孟子或問卷十四作「曰程子至矣而其曰」。

近思録集説卷之五

家道

「正倫理，篤恩義」章

語類：或問：「易傳云，正家之道，在於正倫理，篤恩義。今欲正倫理，則有傷恩義，欲篤恩義，又有乖倫理，如何？」曰：「須是於正倫理處篤恩義，篤恩義而不失倫理，方可。」

「人無父母」章

朱集：問：「程子曰『人無父母，生日當倍悲痛』。如先生舊時，亦嘗有壽母生朝及大碩人生朝，與向日賀高倅詞，恐非先生筆，不審又何也？豈在人子自己言則非其所宜，而爲父母、待親朋，則其情又有不容已處否？然恐爲此則是人子以禮律身，而以非禮事其親，以非禮待於人也。其義如何？」曰：「此等事力量不足放過了處〔一〕，然亦或有不得已者，其情各不同也。」

「問行狀曰盡性至命」章

朱集：熹昨聞彪丈謂天命惟人得之，而物無所與，鄙意固已不能無疑。今觀所論，則似又指稟生賦形以前爲天命之全體，而人物所受皆不得而與焉，此則熹之所尤不曉也。夫天命不已，固人物之所同得以生者也，然豈離于人物之所受而別有全體哉？觀人物之生生無究，則天命之流行不已可見矣。但其所乘之氣有偏正純駁之異，是以稟而生者，有人物賢否之不一。物固隔於氣而不能知，衆人亦蔽於欲而不能存，是皆有以自絶乎天，而天命之不已者，初亦未嘗已也。人能反身自求於日用之間，存養體察，以去其物欲之蔽，則求仁得仁，本心昭著，天命流行之全體固不外于此身矣。故自昔聖賢不過使人盡其所以正心修身之道，則仁在其中，而性命之理得。伊川先生所謂「盡性至命，必本於孝弟」，正謂此耳。遺書第十八卷一段論此甚詳。夫豈以天命全體置諸被命受生之前、四端五典之外，而別爲一術以求至乎彼哉？〇語類：問：「灑掃應對與盡性至命，是一統底事，無有本末精粗。在理固無本末精粗，而事須有本末精粗否？」曰：「是。」〇問：「『盡性至命，必本於孝弟。』盡性至命是聖人事，然必從孝弟做起否？」曰：「固是。」又問：「伊川説『就孝弟中便可盡性至命』，『今時非無孝弟人，而不能盡性至命者，由之而不知也』。謂即孝弟便可至命，看來孝弟上面更有幾多事，如何只是孝弟便至命？」曰：「知得這孝弟之理，便是盡性至命，也只如此。若是做時，須是從孝弟上推將去，方始知得性命。如『孝弟爲仁之本』，不成孝弟便是仁了！但是爲仁自孝弟始。若是聖人，如舜之孝，王季之友，便是盡性至命事。」

「問第五倫視其子之疾」章[二]

語類：問：「公治長可妻，伊川以『避嫌之事，賢者不爲，況聖人乎』？自今人觀之，閨門中安知無合著避嫌處？」曰：「聖人正大，道理合做處便做，何用避嫌！」問：「古人門內之治恩掩義，門外之治義斷恩。寓恐閨門中主恩，怕亦有避嫌處？」曰：「固是主恩，亦須是當理方可。某看公浙人，多要避嫌。程子所謂『年之長幼，時之先後』，正是解或人之說，未必當時如此。大抵二人都是好人，可托。或先是見公治長，遂將女事他[三]。後來見南容亦是箇好人，又把兄之女妻之。看來文勢，恐是孔子之女年長，先嫁，兄之女少，在後嫁，亦未可知。程子所謂『凡人避嫌者皆內不足』，實是如此。」○叔蒙問程子說避嫌之事[四]。「合當委曲，便是道理當如此。且如避嫌亦不能無。如做通判，與太守是親戚，也合當避嫌。第五倫之事非不見得如此，自是常有這心在，克不去。今人這樣甚多，只是徇情恁地去，少間將這箇做正道理了，大是害事。所以古人於誠意、正心上更著工夫，正怕到這處。」○叔蒙問：「程子說『避嫌之事，賢者且不爲，況聖人乎』？」若是有一項合委曲而不可以直遂者，這不可以爲避嫌？」曰：「自是道理合如此。避嫌者，却是又怕人道如何，這却是私意。如十起與不起，便是私，這便是避嫌。只是它見得這意，已是大段做工夫，大段會省察了。又如人遺之千里馬，雖不受，後來薦人未嘗忘之，後亦竟不薦。不薦自是好，然於心終不忘，便是喫它取奉意思不過，這便是私意。又如如今立朝，明知這箇是好人，當薦舉之，却緣平日與自家有恩意往來，不是説親戚，親戚自是礙法，但以相熟，遂避嫌不舉他。又如有某人平日與自家有怨，到得當官，彼却有事當治，却怕人説道因前怨治它，遂休了。如此等，皆蹉過多了。」○朱集：「宋傑嘗於親愛而辟上用功，如兄之子常欲愛之如己子，每以第五倫爲鑒，但愛己子之心終重於愛兄之子。」曰：「『常欲』二字即十起之心也。須見得天理發見之本然，則所處厚薄雖有差等，而不害其理之一矣。」

「問孀婦於理似不可取如何」章

朱集：餓死事小，失節事大，自世俗觀之，誠爲迂闊。然自知經識理之君子觀之，當有以知其不可易也。

「先公太中[五]，諱珦，字伯温」章

語類：問：「取甥女歸嫁一段，與前孤孀不可再嫁相反，何也？」曰：「大綱恁地，但人亦有不能盡者。」

任子　書言故事：父爲官而舉其子，謂之「任子」。受父官蔭，曰「父任」。

「斯干詩言」章

詩經集傳：此於文義或未必然，然意則善矣。○語類：楊問：「横渠説斯干『兄弟宜相好，不要相學』，指何事而言？」曰：「不要相學不好處。且如兄去友弟，弟却不能恭其兄，兄豈可學弟之不恭，而遂亦不友？爲兄者但當盡其友可也。爲弟能恭其兄，兄乃不友其弟，爲弟者豈可亦學兄之不友[六]，而遂忘其恭？爲弟者但當知其盡恭而已。如寇萊公撻倒用印事，王文正公謂他底不是，則不可學他不是，亦是此意。然詩之本意，『猶』字作相圖謀説。」

「人不爲周南、召南」章

論語集注：爲，猶學也。周南、召南，詩首篇名，所言皆修身齊家之事。「正牆面而立」，言即其至近之地，而一物無所見，一步不可行。

出處

「蠱之上九曰」章

語類：問：「『知止足之道[七]，退而自保者』與『量能度分，安於不求知者』，何以別？」曰：「知止足，是能做底；量能度分，是不能做底。」

「君子所貴」章

白雲郭氏曰：君子以義爲榮，不以徒行爲辱。初九以賤自居，舍車而徒，所謂究不失義者矣。

「遯者，陰之始長」章

語類：伊川説「小利貞」云，尚可以有爲。陰已浸長，如何可以有爲？所説王允、謝安之於漢、晉，恐也不然。王允是算殺了董卓，謝安是乘王敦之老病，皆是他衰微時節，不是漸長之時也。兼他是大臣，亦如何去！此爲在下位有爲之兆者，則可以去。大臣任國安危，君在與在〔八〕，君亡與亡，如何去！按，「王敦」恐當作「恒温」。

「明夷之初九」章

平巖葉氏曰：蓋知幾而去之速，處人之所難而不疑也。楚王戊不設醴酒，而穆生去之，曰：「不去，楚人將鉗我於市。」當時雖申公之賢，猶以爲過。其後申公受胥靡之辱，至是欲去不得矣。

「晉之初六」章

程傳：晉如，升進也；摧如，抑退也。言遂其進，不遂其進，唯得正則吉也。○朱子曰：兆，猶卜之兆，蓋事之端也。

「君子當困窮之時」章

語類：致命，猶送這命與他，不復爲我之有。雖委致其命，而志則自遂，無所回屈。伊川解作「推致其命」，雖説得通，然論語中「致命」字，都是委致之「致」。「事君能致其身」與「士見危致命」、「見危授命」，皆此是意。「授」亦「致」字之意，言將這命授與之也。

苟不知命　慶源輔氏曰：此命指氣而言，謂貧賤富貴、究通得喪，一定不可易者，必知此而信之[九]。始見利不苟就，見害不苟避，故全得我之義理，所以爲君子。

「人之於患難」章

孟子或問：處置者，求合乎義也；放下者，順受乎天命也。

「門人有居大學而欲歸應鄉舉者」章

論語或問：所論州舉學試之得失者，可以警學者較計之私，日用之間，所當深察。

「人苟有朝聞道夕死可矣之志」章

論語或問：朝聞夕死。楊氏與程子皆引易簀之事。然其意則有不同者，程子之意，蓋以道之重於生，明正之安於死，言有夫子所言之志，而後能有曾子所處之事耳。非以聞道便爲得正，亦非以聞道而得正者，便無餘事而可以死也。○語類：問：「曾子易簀，當時若差了這一着，喚做聞道不聞道？」曰：「不論易簀與不易簀，只論他平日是聞道與不聞道。平日已是聞道，那時萬一有昭管不到，也無奈何。」○「實理者，實見得是，實見得非。」實理與實見不同。今合説，必記録有誤。蓋有那實理，人須是實見得。見得慁地確定。○先生顧安卿曰：「伊川説實理，有不可曉處。云『實見得是，實見得非』，恐是記者之誤，『見』字上必有漏落。理自是理，見自是見。蓋物物有那實理，人須是實見得。」義剛曰：「理在物，見在我。」曰：「是如此。」○問：「『誠者，真實無妄之謂，天之道也。』此言天理至實而無妄，指理而言也。『誠之者，未能真實無妄，向欲其真實無妄之謂〔一〇〕，人之道也。』此言在人當有真實無妄之知行，乃能實此理之無妄，指人事而言也。程子所謂『實理』者，指理而言也；所謂『實見得是，實見得非』者，指見而言也。此有兩節意。」曰：「如此見得甚善。」○伊川嘗言虎傷者，曾經傷者，神色獨變，此爲真見得，信得。凡人皆知水蹈之必溺〔一一〕，火蹈之必焚。今試教他去蹈水火，定不肯去。無他，只爲真知。○問真知。曰：「曾被虎傷者，便知得是可畏。未曾被虎傷底，須逐旋思量箇被傷底道理，見得與被傷者一般，方是。」○誠是天理之安然，更無纖毫作爲。聖人之生，其稟受渾然，氣質清明純粹，全是此理，更不待修爲，而自然與天爲一。若其餘，則須是博學、審問、謹思、明辨、篤行，如此不已，直待得仁義禮智與夫忠孝之道，日用本分事，無非實理，然後爲誠。有一毫見得與天理不相合，便於誠有一毫未至。如程先生説常人之畏虎，不如曾被虎傷者畏之出於誠實，蓋實見得也。今於日用間，若不實見得是天理之自然，則終是於誠爲未至也。○嘗見人解「殺身成仁」，言殺身者，所以全性命之理。人當殺身時，何暇更思量我是全性命之理！只爲死便是，生便不是，不過就一箇是，故伊川説「生不安於死」。至於全其性命之理，乃是旁人看他説底話，非是其人殺身時有此意也。直卿云：「若如此，則是經德不回，所以干禄已！」

「趙景平問子罕言利」章

孟子或問：程子嘗言「不獨財利之利，凡有利心便不可，如作一事，須尋自家穩便處，皆利也」。如此則善利之間〔一二〕，相去毫髮，苟辨之不明，其不反以利爲善者鮮矣。此大學之道，所以雖誠意正心爲重，而必以格物致知爲先也。○大學或問：以利爲利，則上下交征，不奪不饜；以義爲利，則不遺其親，不後其君。蓋惟義之安，而自無不利矣。程子曰：「聖人以義爲利，義之所安，即利之所在。」正謂此也。○語類：問：「『義安處便爲利』，只是當然便安否？」曰：「是。只萬物各得其分，便是利。君得其爲君，臣得其爲臣，父得其爲父，子得其爲子，何利如之！這『利』字，即易所謂『利者義之和』。利便是義之和處。程子當時此處解得亦未親切，不似這語却親切，正好去解『利者義之和』句。義初似不和，却和。截然而不可犯，似不和。分別後，萬物各止其所，却是和。不和生於不義。義則無不和，和則無不利矣。」砥録云「義則和矣，義則無不利矣。然義，其初截然，近於不和不利，其終則至於各得其宜」云云。

「先生在講筵，不曾請俸」章

朱集：問：「伊川在講筵，不曾請俸，又不求封敘。絅謂若是應舉得官，便只當以常調自處，雖陳乞封蔭，可也。」曰：「本以應舉得官，則當只以常調自處，此自今常人言之，如此可也。然朝廷待士却不當如此，伊川先生所以難言之也。但云『其説甚長』，則是其意以爲要當從科舉法都改變了，乃爲正耳。近看韓魏公論不當使道士於正殿設醮，而不知設醮之非，亦是此類。須説到廢道士而罷設醮，方是究意也。」○語類：問：「伊川於陳乞封父母之問云『待別時説』，過謂此自出朝廷合行之禮，當今有司檢舉行下，亦不必俟陳乞也。」答云：「如此，名義却正。」○某因説「甚長」之意思之，後來人只是投家狀，便是陳乞了。以至入任[一三]，事事皆然，古者人有才德，即舉用。當時這般封贈，朝廷自行之，何待陳乞！程先生之意恐然也。觀後來郊恩都不曾爲太中陳請，則乞封贈，程先生亦不爲之矣。

「或謂科舉事業」章

朱子曰：「科舉亦不害爲學。但今人把心不定，所以爲害。才以得失爲心，理會文字，意思都別了。」曰：「科舉特一事耳。自家工夫到後，那邊自輕。」

「人多言安於貧賤」章

朱子曰：人須是讀書洞見此理，知得不求富貴只是本分，求著便是罪過。不惟不可有求之之迹，亦不可萌求之之心。

治體

「濂溪先生曰治天下有本身之謂也」章

通書注：「治天下」至「家之謂也」。則，謂物之可視以爲法者，猶俗言則例、則樣也。「本必端」至「和親而已矣」。心不誠，則身不可正；親不和，則家不可齊。「家難」至「疏也」。親者難處，疏者易裁[一四]。然不先其難，亦未有能其易者。「家人離」至「同行也」，睽次家人，易卦之序，「二女」以下，睽彖傳文。二女，謂睽卦兑下離上，兑少女，離中女也。陰柔之性，外和悦而内猜嫌，故同居而異志。「堯所以」至「試矣」，釐，理也。嬀，水名。汭，水北，舜所居也。堯理治下嫁二女於舜，將以試舜而授之天下也。「是治」至「動而已矣」，不善之動息於外，則善心之生於内者無不實矣。「不善」至「誠矣」，程子曰：「无妄之謂誠。」「故无妄」至「深哉」，无妄次復，亦卦之序。「先王」以下，引无妄之卦大象，以明對時育物，唯至誠者能之，而贊其旨之深也。○此章發明四卦，亦皆所謂「聖人之藴」。○語類：誠心，復其不善之動而已，只是不善之動消於外，則善便實於内。

「明道先生言於神宗」章

朱集：又聞明道王霸劄子中間雖遭擯黜，今雖已復收，然恐其他更有似此若迂而實切、若小而實大者，須别作一眼目看，不可輕有遺棄。○語類：明道王伯劄子説得後，自古論王伯，至此無餘藴矣。○朱子曰：在學者身上論之，凡日用常行應事接物之際，才有一毫私心，便非王道，便是霸者之習，此不可不省察也。

「伊川先生曰當世之務所尤先者有三」章

語類：至之問：「程先生當初進説，只以『聖人之説爲可必信，先王之道爲可必行，不狃滯於近規，不遷惑於衆口，必期致天下如三代之世』，何也？」先生曰：「也不得不恁地説。如今説與學者，也只得教他依聖人言語恁地做去。待他就裏面做工夫有見處，便自得聖人底是確然恁地。」

「比之九五曰，顯比，王用三驅，失前禽」章

語類：問：「伊川解『顯比，王用三驅，失前禽』，所謂來者掩之，去者不追，與失前禽而殺不去者，所譬頗不相類，如何？」曰：「田獵之禮，置旃以爲門，刈草以爲長圍。田獵者自門驅而入，禽獸向彼而出者皆免[一五]，惟被驅而入者皆獲，故以前禽比去者不追，獲者譬來則取之，大意如此，無緣得一一相似。」

「夫有物必有則」章

語類：「能使天下順治，非能爲物作則也[一六]，惟止之各於其所而已。」此説甚當。至謂「艮其背」爲「止於所不見」，竊恐未然。

「爲政須要有紀綱文章」章

或問：「程子之説，何以言『人各親其親，然後能不獨親其親』也？」曰：「此所以明夫人必各舉其所知，然後可以得其所不知也。程子此章之説，廣大精微，無所不備，學者所宜詳玩也。」

〇朱集：問：「『仲弓爲季氏宰，問政』，程子曰『便見聖人與仲弓用心之小大』。謂仲弓爲蔽於

小則可，若曰仲弓必欲舉賢之權皆出於己，有若要譽而市恩者〔一七〕，則恐仲弓之賢，未必至是。」曰：「程子之意，固非謂仲弓有固權市恩之意而至於喪邦，但一蔽於小，則其害有時而至，此亦不爲難矣。故極言之，以警學者用心之私也。」〇語類：問：「程子所謂公私者，豈非仲弓必欲人材皆由己舉，聖人則使人各得而舉之否？」曰：「仲弓只是見不到。纔見不到，便陷于私。學者見程子説興邦、喪邦〔一八〕，説得甚險，故多疑於此，然程子亦曰推其義爾。」

「明道先生曰必有關雎、麟趾之意」章

詩序辨説詩小序：「周南、召南正始之道，王化之基。」王者之道始於家，終於天下〔一九〕，而二南正家之事也。王者之化，必至法度彰，禮樂著，雅、頌之聲作，然後可以言成。然無其始，則亦何所因立哉？基者，堂宇之所因而立者也。程子曰：「有關雎、麟趾之意，然後可以行周官之法度。」其爲是歟〔二〇〕！〇語類：籩豆之事，雖亦莫非道之所在，然須先擇切己者爲之。如有關雎、麟趾之意，便可行周官之法度。〇自閨門衽席之微，積累至薰蒸洋溢，天下無一民一物不被其化，然後可以行周官之法度。不然，則爲王莽矣。

「君仁莫不仁」章

施氏璜曰：此言格君心之非，則萬事可從而理也。人君有一念私邪，必將害於其政，故大人正君之道必先攻其邪心。心也者，帝王出治之大本，易曰：「正其心，萬事理，差之毫釐，失之千里。」故大人以格君心之非爲第一切要之先務。君心之非非一端，莫難强如忿心，莫難降如驕心，莫難平如怒心。故必隨其非而格之。格之之道，攻之以言難爲從，感之以德易爲化，故非大人莫之能。然欲格君心之非，先格自心之非，亦惟大人爲能之。故能格其非心，使無不正也。

「横渠先生答范巽之書曰」章

施氏璜曰：此言學術政術不可分而爲二也，分而爲二，則學與政皆非矣。孔孟之學術，即孔孟之事功。「明德爲本，新民爲末」，本末原是一貫。有全體必有大用，有天德然後可以行王道也。君相以父母天下爲王道，則愛百姓如赤子。制田里、薄賦斂以富之，興校學、明禮義以教之，必不爲秦漢之慘刻少恩，必不爲五霸之假義圖利。誠愛之心，懇惻切至〔二二〕，則治德日新，所任之人皆良士。今日之政術，即平日之學問，非有二心也。

治法

「濂溪先生曰古者聖王制禮法修教化」章

通書注：「古者」至「咸若」。綱，綱上大繩也。三綱者，夫爲妻綱，父爲子綱，君爲臣綱也。疇，類也。九疇，見洪範。若，順也。此所謂「理而後和」也。「乃作樂」至「天下之情」。八音以宣八方之風，見國語。宣，所以達其理之分；平，所以節其和之流。「故樂聲」至「躁心釋」。淡者，理之發；和者，和之爲。先淡後和，亦主静之意也。然古聖賢之論樂，曰和而已。此所謂淡，蓋以今樂形之，而後見其本於莊正齊肅之意耳。「優柔」至「極也」。欲心平，故平中；躁心釋，故優柔。言聖人作樂功化之盛如此。或云「化中」當作「化成」。「後世」至「不可禁者矣」。廢禮敗度，故其聲不淡而妖淫；政苛民困，故其聲不和而愁怨。妖淫，故導欲而至於輕生敗倫；愁怨，故增悲而至於賊君棄父。「嗚呼」至「長怨」。古今之異，淡與不淡，和與不和而已。「不復」至「遠哉」。復古禮，然後可以變今樂。○語類：通書論樂意，極可觀，首尾有條理。只是淡與不淡、和與不和。

「明道先生言於朝」章

語類：古者教人有禮樂，動容周旋，皆合他節奏，使性急底要快也不得，性寬底要慢也不得，所以養得人情性。知今教人既無禮樂[二二二]，只得把兩册文字教他讀。然而今未論人會學，喫緊自無人會教。所以明道欲得招致天下名儒，使講明教人之方，選其德行最高者，留以爲大學師，却以次分布天下。今教學者[二二三]，須是如此，然後學校方成次第也。○朱子曰：明道論學制，最爲有本。讀之未嘗不慨然發歎也[二二四]。

「明道先生論十事」章

語類：問：「新法之行，雖塗人皆知其有害，何故明道不以爲非？」曰：「自是王氏行得來有害。若使明道爲之，必不至恁地狼狽。」問：「若專用韓富，則事體如何？」曰：「二公也只守舊。」「專用温公如何？」曰：「他又别是一格。」又問：「若是二程出來擔負，莫須别否？」曰：「若如明道，十事須還他全别，方得。只看他當時薦章，謂其『志節慷慨』云云，則明道豈是循常踏故、塊然自守底人！」

「伊川先生上疏曰」章

朱集：諸葛亮有言：「親賢臣，遠小人，此先漢所以興隆也；親小人，遠賢臣，此後漢所以傾頽也。先帝在時，每與臣論此事，未嘗不歎息痛恨於威、靈也。」本朝大儒程頤在元祐間常進言於朝，以爲人主當使一日之中親賢士大夫之時多，親宦官宮妾之時少，則可以涵養氣質，薫陶德性。此皆切至之言也。

「伊川先生看詳三學條制」章[二五]

朱集：「熼謂後世人材不振，士風不美，在於科舉之法。然使便用明道賓興之論，伊川看詳之制，則今之任學校者，皆由科舉而出，亦豈能遽變而至道哉！」曰：「明道所言，始終本末次序甚明。伊川立法，姑以爲之兆耳。然欲變今而從古，亦不過從此規模，以漸爲之。其初不能不費力矯揉，久之成就[二六]，則自然不變矣。」○明道集中所論學制最爲有本[二七]，曾經意否？每讀其書，觀其論講學處，未嘗不慨然發嘆，恨此生之不生於彼時也。伊川元祐所修條制，立尊道堂之類，亦是此意。然時措從宜處，亦有曲折。幸併取觀之，當有所契。

「明道先生行狀云」章

施氏璜曰：此言明道先生爲邑令之賢範也。河間劉氏曰：「先生爲政，條教精密，而主之以誠心。爲令晉城三年，民被服先生之化，暴桀子弟，至有恥不犯。先生去官已十餘年，民有聚口衆而不析異者。問其所以，云『守程公之化』也。其誠心感人如此。」

「聖人無一事」云云章

施氏璜曰：人君一身，其動静皆與天地相關，故聖人無一事不順天時。冬至一陽初復，陽氣甚微，故閉道路之關，使商旅不行，王公於是日亦不巡省，方國上下，皆安静以養微陽也。

「韓信多多益辦」章〔二八〕

語類：問：「『淮陰多多益辦』，程子謂『分數明』，如何？」曰：「此御衆以寡之法，且如十萬人分作十軍，則每軍有一萬人，大將之所轄者，十將而已。一萬又分爲十軍，一軍分作十卒，則一將所管者，十卒而已。卒正自管二十五人，則所管者，三卒正耳。推而下之，兩司馬雖管二十五人，然所自將者五人，又管四伍長，伍長所管，四人而已。至於大將之權，專在旗鼓。大將把小旗，撥發官執大旗，三軍視之以爲進退。若李光弼旗麾至地，令諸軍死生以之，是也[二九]。」

冠昏喪祭，禮之大者

朱集：今廟不成廟，即且依程夫子説「自高祖而下」，亦未爲僭也。○語類：伊川木主制度，其剡刻開竅處，皆有陰陽之數存焉。信乎其有制禮作樂之具也。○古今士得立家廟。家廟之制，內立寢廟，中立正廟，外立門，四面牆圍之。非命士止祭於堂上，只祭考妣。伊川謂，無貴賤皆祭自高祖而下，但祭有豐殺疏數不同。○祭祖，自高祖而下，如伊川所論。古者只祭考妣，温公祭自曾祖而下[三〇]。伊川以高祖有服，所當祭，今見於遺書甚詳。此古禮所無，創自伊川，所以使人盡孝敬追遠之義。○叔器問：「士庶當祭幾代？」曰：「古時一代即有一廟，其禮甚多。今於禮制大段虧缺，而士庶皆無廟。但温公禮祭三代，伊川祭自高祖，始疑其過。要之，既無廟，又於禮煞缺，祭四代亦無害。」○問：「冬至祭始祖，立春祭先祖，季秋祭禰，此三祭如何？」曰：「覺得此箇禮數大遠，似有僭上之意。」又問：「禰祭如何？」曰：「此却不妨。」○問：「冬至祭始祖，是何祖？」曰：「或謂受姓之祖，如蔡氏，則蔡叔之類。或謂厥初生民之祖，如盤古之類。」曰：「立春祭先祖，則何祖？」曰：「自始祖下之第二世，及己身以上弟六世之祖。」曰：「何以只設二位？」曰：「此只是以意享之而已。」〇問：「始祖是隨一姓有一始祖？或只是一始祖？」曰：「此事亦不可得而見。想開闢之時，只是生一箇人出來。」〇文集：程氏冬至、立春二祭，昔嘗爲之，或者類以僭上爲疑[三一]，亦不爲無理。亦并俟詳議也。〇語類：堯卿問始祖之祭。曰：「古無此。伊川以義起。某當初也祭，後來覺得僭，遂不敢祭。古者諸侯只得祭始封之君，以上不敢祭。大夫有大功，則請于天子，得祭其高祖；然亦止得祭一番，常時不敢祭[三二]。程先生亦云，人必祭高祖，只是有疏數耳。」又問：「今士庶亦有始基之祖，莫亦只祭得四代，但四代以上則可不祭否？」曰：「如今祭四代已爲僭。古者官師亦只得祭二代，若是始基之祖，莫亦只存得墓祭。」〇伊川時祭止于高祖，高祖而上，則於立春設二位統祭之，而不用主，此説是也。却又云，「祖又豈可厭多？苟其可知者，無遠近多少，須當盡祭之」。疑是初時未曾討論，故有此説。〇用之問：「先生祭禮，立春祭高祖而上，只設二位。若古人祫祭，須是逐位祭？」曰：「某只是依伊川説。伊川禮更略。伊川所定，不是成書。温公儀却是做成了。」〇古者忌祭，近日諸先生方考及此。

「卜其宅兆」章

朱集：問：「某舊聞風水之説斷然無之。比因謀葬先人，周旋思慮，不敢輕置，既以審諸已，又以詢諸人。既葬之後，略聞或者以爲塋窆坐向少有未安，便覺惕然不安，乃知人子之喪親，盡心擇地，以求亡者之安，亦未爲害。然世俗之人，但從時師之説，專以避凶趨吉爲心，既擇地之形勢，又擇年月時日之吉凶，遂致逾時不葬。某竊謂程先生所謂道路窑井之類，固不可不避，土色生物之美，固不可不擇。然欲盡人子之心，則再求衆山拱揖，水泉環繞，藏風聚氣之地。至於擇日，則於三日中選之。至事辨之辰[三三]，更以決其卜筮，某山不吉，某水不吉。既得山水拱揖環繞於前，又考其來去之吉凶。雖已吻合，又必須年月日時之皆合其説，則恐不必如此，不知然否？」曰：「伊川先生力破俗説，然亦自言須是風順地厚之處乃可。然則亦須稍有形勢，拱揖環抱無空闕處乃可用也，但不用某山某水之説耳。」○語類：伊川曾説「地美，神靈安，子孫盛」。如「不爲」五者，今之陰陽家却不知。惟近世吕伯恭不信，然亦是横説。伊川言方爲至當。古人卜其宅兆，是有吉凶，方卜。譬如草木，理會根源，則知千條萬葉上各有箇道理。事事物物各有一線相通，須是曉。○因説地理。曰：「程先生亦揀草木茂盛處，便不是不擇。伯恭却只胡亂平地上便葬。若是不知此理，亦不是。若是知有此道理，故意不理會，尤不是！」

「介甫言律是八分書」章

朱集：「絅謂八分，豈王氏謂其深刻猶未及於十分也？」曰：「律所以明法禁非，亦有助於教化，但於根本上少有欠闕耳。八分是其所長處，二分乃其所闕，此言他見得者。蓋許之之詞[三四]，非譏之也。」○語類：律是刑統。此書甚好，疑是歷代所有，傳襲下來。至周世宗，命竇儀注解過，名曰刑統，即律也。今世却不用律，只用敕令。大概敕令之法，皆重於刑統。刑統與古法相近，故曰「八分書」。「介甫之見，畢竟高於世俗之儒。」此亦伊川語，因論祧廟及之。○「律是八分書」是欠些教化處。○問：「『介甫言律』一條，何意也？」曰：「伯恭以凡事皆具，惟律不説，偶有此條，遂謾載之。」

「呂與叔撰横渠先生行狀」章

語類：問：「横渠謂『世之病難行者，以亟奪富人之田爲辭。然處之有術，期以數年，不刑一人而可復』。不審井議之行於今，果何如？」曰：「講學時，且恁講。若欲行之，須有機會。經大亂之後，天下無人，田盡歸官，方可給與民。如唐口分世産[三五]，是從魏晉積亂之極，至元魏及北齊、後周，乘此機方做得。荀悦漢紀一段正説此意，甚好。若平世，則誠爲難行。」○安卿問：「横渠復井田之説，如何？」曰：「這箇事，某皆不曾敢深考。而今只是差役，尚有萬千難行處。莫道便要奪他田，他豈肯！且如壽皇初要令官户亦作保正。其時蔣侍郎作保正，遂令人書『保正蔣芾』，後來此令竟不行。且如今有一大寄居作保正，縣道如何敢去追他家人？或又説，將錢問富人買田來均，不知如何得許多錢。荀悅便道，行井田須是大亂之後，如高光之時，殺得無人後，田便無歸，從而來均。此說也是。」義剛問：「東坡限田之說如何？」曰：「那箇只是亂說！而今立法如霹靂，後三五年去，便放緩了。今立限田時，直是三二十年事；到那時去，又不知如何。而今若要行井田，則索性火急做；若不行，且依而今樣。那限田只是箇戲論，不可行。林勳作本政書，一生留意此事，後守廣郡，亦畫得數井。然廣中無人煙，可以如此。」○橫渠若制井田，畢竟繁。使伊川爲之[三六]，必簡易通暢。觀「古不必驗」之言可見。○「古不必驗」，因橫渠欲置田驗井田，故云爾。橫渠說話，多有如此處。○問「古不必驗」一段。曰：「此是說井田。伊川高明，必見得是無不可行。然不如橫渠更驗過，則行出去無窒礙。」

田一方 宋史食貨志：田百畝爲頃，四十頃爲方。

「井田卒歸於封建乃定」章

語類：柳子厚封建論則全以封建爲非，胡明仲輩破其說，則專以封建爲是[三七]。要之，天下制度，無全利而無害底道理，但看利害分數如何。封建則根本較固，國家可恃；郡縣則截然易制，然來來去去，無長久之志，不可恃以爲固也。

政事

「伊川先生上疏曰」章

語類：「伊川前後進講，未嘗不齊戒，潛思存誠。如此，則未進講已前還有間斷否？」曰：「不然。尋常未嘗不誠，只是臨見君時，又加意爾，如孔子沐浴而告哀公是也。」

「明道爲邑，治民之事」章[三八]

平巖葉氏曰：法令有未便於民者，衆人爲之未免拘礙。惟先生道德之盛，從容裁處，故不大戾當時之法，而有補於民。人雖異之而不至於駭者，亦其存心寬平而區處有方也。

「明道先生曰一命之士」章

朱集：上元之政誠若狹而近矣[三九]，然其言有曰：「一命之士，苟存心於愛物，於人必有所濟。」則其中之所存者，又烏得以大小而議之哉！

「坎之六四曰樽酒簋貳用缶」章

語類：理有正，有權。今學者且須理會正。如娶妻必告父母，學者所當守。至於不告而娶，自是不是，到此處别理會。如事君匡救其惡，是正理。伊川説「納約自牖」，又是一等。今於此一段未分明，却先爲彼引走。如孔子説「危行言孫」，當春秋時亦自如此。今不理會正當處，纔見聖人書中有此語，便要守定不移，駸駸必至於行孫矣。

「遯之九三曰係遯有疾」章

朱集：問：「遯九三『畜臣妾，吉』。傳曰『係戀之私恩，懷小人女子之道也，故以畜養臣妾，則得其心，爲吉也』。小人女子近之則不孫，遠之則怨。若專以私恩懷之，未必不有悔吝，而此爻以爲吉，何邪？」曰：「此爻不可大事，但可畜臣妾耳。御下而有以懷之，未爲失正，但恐所以懷之者失其正耳。」〇語類：問：「『畜臣妾，吉』，伊川云，待臣妾之道，『君子之待小人，亦不如是』。如何？」曰：「君子小人，更不可相對，更不可與相接。若臣妾，是終日在自家脚手頭，若無以係之，則望望然去矣。」

「睽之象曰君子以同而異」章

語類：過舉程子睽之象「君子以同而異」，解曰：「不能大同者，亂常咈理之人也；不能獨異者，隨俗習非之人也。要在同而異爾。」「又如今之言地理者，必欲擇地之吉，是同也；不似世俗專以求富貴爲事，惑亂此心，則異矣。如士人應科舉，則同也；不曲學以阿世，則異矣。事事推去，斯得其旨。」○問：「『君子以同而異』，作理一分殊看，如何？」曰：「理一分殊，是理之自然如是，這處又就人事之異上説。蓋君子有同處、有異處，如所謂『周而不比』『群而不黨』，是也。大抵易中六十四象，下句皆是就人事之近處説，不必深去求他。此處伊川説得甚好。」

「睽之九二，當睽之時，君心未合」章

語類：「大人格君心之非」，此謂精神意氣自有感格處，然亦須有箇開導底道理，不但默默而已。伊川解「遇主于巷」，所謂「至誠以感動之，盡力以扶持之，明義理以致其知，杜蔽惑以誠其意」，正此意也。

「益之初九曰利用爲大作」章

語類：初九欲爲九四作事，在下本不當處厚事。以爲上之所任，故爲之而致元吉，乃爲之。又不然，不惟己不安，而亦累於上。向編近思録，説與伯恭：「此一段非常有，不必入。」伯恭云：「非常有，則有時而有，豈可不書以爲戒？」及後思之，果然。

「周公至公」章

「因論口將言而囁嚅」章

詩大全：鄭氏曰：「復下曰舄，襌下曰屨。」

論語或問：所謂「合開口」者，亦曰理之所當然耳。樊於期事，非理之所得言者。蓋取其事之難言而猶言之，非猶爲理之當言也[四〇]。

「克勤小物」章

施氏璜曰：書曰：「不矜細行，終累大德。」故矜細行最得力，而勤小物更難。不忽於小，謹之至也。

「居今之時，不安今之法令」章

語類：「不安今之法令」，謂在下位者。

「感慨殺身者易」章

語類：厚之問：「如何是從容就義？」曰：「從容，謂徐徐。但義理不精，則思之再三；或汩於利害，却悔了，此所以爲難。」曰：「管仲如何？」曰：「管仲自是不容〔四一〕，不問子糾正不正。」

「人纔有意於爲公」章

朱集：明道形狀云：「神宗嘗使推擇人材，先生擇人材薦數十人，以父表弟張載暨弟頤爲稱首。」○續通鑑綱目：宋太宗淳化四年，置審官院。分注曰：「初帝慮中外官吏清濁混淆，命官考課，號磨勘院。至是改爲審官院，掌審京朝官。其幕職州縣官，別置考課院主之。」○又仁宗慶曆三年，更定磨勘法。

「君實嘗問先生」章

朱集：問：「司馬温公嘗問伊川先生，『欲除一人爲給事中』云云，洵竊謂若以公言之，何嫌之足避？豈先生於此未能自信邪？」答曰：「前賢語默之節，更宜詳味，吾輩只爲不理會此等處，故多悔吝耳。近正有一二事可悔，忽讀此問，爲之瞿然〔四二〕。」○語類：厚之問：「伊川不答給事中事，如何？」曰：「自是不容預。如兩人有公事在官，爲守令者來問，自不當答。問者已是失。」曰：「此莫是避嫌否？」曰：「不然。本原已不是，與避嫌異。」○杜氏通典：諸給事中，日上朝謁，平尚書奏事，分爲左右曹。以有事殿中，故曰給事中。

「先生云韓持國」章

五代史：孟知祥鎮蜀時已罷監軍，安重誨復以客省使李嚴爲監軍。知祥怒及嚴，至知祥置酒召嚴，因責之曰：「今諸方鎮已置監軍〔四三〕，公何得來此？」目客將王彦銖執嚴下〔四四〕，斬之，明宗不能詰。

大資　按，爲資政殿大學士者，謂之「大資」。

「先生因言今日供職」章

論語或問：程子所論西監申狀之事[四五]，尤足以驗聖言於日用之間也。

轉運司　書言故事九：轉運曰漕使，注：「漕，水運也。」

臺省　事文類聚：省官部：曰尚書省、曰行尚省、曰中書省、曰行省、曰中書令、曰左右丞相、曰平章事。省官屬：曰左右丞、曰參知政事、曰左右司、曰都事。御史臺部：曰御史臺、曰御史大夫、曰御史中丞、曰侍御史、曰治書侍御史、曰殿中侍御史、曰監察御史、曰檢法、曰登聞檢院、曰登聞鼓院。

申狀　文體明辨：狀之爲言陳也，狀用儷語。

簽　字彙：音僉，簽書文字也。○歐陽公歸田録曰：「俗以草書名爲押字。」事文類聚曰：「唐人初未有押字，但草書其名以爲私記，故爲花書。王荊公押石字。」

「明道先生作縣」章

孟子離婁下曰：文王視民如傷。

「劉安禮問臨民」章

孟子曰：「有大人者，正己而物正者也。」又曰：「格君心之非。」

「坎維心亨」章

程傳：陽實在中，爲中有孚信。「維心亨」，維其心誠一，故能亨通。至誠可以通金石、蹈水火，何險難之不可亨也？「行有尚」，謂以誠一而行，則能出險，有可嘉尚，謂有功也。不行則常在險中矣。

「姤初六」章

通鑒：唐武宗會昌六年紀曰：「三月帝崩，大叔即位。初憲宗、光王怡云云。及上疾篤，旬日不能言。諸宦官密於禁中定策，下詔以皇子冲幼，立怡爲皇大叔。夏四月，李德裕罷爲荆南節度使。」

「人教小童」章

語類：近思録大率所録雜，逐卷不可以一事名。如第十卷，亦不可以事君目之，以其有教小童一段。

教學

「濂溪先生曰剛善爲義」章

通書注：「剛善」至「爲邪佞」。剛柔固陰陽之大分，而其中又各有陰陽，以爲善惡之分焉。惡者固爲非正，而善者亦未必皆得乎中也。「惟中也」至「事也」。此以得性之正而言也。然其以和爲中，與中庸不合，蓋就已發無過不及者而言之，如書所謂「允執厥中」者也。「故聖人」至「止矣」。易其惡，則剛柔皆善，有嚴毅慈順之德，而無强梁懦弱之病矣。至其中，則其或爲嚴毅，或爲慈順也，又皆中節，而無大過不及之偏矣。○此章所言剛柔，即易之「兩儀」；各加善惡，即易之「四象」；易又加倍，以爲八卦。而此書及圖則止於四象，以爲水、火、金、木，而即其中以爲土。蓋道體則一，而人之所見詳略不同，但於本體不差，則並行而不悖矣。○朱集：大凡義理精微之際，合散交錯，其變無窮而不相違悖。且以陰陽善惡論之，則陰陽之正皆善也，其沴皆惡也。周子所謂「剛善剛惡，柔亦如之」者是也。以象類言，則陽善而陰惡；以動静言，則陽客而陰主。此類甚多，要當大其心以觀之，不可以一説拘也。○語類：「通書『剛柔』一段，亦須看且先易其惡，既易其惡，則致其中在人。」問：「惡安得謂之剛？」曰：「此本是剛出來。」○問「性者，剛柔善惡中而已」。曰：「此性便是言氣質之性。四者之中，去却兩件剛惡、柔惡，却又剛柔二善中，擇中而主池録作「立」。焉。」○朱集：子路不能變化氣質之論，言之不難，政懼行之不易，是以難輕言耳。周子有言：「聖人之教，使人自易其惡，自至其中而已爾。」竊意如子路者，可謂能易其惡矣。若至其中一節功夫則難，夫子每每提撕，然未見其有用力之處也。○語類：少陽、少陰亦有一陰一陽，是分爲八卦也。

「觀之上九曰觀其生」章

朱集：問：「『觀之上九「觀其生，君子无咎」』，象曰『觀其生，志未平也』。」曰：「『其生』謂言行事爲之見於外者。既有所省，便是未得安然無事。」

「聖人之道如天然」章

語類：問：「伊川言『聖人教人常俯就』。若是掠下一著教人，是聖人有隱乎爾，何也？」曰：「道有大小精粗。大者、精者，固道也；小者、粗者，亦道也。觀中庸言『大哉聖人之道！洋洋乎發育萬物，峻極於天』，此言道之大處；『優優大哉！禮儀三百，威儀三千』，是言道之小處。聖人教人，就其小者、近者教人，便是俯就。然所謂大者、精者，亦只在此，初無二致。要在學者下學上達，自見得耳，在我則初無所隱也。」○論語或問：程子之意精矣，但失不以「何有於我」爲聖人之謙辭耳。范、楊亦然。謝氏則過矣。

「凡立言，欲涵畜意思」章

朱集：近再看論語尹先生說，句句有意味。可更玩之，不以爲常談而忽也。伊川先生云：「立言當含畜意思，不可使知德者厭、無德者惑。」此言深有味，更思之。

「子厚以禮教學者最善」章

論語或問：謝氏以張子正容謹節之學，爲外面威儀，非禮之本，故其學無傳之者，此亦不然。考諸程子之言，則正取其以禮教人，使人有所據守，其所病者，乃在於「清虚一大」之云，使人向别處走耳。○語類：問：「横渠之教，以禮爲先。浩恐謂之禮，則有品節，每遇事，須用秤停當，禮方可遵守。初學者或未嘗識禮，恐無下手處。敬則有一念之肅，便已改容更貌，不費安排，事事上見得此意。如何？」先生曰：「古人自幼入小學，便教以禮。及長，自然在規矩之中。横渠却是用官法教人，禮也易學。今人乍見，往往以爲難。」

「舞射便見人誠」章

論語或問：或問：「舞射之説，若即此便爲聖人之事[四六]，何也？」曰：「亦言其理之在是，而由是可以至於彼，苟習焉而察，而又勉焉，以造其極，則不俟改塗而聖可至爾。豈曰一灑掃、一應對之不失其節，而遂可直以聖人自居也哉？」

「先傳後倦」章

論語或問：無大小者，理也；有序者，事也。正以理無大小，而無不在，是以教人者，不可以不由其序，而有所遺也。蓋由其序，則事之本末鉅細，無不各得其理，而理之無大小者，莫不隨其所在而無所遺。不由其序，而舍近求遠，處下窺高，則不惟其所妄意者不可得，而理之全體，固已虧於切近細微之中矣。此所以理無大小，而教人者尤欲必由其序也。○語類：理無小大，無乎不在，本末精粗，皆要從頭做去，不可揀擇，此所以爲教人有序也。非是謂灑掃應對便是精義入神，更不用做其他事也。

「伊川先生曰説書必非古意」章

黄氏日抄答撫州程教授請冬至講書劄：來謂又言文公在南康救荒後，每入學校，與明友説，誠是也。然使某襲其迹而竊效之，此自比文公也，某其敢乎哉？且文公之書，某固伏讀之久矣。其書浩博，古所未有，而講義僅有玉山一篇耳。大意蓋以古者疑而後問，問而後對，故於講習有益。後世之講有不待問，而學者之所聽，亦非其所疑，故五十年爲天下儒宗而未嘗登講席。其在玉山，亦因程君再問而再答，故述以成之耳。南康之講説，必亦與友朋隨時疑難問答之實工夫，非海説也。未知尊意以爲如何？因文以施教，願執事任其責；因事以寓教，某願學爲。按，「來謂」之「謂」恐「誨」，「海説」之「海」疑「講」。○朱集：大抵讀書須且虚心静慮，依傍文義，推尋句脉，看定此句指意是説何事，略用今人言語襯帖替換一兩字，説得古人意思出來，先教自家心裏分明歷落，如與古人對面説話，彼此對答，無一言一字不相肯可，此外都無間雜説話，方是得箇入處。怕見如此棄却本文，肆爲浮説，説得即當，都忘了從初因甚話頭説得到此，此最學者之大病也。故程先生有：「説書非古意，轉使人薄。漢儒下帷講誦，未必是説書。」又説作論語解已是剩了。又以毛公説詩爲有儒者氣象。觀此等處，其意蓋可見。○建陽一二士人歸自臨安，云嘗獲奉教，亦録得數十段答問來，其間極有可疑處。雖所録或失本意，亦必有些來歷已。又有泛然之問，略不曾經思索，答之未竟而遽已更端者，亦皆一一酬酢。此非惟於彼無益，而在我者亦不中語默之節矣。又隨問遽答，若與之争先較捷者，此其間豈無牽强草略處？流傳謬誤，爲害不細。就令皆是，亦徒爲口耳之資。程子所謂「轉使人薄」者，蓋慮此耳。

「天下有多少才」章

朱集：問：「『成於樂』，是古人真箇學其六律八音，習其鐘鼓管弦，方底於成。今人但借其意義以求和順之理，如孟子『樂之實，樂斯二者』，亦可以底於成否？」曰：「古樂既亡，不可復學，但講學踐履間可見其遺意耳。故曰『今之成材也難』。」

「孔子教人」章

語類：或問：「『待憤悱而後發，則沛然矣』，如何是沛然底意思？」曰：「此正所謂時雨之化。譬如種植之物，人力隨分已加，但正當那時節，欲發生未發生之際，却欠了些子雨。忽然得這些子雨來，生意豈可禦也！」

警戒

「復之六三」章

迷復　程傳曰：以陰柔居復之終，終迷不復者也。迷而不復，其凶可知。

「解之六三」章

程傳曰：陰柔居下之上，處非其位，猶小人宜在下以負荷，而且乘車，非其據也。

「艮之九三曰」章

程傳：限，分隔也，謂上下之際。三以剛居剛而不中，爲成艮之主，決止之極也。已在下體之上，而隔上下之限，皆爲止義，故爲「艮其限」，是確乎止而不復能進退者也。在人身如「列其夤」。夤，膂也，上下之際也。列絶其夤，則上下不相從屬，言止於下之堅也。止道貴乎得宜。

「雖舜之聖」章

書皋陶謨曰：何畏乎巧言令色孔壬[四七]？按，書之所言者，帝堯畏之也，今作舜，恐書寫之誤也。

「人之過也」章

語類：問：「伊川謂『人之過也，各於其類。君子常失於厚，小人常失於薄；君子過於愛，小人傷於忍』。愚謂，此與『禮，與其奢也，寧儉』同意？」曰：「近之。」〇或問：「『觀過斯知仁』，這『仁』字説得較輕？」曰：「只也是此理。所以伊川云『君子常失於厚，過於愛』。『厚』字、『愛』字便見得仁。」

「人於天理昏者」章

語類：「程先生謂『莊生形容道體之語，儘有好處。老氏「谷神不死」一章最佳』。『莊子云「嗜慾深者，天機淺」。此言最善。』又曰『謹禮不透者，須看莊子』。然則莊老之學，未可以爲異端而不講之耶？」曰：「君子不以人廢言，言有可取，安得而不取之？如所謂『嗜慾深者，天機淺』，此語甚的當，不可盡以爲虛無之論而妄訾之也。」

「做官奪人志」章

朱集：問：「程子言仕官奪人志[四八]，或言爲富貴所移也。愚意以爲不特言此，但才仕官，則於窒礙處有隨宜區處之意，駸駸遂入於隨時徇欲之域，與初間立心各別，此所謂奪志也。不知程子之意果出於此否？又不知人未免仕官而有此病，又何以救之？敢乞指誨。」曰：「所論奪志之説，是也。若欲救此，但當隨事省察而審其輕重耳。然幾微之間，大須着精彩也。」

「驕是氣盈」章

論語集注：驕吝雖有盈歉之殊，然其勢常相因。蓋驕者吝之枝葉，吝者驕之本根。故嘗驗之天下之人，未有驕而不吝，吝而不驕者也。○語類：問：「氣之盈歉如何？」曰：「驕與吝是一般病，只隔一膜。驕是放出底吝，吝是不放出底驕。正如人病寒熱，攻注上則頭目痛，攻注下則腰腹痛。熱發出外似驕，寒包縮在内似吝。因舉顯道克己詩『試於清夜深思省，剖破藩籬即大家』。」問：「當如何去此病？」曰：「此有甚法？只莫驕莫吝，便是剖破藩籬也。覺其爲非，從源頭處正。我要不行，便不行；要坐，便還我坐。莫非由我，更求甚方法！」

「邢七云」章[四九]

語類：邢恕本不定疊，知隨州時溫公猶未絶之，與通書。只是明道、康節看得好。康節詩云：「慎勿輕爲西晉風！」明道語見上蔡録中「便不得不說」處。

異端

語類：令人多說闢異端，往往於其教中茫然不知其說，馮虛妄語，宜不足以服之。如明道諸先生實嘗深究其說，盡得其所以爲虛誕怪僻之要領，故因言所及，各有其旨。

「明道先生曰楊、墨」章

語類：問：「看來爲我疑於義，兼愛疑於仁，其禍已不勝言。佛氏如何又却甚焉？」曰：「楊、墨只是硬恁地做。佛氏最有精微動得人處，本朝許多極好人無不陷焉。」如李文靖、王文正、謝上蔡、楊龜山、游先生諸人。○舉佛氏語曰：「『千種言，萬般解，只要教君長不昧。』此說極好。」問：「程子曰『佛氏之言近理，所以爲害尤甚』。所謂近理者，指此等處否？」曰：「然。它只是守得些子光明[五〇]，全不識道理，所以用處七顛八倒。吾儒之學，則居敬爲本，而究理以充之。其本原不同處在此。」〇郭德元問：「禪者云『知之一字，衆妙之門』。它也知得這『知』字之妙。」曰：「所以伊川説佛氏之言近理，謂此類也。它也微見得這意思，要籠絡這箇道理〔五二〕。只是它用處全差，所以都間斷，相接不著。」

「伊川先生曰儒者潛心正道不容有差」章

語類：問：「伊川謂師、商過、不及，其弊爲楊、墨。」曰：「不似楊、墨。墨氏之學，萌蘖已久，晏子時已有之。兼師、商之過、不及，與兼愛、爲我不關事。」

「明道先生曰道之外無物」章

朱集：來書謂伊川先生所云内外不備者爲不然，蓋無有能直内而不能方外者，此論甚當。據此，正是熹所疑處。若使釋氏果能敬以直内，則便能義以方外，便須有父子，有君臣，三綱五常，闕一不可。今日能直内矣，而其所以方外者果安在乎？又豈數者之外别有所謂義乎？以此而觀伊川之語，可謂失之恕矣。然其意不然，特老兄未之察耳。所謂有直内者，亦謂其有心地一段工夫耳，但其用功却有不同處，故其發有差。他却全不管著，此所以無方外之一節也。固是有根株則必有枝葉，然五穀之根株則生五穀之枝葉，華實而可食；稊稗之根株則生稊稗之枝葉，華實而不可食。此則不同耳。參朮以根株而愈病，鈎吻以根株而殺人，其所以殺人者，豈在根株之外而致其毒哉？來書曰「不能於根株之外別致其巧也」。故明道先生又云：「釋氏惟務上達而無下學。然則其上達處豈有是也？元不相連屬，但有間斷，非道也。」此可以見內外不備之意矣。

○問：學者問曰：「遺書曰『有諸中，必形諸外。惟恐不直內，直內則外必方』。至論釋氏之學，則謂『敬以直內則有之，義以方外則未之有也』。又似以敬義內外爲兩事矣。竊謂釋氏之學亦未有能敬以直內，若有之，則吾儒之所謂『必有事焉』，自不容去之也。」大時答曰：「前一段其意之所重在『有諸中，必形諸外』上，後一段其意之所重在『義以方外』上。且謂其『敬以直內上則有之』，味『有之』二字，則非遽許之，以爲與吾儒之學所謂敬者便可同日而語矣。」答云：「遺書説釋氏有直內無方外者[五二]，是游定夫所記，恐有差誤。東見録中別有一段説『既無方外，則其直內者豈有是也』，語意始圓。可細考之，未可如此逞快，率然批判也。」○敬以直內，近思録注中別有一語，先生指意甚明。蓋雖不以爲無，然未嘗以爲即與吾之所謂敬以直內者無毫髮之差也。○語類：遺書云：「釋氏於敬以直內則有之，義以方外則未也。」道夫於此未安。先生笑曰：「前日童蜚卿正論此，以爲釋氏大本與吾儒同，是其末異。某與言『正是大本不同』。」因檢近思録有云：「佛有一箇覺之理，可言敬以直內矣，然無義以方外。其直內者，要之其本亦不是。」「這是當時記得全處，前者記得不完也。」又曰：「只無義以方外，則連敬以直內也不是了。」又曰：「程子謂『釋氏唯務上達而無下學，然則其上達處豈有是邪！』亦此意。」○游定夫編明道語，言：「釋氏有敬以直内，無義以方外。」吕與叔編則曰：「有敬以直内，無義以方外，則與直内底也不是。」又曰：「敬以直内，所以義以方外也。」又曰：「游定夫晚年亦學禪。」○問：「遺書中有十餘段説佛處，似皆云形上、直内與聖人同，却有一兩處云『要之，其直内者亦自不是』。此語見得甚分明。不知其它所載，莫是傳録之差？」曰：「固是。纔經李端伯、吕與叔、劉質夫記，便真。至游定夫，便錯。可惜端伯、與叔、質夫早喪！使此三人者在，於程門之道，必有發明。」○問：「佛家如何有敬以直内？」曰：「他有箇覺察，可以敬以直内，然與吾儒亦不同。他本是箇不耐煩底人，故盡欲掃去。吾儒便有是有，無是無，於應事接物只要處得是。」

「釋氏本怯死生」章[五三]

朱集：二先生語中亦間有記者之失。如明道論釋氏下學上達處，則無滲漏矣。其下文説盡心知性，語亦不完也。

「所以謂萬物一體者」章

語類：程子謂：「將這身來放在萬物中一例看，大小快活！」又謂：「人於天地間並無窒礙處，大小大快活！」此便是顔子樂處。這道理在天地間，須是直窮到底，至纖至悉，十分透徹，無有不盡，則與萬物爲一，無所窒礙，胸中泰然，豈有不樂！○可憐子約一生辛苦讀書，只是與之説不合[五四]！它硬説「寂然不動」是耳無聞，目無見，心無思慮，至此方是工夫極至處。伊川云：「要有此理，除是死也！」幾多分曉！○柳文蝜蝂傳云：蝜蝂，善負小蟲也。爾雅作「負版」。行遇物，轉持取，昂其首負之，背愈重，雖困劇不止也[五五]。卒躓仆不能起。人或憐之，爲去其負。苟能行，又持取如故。又好上高[五六]，至墜地死。今世之嗜取者，遇貨不避，以厚其室，不知爲己累也。

「釋氏之説，若欲究其説而去取之」章

朱集：問：「『釋氏之説，若欲究其説而去取之，則其説未能究，固已化而爲佛矣。』絅素不喜讀異端之書，然徒知其迹而未究其去著，儻遇辨詰，詞必窮矣。絅自度決不至陷溺，則亦不至騁辯。然一物不知，君子所恥也，不知於此此當何以處之？」曰：「理有未究，則胸中不能無礙，雖不陷溺，亦偶然耳，況未必不陷溺耶？至於欲騁辨而恥不知，尤是末節，不足言。但究理功夫不可有所遺，然又當審其緩急之序也。」○語類：今不消窮究他，伊川所謂「只消就迹上斷便了」。他既逃其父母，雖説得如何道理，也使不得。如此，却自足以斷之矣。○釋氏見得高底儘高。但是它都不管天地四方，只是理會一箇心。如老氏亦只是要存得一箇神氣。伊川云：「只就迹上斷便了。」不知如此要何用?○心迹須令爲一,方可。豈有學聖人之道,服非法之服,享非禮之祀者!程先生謂「文中子言心迹之判,便是亂説」者,此也。○王通曰:徽所問者,迹也;吾告汝者,心也。心迹之判久矣。

「問神仙之説」章

敬齋胡氏曰:「萬物始終乃陰陽造化自然之理,神仙者必欲超出陰陽造化之理以常存,必無此理。」程子謂:「保形煉氣以求延年,如火置之密室難過,亦有此理。然非盜竊造化之機,安能延年?」○揚子法言云:或曰:「聖人不師仙,厥術異也。聖人之於天下,恥一物之不知;仙人之於天下,恥一日之不生。」

「横渠先生曰釋氏」云云章

法華經:世尊以一大事因緣,故出見於世。

「大易不言有無」章

語類:易不言有無。老子言「有生於無」,便不是。○問「言有無,諸子之陋也」。曰:「無者無物,却有此理;有此理,則有矣。老子乃云『物生於有,有生於無』,和理也無,便錯了。」

「浮屠明鬼」章

性理大全：佛氏推明鬼之一字，言人之死也，神識不散，復寓形而受生，如環之流轉，遂厭苦人世之死生轉流，欲求道得免，是不知鬼神之理也。人生日用無非天理之當然，佛氏指浮生幻化，是不知人之理也。天人同一理，彼乃棄人事以求天性，是不知天之理也。孔子所言天者，佛氏以爲此即是道，倫於空寂。惑者指吾儒「游魂爲變」之言，同佛氏輪迴之語，殆未之思也。大學之道，在明明德。故當先知天德，以見浮屠非悟道者也。

聖賢

「明道先生曰堯與舜更無優劣」章

孟子或問：程子論堯、舜、禹、湯、文、武一條尤有功，非其學臻聖域，則孰能及此乎？

「仲尼，元氣也」章

朱集：問：「『并』字莫是包上兩句否？『時焉而已』，『時』字恐是戰國風氣所致。」答云：

「『并秋殺盡見』，則以春生爲主而兼舉之也。『時焉而已』，語意不分明，未知端的指趣。如此所説亦通，或恐更有『時既無人，不得不自任』之意。或説秋殺氣象不常如此，蓋有時而或見之也。未知孰是，試并思之。」○語類：仲尼無不包，顏子方露出來春生之意，如「無伐善，無施勞」是也。使此更不露，便是孔子。○問「孟子則露其才，蓋以時焉而已」。直卿云：「或曰，非當如此，蓋時出之耳。或曰，戰國之習俗如此。或曰，世衰道微，孟子不得已焉耳。三者孰是？」曰：「恐只是習俗之説較穩。大抵自堯舜以來至於本朝，一代各自是一樣，氣象不同。」○問：「『孟子露其才，蓋亦時然而已。』豈孟子亦有戰國之習否？」曰：「亦是戰國之習。如三代人物，自是一般氣象；左傳所載春秋人物，又是一般氣象；戰國人物，又是一般氣象。」○「化，則化其大之之迹，聖而不可知處便是神也。所以明道言『仲尼無迹，顏子微有迹，孟子其迹著』。」或問顏子之微有迹處。曰：「如『願無伐善，無施勞』，皆是。若孔子有迹，只是人捉摸不着。」

「荀子極偏駁」章

語類：性是自然之理，不容加工。揚雄言「學者，所以修性」，故伊川謂揚雄爲不識性。○韓子説荀、揚大醇是泛説。與田駢、慎到、申不害、韓非之徒觀之，則荀、揚爲大醇。韓子只説那一邊，湊不着這一邊。若是會説底，説那一邊，亦自湊着這一邊。程子説「荀子極偏駁」，「揚子雖少過」，此等語，皆是就分金秤上説下來。今若不曾看荀子、揚子，則所謂「偏駁」、「雖少過」處等[五七]，亦見不得。

「漢儒如毛萇、董仲舒」章

語類：問：「伊川於毛公，不知何所主而取之？」曰：「程子不知何所見而然。嘗考之詩傳，其緊要處有數處。如關雎所謂『夫婦有别，則父子親；父子有親，則君臣敬；君臣敬，則朝廷正；朝廷正，則王化成』。要之，亦不多見。只是其氣象大概好。」○董問董仲舒見道不分明處。曰：「也見得鶻突。如『命者，天之令；性者，生之質；情者，人之欲。命非聖人不行，性非教化不成，情非制度不節』等語，似不識性善模様。又云『明於天性，知自貴於物；知自貴於物，然後知仁義；知仁義，然後重禮節；重禮節，然後安處善；安處善，然後樂循理』，又似見性善模樣。終是説得騎墻，不分明端的。」

「孔明有王佐之心」章

語類：忠武侯天資高，所爲一出於公。若其規模，并寫申子之類，則其學只是伯。程先生云：「孔明有王佐之心，然其道則未盡。」其論極當。

「諸葛武侯有儒者氣象」章

語類：問：「『諸葛亮有儒者氣象』，如何？」曰：「孔明學不甚正，但資質好，有正大氣象。」問：「取劉璋一事，如何？」曰：「此却不是。」

「文中子本是一隱君子」章

語類：張毅然漕試回。先生問曰：「今歲出何論題？」曰：「論題云云，出文中子。」曰：「如何做？」張曰：「大率是罵他者多。」先生笑曰：「他雖有不好處，也須有好處。故程先生言『他雖則附會成書，其間極有格言，荀、揚道不到處』。豈可一向罵他。」○伊川謂文中子有些格言，被後人添入壞了。看來必是阮逸諸公增益張大，復借顯顯者以爲重耳。○自古罕有人說得端的，惟退之原道庶幾近之，却說見大體。程子謂「能作許大識見尋求」，真箇如此。他資才甚高，然那時更無人制服他，便做大了，謂「世無孔子，不當在弟子之列」。

「周茂叔胸中灑落」章

朱集：黃太史曰：「茂叔人品甚高，胸中灑落，光風霽月。」知德者亦深有取其言云。○延平先生嘗以黄太史之稱濂溪周夫子「胸中灑落，如光風霽月」云者，爲善形容有道者氣象，嘗諷誦之而顧謂學者曰：「存此於胸中，庶幾遇事廓然而義理少進矣。」○所謂灑落，只是形容一箇不疑所行、清明高遠之意，若有一毫私吝心，則何處更有此等氣象邪？只如此看，有道者胸懷表裏亦自可見。若更討落著，則非言語所及，在人自見得如何。如曾點舍瑟之對，亦何嘗説破落著在甚處邪！○語類：濂溪清和。孔甫經祭其文曰：「公年壯盛，玉色金聲，從容和毅，一府皆傾。」墓碑亦謂其「精密嚴恕」，氣象可想。

「伊川先生撰明道先生行狀」章

朱集：蒙喻及二程之於濂溪，亦若横渠之於范文正耳。先覺相傳之秘，非後學所能窺測。誦其詩，讀其書，則周、范之造詣固殊，而程、張之契悟亦異。如曰仲尼、顔子所樂，吟風弄月以歸，皆是當時口傳心受，的當親切處。後來二先生舉似後學，亦不將作第二義看。然則行狀所謂「反求之六經然後得之」者，特語夫功用之大全耳。至其久處[五八]，則自濂溪，不可誣也。若横渠之於文正，則異於是，蓋當時粗發其端而已。受學乃先生自言，此豈自誣者邪？○語類：問：「伊川何因見道？」曰：「他説求之六經而得，也是於濂溪處見得箇大道理，占地位了。」○朱集：明道行狀説孝弟禮樂處，上兩句説心，下兩句説用[五九]。彼老子、浮屠之説，固有疑於聖賢者，然其實不同者，則此以性命爲真實，而彼以性命爲空虚也。此以爲實，故所謂寂然不動者，萬理粲然於其中，而民彝物則，無一之不具。所謂感而遂通天下之故，則必順其事，必循其法，而無一事之或差。彼以爲空，則徒知寂滅爲樂，而不知其爲實理之原，徒知應物見形，而不知其有真妄之别也。是以自吾之説而修之，則體用一原，顯微無間，而治心、修身、齊家、治國，無一事之非理。由彼之説，則本末横分，中外斷絶，雖有所謂朗澈靈通、虚静明妙者，而無所救於滅理亂倫之罪、顛倒運用之失也。故自古爲其學者，其初無不似有可喜，考其終則詖淫邪遁之見鮮有不作而害於政事者。是以程顥常闢之曰：「自謂究神知化，而不足以開物成務；言爲無不周遍，而實外於倫理；究深極微，而不可以入堯舜之道。天下之學，自非淺陋固滯，則必入於此，是謂正路之榛蕪，聖門之蔽塞，闢之而後可與入道。」嗚呼！此真可謂理到之言。○舊讀明道行狀，記其學行事業累數千言，而卒道其言不過力排釋氏，以爲必闢之而後可以入道。○語類：論釋氏之説，如明道數語，闢得極善。○朱集：先生之學固高且遠矣，然其教人之法，循循有序，而嘗病世之學者捨近求遠，處下窺高，所以輕自大，而卒無得焉，則世之徒悦其大者，有所不察也。○伊川先生既没，昔之門人高弟多已先亡，無有能形容其德美者。然先生嘗謂張繹曰：「我昔狀明道先生之行，我之道蓋與明道同，異時欲知我者，求之於此文可也。」

「明道先生曰周茂叔窗前草不除去」章

朱集：切脉觀雞。竊意此語但因切脉而見血氣之周流，因觀雞雛而見生意之呈露，故即此指以示人，如引醫家手足頑痺之語、舉周子不去庭草之事，皆此意爾。○語類：問：「周子窗前草不除去，云『與自家意思一般』，此是取其生生自得之意邪？抑於生物中欲觀天理流行處邪？」曰：「此不要解。到那田地，自理會得。須看自家意思與那草底意思如何是一般。」○問：「周子窗前草不除去，即是謂生意與自家一般。」曰：「他也只是偶然見與自家意思相契。」又問：「横渠驢鳴，是天機自動意思？」曰：「固是。但也是偶然見他如此。如謂草與自家意一般，木葉便不與自家意思一般乎？如驢鳴與自家呼喚一般，馬鳴却便不與自家一般乎？」問：「程子『觀天地生物氣象』，也是如此？」曰：「他也只是偶然見如此，便説出來示人。而今不成只管去守看生物氣象！」

「張子厚聞生皇子，喜甚」章

語類：問：「明道先生曰『周茂叔窗前草不除去，子厚觀驢鳴，亦謂如此』，又曰『子厚聞生皇子』云云。絅謂此即天地生物之心而人物所得以爲心者，蓋仁之事也。聖賢千言萬句，所謂傳心者，惟此而已。」曰：「大概然矣，但不可只如此説了便休，須是常切玩味涵養也。」〇必大曰：「『子厚聞皇子生，喜甚；見饑殍，食便不美』，昔正淳嘗云〔六〇〕『與人同休戚』，陸子壽曰『此主張題目耳』。」先生問：「曾致思否？」對曰：「皆是均氣同體，惟在我者至公無私，故能無間斷而與之同休戚也。」曰：「固是如此，然亦只説得一截。如此説時，真是主張題目，實不曾識得。今土木何嘗有私！然與他物不相管。人則元有此心，故至公無私，便都管攝之無間斷也。」

「侯師聖云朱公掞」云云章

朱集：春風堂記久已奉諾，安敢忘之！若論爲己切實功夫，豈此等所能助？而爲仁由己，亦何待他人之助耶？况明道先生氣象如此，乃是「不違仁」之影子。今於影外旁觀而玩其形似，孰若深察其心之所到而身詣之爲實耶？

「吕與叔撰横渠先生行狀」章

語類：横渠行狀述其言云：「吾學既得於心，則修其辭；命辭無差，然後斷事；斷事無失，吾乃沛然。精義入神者，豫而已矣。」他意謂須先説得分明，然後行得分明。今人見得不明，故説得儱侗，如何到行處分明！

「橫渠先生曰二程從十四五時」章

語類：伊川好學論，十八時作。明道十四五便學聖人，二十及第，出去做官，一向長進。定性書是二十二三作。是時游山，許多詩甚好。

【校勘記】

〔一〕此等事力量不足放過了處　「事」下，晦庵先生朱文公文集卷五十七有「是」字。

〔二〕第五倫視其子之疾章　「第」原作「弟」，據葉采近思録集解改。按：本條下文中作「弟」處亦皆改爲「第」。

〔三〕遂將女事他　「事」，朱子語類卷二十八作「妻」。

〔四〕叔蒙問程子説避嫌之事　「説避嫌之事」，朱子語類卷二十八作「避嫌之説曰」。

〔五〕先公太中　「中」原作「仲」，據筑大藏寫本改。

〔六〕爲弟者豈可亦學兄之不友　「爲弟」二字原無，據朱子語類卷八十一補。

〔七〕知止足之道　「知」上，朱子語類卷七十有「蠱上九傳」四字。

〔八〕君在與在　「與在」之「在」原無，據朱子語類卷七十二補。

［九］必知此而信之　「知」，筑大藏寫本作「如」。

［一〇］向欲其真實無妄之謂　「向」，朱子語類卷六十四作「而」。

［一一］凡人皆知水踏之必溺　「踏」，朱子語類卷二十八作「蹈」。按：本條下句中兩「踏」字亦如此。「蹈」作「踏」的情况，後文還有，不再一一出校。

［一二］如此則善利之間　「如」，筑大藏寫本作「〇」。

［一三］以至入任　「任」，朱子語類卷九十七作「仕」。

［一四］疏者易裁　「裁」原作「栽然」，據通書注（朱子全書本）改。

［一五］禽獸向彼而出者皆免　「彼」，朱子語類卷七十作「我」。

［一六］非能爲物作則也　「非」原作「兆」，據朱子語類卷七十三改。

［一七］有若要譽而市恩者　「譽」原作「挙」，據晦庵先生朱文公文集卷五十五改。

［一八］學者見程子説興邦喪邦　「喪」字原本作空圍「□」，據朱子語類卷四十三改。

［一九］終於天下　「於」下原衍一「於」字，據詩序辨説（續修四庫全書本）删。

［二〇］按：詩序辨説，自「王者之道始於家」至「其爲是歟」爲注文，刻作小字。

［二一］懇惻切至　「惻」原作「側」，據筑大藏寫本、施璜五子近思録發明（清康熙刻本）卷八改。

［二二］知今教人既無禮樂　「知」，朱子語類卷四十三作「如」。

〔二三〕令教學者　「令」，朱子語類卷四十三作「令」。
〔二四〕讀之未嘗不慨然發歎也　「不」字原無，據晦庵先生朱文公文集卷四十四補。
〔二五〕伊川先生看詳三學條制章　「看」字原無，據葉采近思録集解補。
〔二六〕久之成就　「就」，晦庵先生朱文公文集卷六十二作「熟」。
〔二七〕明道集中所論學制最爲有本　「學」原作「無」，據晦庵先生朱文公文集卷四十二改。
〔二八〕韓信多多益辦章　「辦」原作「辨」，據葉采近思録集解改。按：本條下同。
〔二九〕令諸軍死生以之是也　「也」字原無，據朱子語類卷一百三十六補。
〔三〇〕温公祭自曾祖而下　「下」字原無，據朱子語類卷九十補。
〔三一〕或者類以僭上爲疑　「類」，晦庵先生朱文公文集卷四十四作「頗」。
〔三二〕常時不敢祭　「常」原作「當」，據朱子語類卷九十改。
〔三三〕至事辦之辰　「辦」，晦庵先生朱文公文集卷六十三作「辦」。
〔三四〕蓋許之之詞　「蓋」原作「益」，據晦庵先生朱文公文集卷五十八改。
〔三五〕如唐口分世産　「産」，朱子語類卷九十八作「業」。
〔三六〕使伊川爲之　「使」原作「便」，據朱子語類卷九十八改。
〔三七〕按：自「柳子厚」至「封建爲是」，原作「柳子厚以封建爲是」，據朱子語類卷一百八改。

［三八］治民之事章　「治」，葉采近思録集解作「及」。

［三九］上元之政誠若狹而近矣　「政」原作「改」，據晦庵先生朱文公文集卷七十八改。

［四〇］非猶爲理之當言也　「猶」，論語或問卷十九作「以」。

［四一］管仲自是不容　「容」，朱子語類卷九十六作「死」。

［四二］爲之瞿然　「瞿」，晦庵先生朱文公文集卷四十一作「矍」。

［四三］今諸方鎮已置監軍　「置」，新五代史卷六十四清乾隆武英殿刻本作「罷」。

［四四］目客將王彦銖執嚴下　「銖」疑作「銖」。按：「王彦銖」，舊五代史卷七十吴興劉氏嘉業堂刻本、新五代史卷六十四、資治通鑑卷二百七十七宋刻本等皆作「王彦銖」。

［四五］程子所論西監申狀之事　「西」字原無，據論語或問卷十三補。

［四六］舞射之説若即此便爲聖人之事　「舞射」下，論語或問卷十九有「以下三條」四字；「若」下，論語或問卷十九有「皆以」二字。

［四七］何畏乎巧言令色孔壬　「巧」原作「功」，據尚書（四部叢刊本）卷二改。

［四八］程子言仕官奪人志　「官」，晦庵先生朱文公文集卷五十九作「宦」。按：本條下文「仕官」之「官」亦如此。

［四九］邢七云章　「邢」原作「刑」，據葉采近思録集解改。按：本條下文亦如是。

〔五〇〕它只是守得些子光明　「得」下，朱子語類卷一百二十六有「這」字。
〔五一〕要籠絡這箇道理　「絡」原作「終」，據朱子語類卷一百二十六改。
〔五二〕遺書説釋氏有直内無方外者　「無」字原無，據晦庵先生朱文公文集卷五十三補。
〔五三〕釋氏本怯死生章　「怯」，葉采近思録集解作「怖」。
〔五四〕只是與之説不合　「合」原作「舍」，據朱子語類卷一百二十二改。
〔五五〕雖困劇不止也　「也」下，柳河東集注卷十七有「其背甚澀，物積因不散」九字。
〔五六〕又好上高　「高」下，柳河東集注卷十七有「極其力不已」五字。
〔五七〕則所謂偏駁雖少過處等　「處等」，朱子語類卷一百三十七作「等處」。
〔五八〕至其久處　「久」，晦庵先生朱文公文集卷三十作「入」。
〔五九〕按：自「明道行狀」至「下兩句説用」，今見朱子語類卷九十六，而非晦庵先生朱文公文集。
〔六〇〕昔正淳嘗云　「昔」，朱子語類卷九十六作「者」。

書近思録集説後

吾儕寓昌平學舍，每偶日朝會于艤舟齋，肄業月率十餘次，先生親臨，循循訓誘，雖風雨寒暑，未曾廢也。四子、六經及濂洛諸書終而復始，特患近思録無善解可據，諸家注釋雖多，猶難明晰。於是與志堅、公武等議輯朱集、語類及諸說可以發明其旨者，每會質之先生，三四章若六七章。先生批抹以授焉，積而爲卷，名曰近思録集說。非敢以是謀不朽乎天下後世，聊以資一時講習耳。甲戌臘月開業，今年八月竣事，其說之遺漏不完者，猶待他日補入云。文化乙亥秋日，牧原直亮謹識。

近思録欄外書

（日本）佐藤一齋 撰
程水龍 陶政欣 校點

校點説明

佐藤一齋（一七七二—一八五九），名坦，字大道，號一齋、愛日樓、老吾軒。出生於江户浜町，師從中井竹山。是藤原惺窩再傳弟子林述齋的門人，曾在林家從事教學，文化二年任林氏塾長，大小侯伯争相延聘，請其講學。曾任天保時期的儒官，研究朱子學，誘掖後進。其講經，理義深奥，辯説詳密，尤精於易。著有言志四録、周易欄外書、大學欄外書、中庸欄外書、論語欄外書、孟子欄外書、近思録欄外書、傳習録欄外書等。

近思録欄外書十四卷，原是佐藤一齋給學生講課時的講義，後彙集成專書。該書以葉采近思録集解爲底本，没有對近思録全部語録進行解説，而是對葉采進近思録表、近思録集解序、近思録各卷部分語録或某些詞句，以及葉采注文進行考辨、校勘或解説。由於他是一邊教學一邊講解，編次成書時，不像常見的近思録注本那樣先抄録近思録每條原文所有文字，而是節録某條語録的第一句或前幾字，於其下附一「條」字，如「觀天地生物氣象」條，二松學舍大學所藏藍格寫本如是；或者選擇所欲解説的某條語録開頭兩字，在其下附一「條」字，以標明所要解説的對象，如卷一下有「濂溪」條、「誠無」條、「伊川」條等，佐藤一齋全集如是。

在這些單列編排的「節」或「條」下，佐藤一齋或選擇某條語録直接陳述被解説的對象，或摘取某語録中的詞句，或選録葉采注文，或以「某某」止「某某」方式簡單概述所要解説的對象。依據上述形式編次之後，佐藤氏或注釋、或考證、或校勘、或評判，常引用朱熹、黄勉齋、王陽明、施璜等人的論説來幫助注解。

現存一齋近思録欄外書卷首載：「天保十年，爲諸生講斯編，因復漫書於讀本欄外，以孟秋下澣三日起筆，至臈月中澣十日完業。愛日樓主，時齡六十有八。」可見，其講稿於天保十年（一八三九）十二月撰寫完成。此書中的注評除徵引宋、元、明、清理學家或近思録多位注家的注解外，佐藤一齋又以「愚謂」「愚按」等形式直陳自己的見解，或對葉采注解提出質疑，或評説朱子輯録近思録、葉采注文的優點與不足，或判定句讀，頗多見解值得珍視。尤其值得注意的是，一齋除引用朱熹學説外，在所引的宋、元、明、清學者論説中，直接引用或間接引用明代王陽明的論説文字最多。而且，所引王守仁的學説，大多與朱子觀點相異，流露出他對王學的敬重，故而日本學者永富青地認爲「佐藤一齋在欄外書當中是非常明確地以陽明學者的身份來闡發自己的學説主張的」（參見永富青地佐藤一齋是一位朱子學者嗎？——就欄外書的記載而談）。因此該書頗具文獻學與學術史價值。

近思録欄外書現存多部寫本，因爲日本東京都立圖書館所藏漢文寫本多部，没有注明抄寫時間，或佐藤坦時代抄録，或後期抄録；二松學舍大學藏本也未注明抄録時間。考慮到古籍整理後出轉精的普遍規律，故本次整理校點以日本明德出版社於平成四年十二月出版的佐藤一齋全集爲底本，該本題署「一齋居士稿本」，竪行編排，一頁分上下兩欄，單行大字二十五字，並用小圓圈標句讀。以較晚面世的、編次較爲規整的、有批注的二松學舍大學圖書館所藏藍格寫本爲校本（簡稱「二松學舍大學藏寫本」），該寫本是在素紙上書寫，書體爲行楷，編排工整。每半葉十行二十字，小字雙行同。用墨色小圈標示句讀。藏本鈐朱文印「晚翠樓圖書記」。

校點時考慮到現存多部抄寫本存在差異，且其源頭難以梳理清楚，故而我們在將底本與校本比較時，主要選取二者相對應處進行校對，相對底本而言，校本多出的或缺少的某一則或某一節文字，我們不再爲此作校勘記。

校點過程中，對於「太公者統言之也」、「太宗師」、「廓然而太公」、「太宗主之」等文中之「太」字，古人往往「太」、「大」不分，故而没有徑改作「大」。對於底本中的文字，如「挙」、「要」、「荅」等皆改用通行的繁體字。明顯的形近而誤則徑改。如今校點既畢，伏祈專家教正。

程水龍　陶政欣

題記[一]

天保十年，爲諸生講斯編，因復漫書於讀本欄外，以孟秋下澣三日起筆，至臈月中澣十日完業。愛日樓主，時齡六十有八。[二]

【校勘記】

[一] 題記　「題記」二字原無，本次校點時增。

[二] 按：本段前，底本原有「近思録欄外書上帙」、「一齋居士稿本」十四字，并有夾注「依通本」三字。二松學舍大學藏寫本除此之外，尚有夾注「葉采注」三字。

進近思録表[一]

逾於二紀　「二紀」，疑「三紀」訛。自序作於淳祐八年，序中曰「踰三十年」，而此表係十二年，則「三」之訛「二」，可推耳。

「五臣」，指周、程、張、朱。

「五千文，十萬説」，謂老與釋[二]。

葉采，字仲圭，號平巖，朱子門壻。

【校勘記】

[一] 進近思録表　「進近思録」四字底本無，據二松學舍大學藏寫本增。

[二] 謂老與釋　「與」，二松學舍大學藏寫本作「子」。

近思録集解序[一]

考合緒論　宋本「緒」作「諸」。

蓋時有遠近，言有詳約不同[二]　「不同」，兼指遠近詳約。

【校勘記】

[一] 近思録集解序　「近思録集解」五字底本無，據二松學舍大學藏寫本增。

[二] 蓋時有遠近言有詳約不同　此句底本無，據二松學舍大學藏寫本增。

朱子題言

宋本題曰「近思録前引」。

韓本以朱、吕二引，置四先生書目後。

「求端用力，處己治人」，宜渾説。中各有所當，可也，不必求篇目以實之。注就卷篇次第分貼，恐拘。

呂氏題言

宋本題曰「近思録後引」。

與聞次緝之意　專次緝之者，朱子也。東萊承朱子之意掇録之耳，故曰「與聞次緝之意」，蓋不特謙言也。

迄無所依據　迄，殆也，訓「及」，非是。

近思録群書姓氏

「群書姓氏」四字，宋本有，通本無。

「周子」，宋本作「濂溪先生」。

注「厚陵」 英宗陵名。

集解目録

宋本集解上有「近思録」字。此目在「群書姓氏」之前，韓本則移在葉序之後。

近思録欄外書卷一[一]

宋本題名無「東萊呂祖謙」字。題式如左，每卷同。

新安朱熹原編

建安葉采集解

道體類 凡五十一條

宋本、韓本，並無「類」字。每卷同。

宋本「凡五十一條」五字小書，韓本大字，移第一行之下。每卷此例。

注「此卷論性之本原」云云 宋本別提大字，低書二格，似爲朱、吕舊題，每卷同例。

「濂溪」條[二]

「極」，是極至。凡物皆有極至，亦必有其形迹。獨理則無形迹之極至。「無極」，猶言無形迹；「太極」，即理之極至。太，是尊稱，謂莫可加也，與洪範「有極」之「有」爲尊稱，非「有無」之

「有」同。洪範有極，亦無極耳。如「易有太極」，則謂易書中有此理，與極之有無不相干。「無極而太極」，言無極之極也。「而」字輕，如「之」字看。語例猶言無聲之樂、無體之禮。或釋爲無之極，謬矣。

朱子原注是也。圈外所引，却成轇轕。可抹。

注　「愚案」上，宋本有圈。

朱子曰：語道體之至極，則謂之太極；語太極之流行，則謂之道。雖有二名，初無兩體。

「太極動」止「兩儀立焉」　朱子曰：「太極動而生陽。」不是動後方生陽，蓋纔動，便屬陽。

傳習録答陸原静書曰：周子「静極而動」之説，苟不善觀，亦未免有病。蓋其意從「太極動而生陽，静而生陰」説來。太極生生之理，妙用無息，而常體不易。太極之生生，即陰陽之生生。就其生生之中，指其妙用無息者而謂之動，謂之陽之生，非謂動而後生陽也。就其生生之中，指其常體不易者而謂之静，謂之陰之生，非謂静而後生陰也。若果静而後生陰，動而後生陽，則是陰陽動静截然自爲一物矣[三]。陰陽一氣也，一氣屈伸而爲陰陽；動静一理也，一理隱顯而爲動静。春夏可以爲陽爲動，而未嘗無陰與静也。秋冬可以爲陰爲静，而未嘗無陽與動也。春夏此不息，秋冬此不息，皆可謂之陽、謂之動也；春夏此常體，秋冬此常體，皆可謂之陰、謂之静也。自元會運世，歲月日時，以至刻秒忽微，莫不皆然，所謂動静無端，陰陽無始，在知道者默而識之，非可以言語窮也。

「太極」至「復動」，說流行。「分陰」至「立焉」二句，說對待。中間「一動一靜，互爲其根」二句，承上流行，起下對待。

「陽變陰合」止「四時行焉」 五行肇見於尚書。不過舉民生日用所資，而漢儒更創生克之說，至宋亦莫容一疑。周子圖說，發揮太極，極精，然猶以五行論之，則其所未看破，愚於繫辭辨之。不一而足，茲姑略之。

注「或問陽」止「故云變合」 圖說注無「或問」云云，別承上文，尚有數語。可查。

「五行一陰」止「本無極也」 注「五殊二實，無餘欠也」八字，圖說無；「精粗本末，無彼此也」八字，亦無。「無聲臭之可言也」下，圖說尚有數語。

五行之生也各一其性 圖說與前節合爲一，而注亦在前節下。性理大全注：「其性各一，如火燥、水濕、金剛、木柔、土實之類。」

無極之真，二五之精，妙合而凝 無極之真，是理。二五之精，是氣。其妙合而凝者，乃成人物。故凡呼做性者[四]，必不離於氣。

得其秀 「秀」，謂精英也。

神發知矣 「神發知矣」，心之靈光之謂知，即良知也，神發之也。繫傳云「乾知大始」，又云

「乾以易知」。周子蓋原本於此，而注家於知字無釋，可疑矣。

知之神，不慮而知，是良知也；生之形，不學而能，是良能也。

注「又如此也」下，圖説尚有數句，曰：「自非聖人全體太極，有以定之。則欲動情勝，利害相攻，人極不立，而違禽獸不遠矣。」葉氏刪此句，於下注「向之所謂」，致難通。

「聖人定之」止「合其吉凶」　聖人神發其知，能踐其形。知止而有定，定之以中正仁義。又推之使人亦能得爲善去惡，皆由於中正仁義之途。著一「之」字跟前，見兼自他之意。中正仁義，蓋就易立言。易卦內體，二爲中，爲人位。外體，五爲中[五]，爲人位。六二、九五，是中正也。兼外內卦，則三四爲中，爲人位。所云「立人之道，曰仁與義」，三仁而四義，是仁義也。「主靜」，謂存寂然不動之體。蓋聖人中正仁義之感通，必原諸寂然不動之本體，於是人極得立也。「立人極」，與洪範所云「皇建其有極」同一意。「故聖人」以下，推言聖人與天地爲同體以贊之。

王文成曰：濂溪自注「主靜」云「無欲故靜」，而於通書云「無欲則靜虛動直」，是主靜之説，實兼動靜。

朱子釋「中正」曰：「中者，禮之極。正者，智之體。智於四德屬貞。」愚案：周子本意，恐不如是。若果爲禮智，則何不曰「定之以仁義禮智」，而必更曰「以中正」邪？故愚就人位爲説如前爾。

薛敬軒曰：仁健義順，與天地合其德也；知周萬物，與日月合其明也；仕止久速，各當其可，與四時合其序也；進退存亡，不失其正，與鬼神合其吉凶也。

注「聖人之道，仁義中正而已矣」 此句見於通書。

注「當本之於靜也[六]**」**「當」，宋本、圖説並作「常」，是也[七]。

注「或問」上，宋本有圈。

君子修之吉，小人悖之凶「修之」，指中正仁義主静。「修」，與「修道」之「修」同。「吉凶」亦易中字，大意如禹所云「惠迪吉，從逆凶」。

「故曰立天」止「死生之説」 黄勉齋曰：陰陽，寒暑往來之類；柔剛，山川流峙之類；仁義，事親從兄之類。

此節兩引易，蓋結上文「聖人定之」節。前證中正仁義，後證主静。「原始」，原太極也；「反終」，反太極也。工夫主寂然不動之體耳。注「以陽、剛、仁爲始，以陰、柔、義爲終」，恐非周子本意。

注「綱紀」，是三才之道；「流行」，是死生之説。

大哉易也，斯其至矣「大哉易也」，就用而言；「斯其至矣」，就體而言。「至」字，即極字，便見無極而太極矣。

注「無體之易」　繫辭曰：神無方而易無體。

「誠無」條

「誠無爲」，即太極之無極也。「幾善惡」，幾者，情之發端，人心道心之介也。圖説所云「五性感動而善惡分，萬事出矣」是也。

通書，與圖説相表裏。繫辭云「夫易，无思也，无爲也」，即太極之體也。誠之無爲，與此同體。

朱子曰：極力説箇幾字，儘有警發人處〔八〕。近則公私邪正〔九〕，遠則廢興存亡，只於此處看破便斡轉了。此日用第一親切功夫〔一〇〕，精粗隱見，一時透穿〔一一〕。堯、舜所謂「惟精惟一」，孔子所謂「克己復禮」，便是此事。〔一二〕

「**理曰禮**」止「**守曰信**」　朱子曰：理，謂有條理；通，謂通達；守，謂確實。

「**性焉安焉**」止「**之謂神**」　「性焉安焉」，謂生知安行。「復焉執焉」，謂學知利行，兼困知勉行。「發微」，不疾而速。「充周」，不行而至。孟子所云「聖而不可知之之謂神」是也。四「焉」字，指德性。

「伊川」條

「寂然不動」，即太極也。感通則陰陽，幾善惡也。其中節處善，而過不及處惡也。但中庸舉性情之德，大本立而達道行，就本體之善處言之耳。

「心一」條

注所引，朱子中庸章句也。章圖，王氏云：「『中節』二字，代了『無過不及』四字。」

「所見」，猶言所認，蓋或指體，或指用。所謂有異，宜隨處會其意耳。

「本注」，是伊川自注。是與呂大臨論中書。

「乾天」條

注「朱子曰性情」云云 水火之性情爲寒熱，而不言體用，蓋略也。今補之曰：「火熱性而爲體，其燥物則情而爲用；水寒性而爲體，其潤物則情而爲用。」文公蓋亦此意。

「夫天專言」止「弗違是也」 語類陳淳録：問：「程子曰『天，專言之則道也，天且弗違是也』，又曰『天地者，道也』。此語何謂？」曰：「程子此語，某亦未敢以爲然，天且弗違，此只是上天。」曰：「『知性則知天』，此天便是『專言之則道』者否？」曰：「是。」

「天且弗違」，程子引之，非舉用字例。蓋謂上天不能違，以道即爲天理，非二也。程語往往有如此之類，以意逆而解之可也。朱子疑之。恐未透。

注「**以功用**」、「**以妙用**」　功用，是氣；妙用，是理。

「黄勉齋」上，宋本有圈，下文「伊川」、「横渠」上，亦各有圈。

「鬼神」條

中庸章句：程子曰：「鬼神，天地之功用，而造化之迹也。」

大全小注：朱子曰：「風雨霜露，日月晝夜，此鬼神之迹也。」又曰：「造化之妙，不可得而見。於其氣之往來屈伸者以見之，微鬼神，則造化無迹矣。」

「一陽」條

語類：天地以生生爲德。元亨利貞，乃生物之心也。但其靜而復，乃未發之體；動而通焉，則已發之用。一陽來復，其始生甚微，固若靜矣。然動之機日長[一三]，而萬物莫不資始焉。此天命流行之初，造化發育之始，天地生生不已之心於是而可見也。若其靜而未發，則此心之

體。雖無所不在，然却有未發見處。此程子所以以動之端爲天地之心，亦舉用以該其體爾。[一四]

王弼、濂溪並以静爲見天地之心，然濂溪所云「静」，非玩空之静。朱子亦有云：「濂溪就回來處説，伊川却正就動處説。以周易卦爻之意推之，則伊川之説爲正。然濂溪、伊川之説，道理只一般，只是所指地頭不同。」

「仁者」條

文言以元配仁，爲善之長。九卦，又以復爲德之本。善之本本於此。

「有感」條

施璜虹發明曰：天地間感應二者，循環無端。所云定數莫逃者，皆應也。君子盡道其間者，皆感也。應是受命之事，感是造命之事。自感自應，非有别物，惟盡其道而已。故君子只做感邊事，但聖人重無心之感。知道者默而觀之，毫忽不爽也。

「天下」條

只須求恒於不恒之内，認定於不定之外可也。隨時變易，乃常道。蓋言恒中有感，感中有恒，以感之倒爲恒，究之感乃恒也。

「人性」條

才，是才質之才，即氣質也。注別舉「氣質」，恐贅。

「在物」條

高攀龍曰：當其寂也，心爲在物之理，義之藏於無眹也；當其感也，心爲處物之義，理之呈於各當也。

「動静」條

高攀龍曰：譬如種穀，今年之種，乃舊年所存；舊年之種，又前年所存。遡而上之，生穀之端。至於無窮，不可知也。非惟穀然，即以吾身言之，此身父母所生，吾父又吾祖所生。至於始祖，至於無窮，不可知也，推至於混沌。混沌者，天地之夜也。開闢者，天地之晝也。原尋不出起頭處，惟知道者可與語此也。

「仁者」條

朱子曰：程子説固好，但少疏，不見得仁。仁者，本心之全德。人若本然之良心，存而不失，則所作爲自有序而和。若此心一放，只是人欲私心做得出來。安得有序？安得有和？

金履祥引朱子曰[一五]：仁者，天下之正理。只是泛説，不是説仁之體。若曰「義者天下之正理」，亦得。

「明道」條

施璜虹曰：欲盡分者，擇善而固執之爲貴。

「忠信」條

朱子曰「忠信所以」至「在天」，只是解一箇「終日乾乾」。「在天」，詩集傳釋爲「在天之神」。案：乾，天也。「對越在天」，釋乾乾之道。

或然。[一六]

其體則謂之易　朱子曰：體，體質之體，猶言骨子。易爲此理之體質。

「修道」，與「修道以仁」之「修道」同，謂體道也。戒懼慎獨，即是修道之教也。程子之意亦

「終日乾乾」，即是修道也。

「**孟子去**」止「**可謂盡矣**」　去，猶言脱出；又，猶言一層。孟子所發揮浩然之氣，蓋其所以終日乾乾在此。氣之至大至剛，配義與道，乃天地之正氣也。於是工夫無餘蘊，故曰「可謂盡矣」。

浩然之氣，便是理氣合一。

「**故説神**」止「**不過如此**」　神，是氣之靈，即所集之理也。此靈充滿宇宙，在人謂之誠，故曰「誠之不可揜如此」。

「大小大事」，俗語，猶言極大事。朱子以堯典「克明俊德」至「於變時雍」句爲大小大，亦謂其極大也。

「如此説」，指下句。

「醫書」條

傳習録：陸元静問[一七]：「程子云『仁者以天地萬物爲一體』。何墨氏兼愛反不得謂之仁？」先生曰：「此亦甚難言，須是諸君自體認出來始得。仁是造化生生不息之理，雖瀰漫周遍，無處不是，然其流行發生，亦只有箇漸，所以生生不息。如冬至一陽生，必自一陽生，而後漸漸至於六陽，若無一陽之生，豈有六陽？陰亦然。惟其漸，所以便有箇發端處；惟其有發端處，所以生；惟其生，所以不息。譬之木，其始抽芽，便是木之生意發端處。抽芽然後發幹，發幹然後生枝生葉，然後生生不息[一八]。若無芽，何以有幹有枝葉？能抽芽，必是下面有箇根在。有根方生，無根便死。無根何從抽芽？父子兄弟之愛，便是人心生意發端處，如木之抽芽。自此而仁民，而愛物，便是發幹生枝生葉。墨氏兼愛無差等，將自家父子兄弟與途人一般看，便自没了發端處。不抽芽便知得他無根，便不是生生不息，安得謂之仁？孝弟爲仁之本，却是仁理從裏面發生出來。」

得仁之體　體，猶模樣。

「生之」條

傳習録答周道通書曰：「生之謂性」，「生」字即是「氣」字，猶言「氣即是性」也。氣即是性，人生而静以上不容説，才説氣即是性，即已落在一邊，不是性之本源矣。孟子「性善」，是從本原上説。然性善之端須在氣上始見得，若無氣亦無可見矣。惻隱、羞惡、辭讓、是非即是氣，程子謂「論性不論氣，不備；論氣不論性，不明」，亦是爲學者各認一邊，只得如此説。若見得自性明白時，氣即是性，性即是氣，原無性氣之可分也。

「人生氣禀」止「性也」　語類：「此『理』字，不是説實理，猶言理當如此。」又曰：「理，只作『合』字看。」[一九]

傳習録：黄直問：「先生嘗謂善惡只是一物。善惡兩端，如冰炭相反，如何謂只一物？」先生曰：「至善者，心之本體。本體上才過當些少[二〇]，便是惡了。不是有一箇善，却又有一箇惡來相對也。故善惡只是一物。」

自氣之條理而謂之理，理即性之本原也。自理之運行而謂之氣，氣即性之作用也。故本原善則作用善，其有不善，則以氣有過不及也。所謂「惡亦不可不謂之性」是也。凡人物之生，自禀諸己而有性之名，則未生以前，只是一氣流行。即繼之者善，未成性也。既禀生，才説氣即是性，則落在作用一邊，不及其有條理處，故不是性之本原矣。學者要須合理氣爲一而自得之。是蓋明道之意，而文成之説也。

天地生生，氣而理也。「性」字，生從心。人受天地生生之理，以主於身之名也。「繼之者善也」，既已理氣合一，非如後儒判然爲二也。

「**此理天命**」止「**不與焉者也**」　理，即性之理也。不曰性而曰理，理只是一理，無内外，無彼此。因該上文所言，不得不然，亦爲天命也。「各得其分」，謂各得性分之所固有。「無加損」，謂於性分無增減。末引舜者，證聖人所遇之境有異，而於性分則無加損也。

「**各得其分**」　程意，蓋指君仁臣敬、父慈子孝之類。

「**不與焉者**」　大行不加，窮居不損，即是「不與」。

「觀天」條

施璜曰：周子觀天地生物氣象，所以作太極圖，畫出造物化工以示人，見得化育流行，上下昭著，莫非天理發現流行之妙，其氣象渾是一團太和元氣，所謂仁也。人能觀之，則天地生物之心在我，自家意思，亦是一生機生流行矣[二二]。

「萬物」條

朱子曰：萬物之生，天命流行，自始至終，無非此理，但初生之際，淳粹未散，尤易見爾。只如元亨利貞皆是善，而元則爲善之長，亨利貞皆是那裏來。仁義禮智亦皆善也，而仁則爲萬善之首，義禮智皆從這裏出爾。

此章之意。蓋曰：「萬物之生意，四時皆可觀。而其最可觀，在此陽春之時。即於氣，元也；於德，仁也。」

「滿腔」條

高攀龍曰：朱子發明程子之言亦最親切。蓋天地之心，充塞於人身者，爲惻隱之心。人心充塞天地者，即天地之心。人心，一小腔子。天地，即大腔子也〔二二〕。

「天地」條

陳櫟曰：安排者，以私意揣度之，而不順其自然。「天地萬物之理無獨」，蓋以形而下者言，萬物皆緣陰陽密合分量多少，以成萬殊。故其所成之物，亦必具對以成陰陽。易道即如此耳。

至於形而上之理，前乎陰陽，則唯一太極之獨。而太極本無極，何對之有？此理體於物而不可遺，即成天地萬物之理，所謂一本萬殊者也。程子手舞足蹈深意，蓋在於此，恐非謂以形之上與下亦爲對。

「中者」條

「亭亭當當」，是中立恰好狀。「出」猶「離」，工夫全在戒慎恐懼。於是動亦定，静亦定，不出於中矣。所謂「敬而無失」者。

愚嘗謂公心可以行恕，恕以成仁，物我一也。私心則恕非其恕，人各有欲，人己别也。

「凡物」條

人一身之言行，是一身之灑掃應對也。帝王之經營康濟，是灑掃天下；發號施令，是應對天下。

「問時」條

識，知也；非，去聲。

注「**九年于外**」　「九」當作「八」。

「冲漠」條

通書曰：「唯中也者，和也，中節也，天下之達道也。」中和一串説，此條即通書之意也。餘姚亦以鍾聲譬之，曰：「未扣時原是驚天動地，既扣時也是寂天寞地。」傳習録曰：萬象森然[二三]，亦冲漠無朕；冲漠無朕，即萬象森然。冲漠無朕者，一之父；萬象森然者，精之母。一中有精，精中有一。

又曰：冲漠無朕，萬象森然。是説本自好，只不善看，亦便有病痛。

「**人旋安排**」　謂人旋以私意揣度。

「**既是塗轍**」止「**一箇塗轍**」　塗轍，猶言道理。「既是塗轍」，謂應前既具天然道理。「只是一箇塗轍」，謂應後道理不外此理。朱子嘗疑末二句謂「記者欠了字」。愚案：程子語每簡，遽讀之，往往似索解，其實非有闕字[二四]。

「近取」條

此條理氣，須做合一説，注分説，非程君本旨。屈伸，以呼吸言之，呼爲伸，吸爲屈。吸取一團氣，畜在腹，是屈也。吐出一團氣，發在外，是伸也。注「往而屈者」，「來而伸者」，則就易言之。自下而上爲往，爲屈；自上而下爲來，爲伸。此與呼吸往來不同，然理則一也。程君來復之説，固與竺家輪迴異。然天地之理，物極必反。一氣周流，循環不已，則謂之如輪轉，亦無不可。但意義所存，本不同耳。

張子曰：形聚爲物，形潰反原者，其游魂爲變乎！

鄭剛中曰：七者，陽數；日者，陽物。故於陽長言七日。八者，陰數；月者，陰物。臨剛長，以陰爲戒，故曰八月。

「明道」條

屈伸往來，是感應自然之理。易繫引咸九四，以日月寒暑、尺蠖龍蛇喻之。伯子此語，蓋亦舉前條之要。

「問仁」條

王文成與黄勉之書曰：博愛之説，本與周子之旨無大違[二五]。「樊遲問仁，子曰：『愛人。』」愛字何嘗不可謂之仁歟？昔儒看古人言語，亦多有因人重輕之病，正是此等處耳。然愛之本體固可謂之仁，但亦有愛得是與不是者，須愛得是方是愛之本體，方可謂之仁。若只知博愛而不論是與不是，亦便有差處。吾嘗謂博字不若公字爲盡。大抵訓釋字義，亦只是得其大概，若其精微奥藴，在人思而自得，非言語能喻。

「問仁與心」條

黄勉齋曰：心是穀種，心之德是穀種中生之性也。生之性便是理，謂其具此生理而未生也。若陽氣發動，生出萌芽後，已是情。須認得「生」字，不涉那喜怒哀樂去。

「義訓」條

仁者人也，義者宜也，中庸、孟子並言之。禮者履也，智者知也，亦古書往往見之。凡訓詁，不過姑借其近似者釋之，況於一字同音者，豈能盡其意乎？程子固不欲學者拘牽字義[二六]，故但曰：「二三歲得之，未晚也。」其意可見矣。

程子所云「研窮」，蓋謂合孔孟言仁處，以心身研窮之，不必指字訓。

注　圈外朱子「自是智之用」下，宋本有圈，恐誤。案：「則不可」下，有圈亦可。

「性即」條

此條蔡清議之曰：「『性即理也』，似當云性即人心之理也。下文云『喜怒哀樂未發，何曾不善』，可見非泛泛言理者矣。凡言善惡，亦曰有不盡然者，如邪正、災祥、曲直之類。蓋從語音所便也。」愚案：蔡氏所議是也，然程子語往往有如此者，取其意而略其語可也。

「問心」條

朱子曰：「疑此段微有未穩處。蓋凡事莫非心之所爲，雖放僻邪侈，亦是心之爲也。善惡但如反覆手耳，翻一轉便是惡，止安頓不著，也便是不善。」

愚案：程君本意，謂命理性心，隨所指而異其名，非有二也。「心本善」，就本體言；「發於思慮，有善有不善[二七]」，謂混於氣體而有過不及。過不及處，即爲不善也。程此「情」字，只目氣體之感應，非指本體。若專就本體之發見言之，則性善所發，情何曾不善？孟子所云「乃若其情，則可以爲善矣」是也。斯知程此「情」字，只目感應耳。凡讀程語，不可拘其語以害其意。

「性出」條

愚謂：出於天而具於質者性也，性具於質而才發焉。性，天也，純粹也。才，地也，駁雜也。所以有清濁剛柔之異也。

「性者」條

性之理自然完具無虧欠。信者，實實有此者是也，未說及仁義禮智。下文始及性有四端耳，文意如是。[二八]

「心生」條

語類：「心，生道也。」此句是張思叔所記，疑有欠闕處。必是當時改作行文，所以失其文意。[二九]

性理大全「人之生道也」下，有四十六字，曰：「雖桀跖不能無是以生，但戕賊之以滅天耳。始則不知愛物，俄而至於忍，安之以至於殺，充之以至於好殺，豈人理也哉？」

「横渠」條

語類：問：「『言機言始，莫是説理否？』」朱子曰：「此本只是説氣[三〇]，理自在其中。一動一静，便是機處。」又曰：「教便是説理。」

呂氏曰：皆可取法，無非教也。

感遇聚結 宋本「結」作「散」。

「游氣」條

「游氣」句意輕，「陰陽」句意重。「其」字，指游氣。陰陽循環，謂游氣之所以然。曰「兩端」，曰「不已」，對待中見流行。

「天體」條

朱子曰：天與仁，非有二也。

無一物而非仁 「一物」，詩集傳作「一事」。

游衍 衍，「衍」訛，注同。

無一物之不體　詩集傳曰：言天之聰明，無所不及，不可以不敬也。

「鬼神」條

在人之良能，即此良能，人求鬼神於我可也。

「性者」條

「能盡其道」，蓋謂公以處之，兼善天下，故不曰「性」而曰「道」也。「立必俱立」，謂己欲立而立人。「知必周知」，謂知周乎萬物。「愛必兼愛」，謂老吾老以及人之老之類。「成不獨成」，謂成己而成物。四者皆及物之事也。注以禮智仁義配言，恐拘。

「一故」條

「一」者，謂一理同體，即前條「性者萬物之一源」是也，唯一也，故感應迅速，即所謂神也。繫辭曰：「陰陽不測之謂神。」横渠既釋之曰：「兩在，故不測。」又釋之曰：「一故神。」愚案：此説極有深意，蓋謂陰陽本太極之動靜也。有動有靜，則不可測。而統於太極，則體一而用神，是其所以有此釋也。

「心統」條

心者，性情之統名也，故通性情皆謂之心。如注所引孟子即是也。統，謂兼通，非主宰。若以主宰言之，則性却主宰於心，心又主宰於身，注説似倒看。

「凡物」條

横渠言性，還是理氣合一，旋有深意。後人説太過分拆[三二]，却失。

【校勘記】

[一] 近思録欄外書卷一　「欄外書」三字原無，本次校點時增，以下各卷同。

[二] 濂溪條　「濂溪條」，二松學舍大學藏寫本作「濂溪先生曰無極而太極」。按：佐藤一齋全集本多用某條語録開頭兩字標識，而二松學舍大學藏寫本則往往截録某條開頭前一句以示對此條的解説，若不是因爲各卷中稱謂相同而致讀者混淆，校點時則不改動全集本的稱謂。

[三] 則是陰陽動静截然自爲一物矣　「自」上，王守仁傳習録（見王陽明全集，吴光等編校，上海古籍出版社二〇一一年一版，下同）有「各」字。「一」，二松學舍大學藏寫本作「二」。

［四］故凡呼做性者　「做」，二松學舍大學藏寫本作「成」。

［五］外體五爲中　「中」，二松學舍大學藏寫本作「正」。

［六］當本之於静也　「當」，二松學舍大學藏寫本作「常」。

［七］當宋本圖説並作常是也　「當」，二松學舍大學藏寫本無；「是也」下，二松學舍大學藏寫本有「作當非」三字。

［八］儘有警發人處　「處」原作「意」，據二松學舍大學藏寫本、晦庵集卷三十五（朱子全書本，上海古籍出版社二〇一〇版）改。

［九］近則公私邪正　「近」原作「幽」，據二松學舍大學藏寫本、晦庵集卷三十五改。

［一〇］此日用第一親切功夫　「用」原作「月」，據二松學舍大學藏寫本、晦庵集卷三十五改。

［一一］精粗隱見一時透穿　「見」，二松學舍大學藏寫本、晦庵集卷三十五作「顯」；「透穿」，二松學舍大學藏寫本、晦庵集卷三十五作「穿透」。

［一二］按：自「朱子曰」至「便是此事」，二松學舍大學藏寫本置於下文「指德性」下。

［一三］然動之機日長　「然動之機日長」，二松學舍大學藏寫本作「然其實物之機其勢日長」，朱子語類（中華書局一九八六版）作「然其實動之機其勢日長」。

［一四］按：此節開頭「語類」，二松學舍大學藏寫本作「朱子曰」，且將此節置於「仁者」條下。

〔一五〕金履祥引朱子曰　「金履祥引朱子曰」，二松學舍大學藏寫本作「仁山金氏曰朱子云」。
〔一六〕按：此節與前節「朱子曰」云云，二松學舍大學藏寫本前後位置顛倒。
〔一七〕傳習録陸元静問　據傳習録，此處是薛尚謙問，而非陸元静。
〔一八〕然後生生不息　「後」下，二松學舍大學藏寫本、傳習録有「是」字。
〔一九〕按：自「語類此理」至「字看」，二松學舍大學藏寫本置於下文「文成之説也」下。
〔二〇〕本體上才過當些少　「少」，二松學舍大學藏寫本作「子」。
〔二一〕亦是一生機生流行矣　「機生」之「生」，施璜五子近思録發明卷一（清康熙四十四年刻本）無。
〔二二〕即大腔子也　「即」下，二松學舍大學藏寫本有「一」字。
〔二三〕萬象森然　「然」下，傳習録有「時」字。
〔二四〕其實非有闕字　「闕」，二松學舍大學藏寫本作「欠」。
〔二五〕本與周子之旨無大違　「違」，王守仁文録卷二（見王陽明全集）作「相遠」。
〔二六〕程子固不欲學者拘牽字義　「拘」原作「抅」，據二松學舍大學藏寫本改。
〔二七〕有善有不善　「有不善」之「有」原無，據二松學舍大學藏寫本增。
〔二八〕按：自「性之理自然」至「文意如是」，二松學舍大學藏寫本置於「心生條」下，且「性之理」

作「理之生」。

〔二九〕按：自「語類心」至「失其文意」，二松學舍大學藏寫本置於「性者條」下。

〔三〇〕朱子曰此本只是説氣　「朱子」二字原無，據二松學舍大學藏寫本增。

〔三一〕後人説太過分拆　「説」，二松學舍大學藏寫本無；「拆」，二松學舍大學藏寫本作「析」。

近思録欄外書卷二

爲學類 凡百十一條[一]

注「爲學之大方」 宋本「方」作「凡」。

「濂溪」條

伊尹所志，義邊爲多。顔淵所學，仁邊爲多。

五子近思録發明引熊敬修先生曰[二]：志伊尹之所志，當自一个始[三]。學顔子之所學，當自四勿始。

注圈外「胡氏」 通書本注亦引胡氏「發策決科」。揚子法言字面，謂開發策問疑義，決取甲乙科目。

「聖人」條

三不朽爲立德、立功、立言。立言非可鄙，但以言而已則陋也。「而已」字，要著眼。

「或問」條

本集顔子所好何學論注：「先生始冠，游大學。胡安定以是試諸生，得此論大驚異之，即請相見，遂以爲學職。」淵源録則爲十八歲時事，未審孰是。

學以至聖人之道也　「學」字活，「以」字緊承。「道」字與「大學之道」之「道」字同〔四〕，謂方法。

「**天地儲精**」止「**爲人**」　「天地儲精」二句，程意蓋謂天地儲精爲五行，而得其秀者爲人也。性理補注：「儲者，積而凝之也。」

「**其本也**」止「**禮智信**」　朱子曰：本，是本體。真，是不雜人僞。静，言其初未感物時。五性便是真，未發便是静。

七情，本禮運。禮運「樂」作「懼」，論語注引此亦作「懼」，知是字訛，但本集及宋本並作「樂」，可疑。

「**情即熾**」止「**性鑿矣**」　情縱而不約，則熾如火，蕩如水，性受之戕害。鑿，謂戕害。「約其情」，則心得正。「使合於中」，則性得養也。莊子曰：「心無天游，則六鑿相攘。」注曰：「六情也。」程子「性鑿」，蓋假此字耳。

知所養　「養」一作「往」。往，猶言方嚮。朱子曰：「『往』字爲是，與『行』相應。」

「**誠之之道**」止「**無自生也**」　「仁義」以下，守之之事；「居安」以下[五]，化之之事，言自明而誠也。平巖注效顰朱子，雖如精密，支離殊甚，恐非叔子本意。

所未至者，守之也，非化之也　「守之」，即上文守之之固也。「化之」，則自然不假修爲，居之安矣。孟子所謂「大而化之之謂聖」是也。

「橫渠」條

陸原静問陽明子曰：「周子曰『主静』，程子曰『動亦定，静亦定』，先生曰『定者，心之本體』，是静定也，決非不睹不聞、無思無爲之謂，必常知、常存、常主於理之謂也。夫常知、常存、常主於理，明是動也，已發也，何以謂之静？何以謂之本體？豈是静定也，又有以貫乎心之動静者邪？」陽明子答曰：「理無動者也，常知、常存、常主於理，即不睹不聞、無思無爲之謂也。不睹不聞、無思無爲，非槁木死灰之謂也。睹、聞、思、爲一於理，而未嘗有所睹、聞、思、爲，即是動而未嘗動也。所謂『動亦定，静亦定』，『體用一原』者也。」

定性，即主静也。定性之貫動静，猶主静之兼動静，非二也。心之本體爲性，性固定，何須更定之。但常人之心，亡其本體，必須加功以復諸本體，故曰「定性」。圖説「定之以中正仁義而主静」，即是也。大學正心工夫，亦與此同。朱子謂定性是「正心誠意以後事」，恐不然。

吴敬庵曰：定則動静如一，猶止之兼時止則止，時行則行也。隨物而往爲將[六]，先物而動爲迎。「太公」者，統言之也；「順應」者，析言之也。

「易曰貞吉」止「得而除也」　「憧憧往來，朋從爾思。」伯子以爲感應無窮意，與叔子易傳不同。惟日不足，謂欲除外誘，日力不給[七]。

規規於外誘　韻會：「規，求計也。」

「人之情」止「索照也」　「自私而用智」，二而一也，謂用智自自私中出，「而」字可見。自私、用智。既非廓然太公，則不能以有爲爲應迹，以明覺爲自然，便是不能物來順應處。言私意不除，明無所照也。

惡外物之心，既是自私，本體受蔽，以此欲逞明覺於無物之地，是反鑑而索照也。

「易曰艮其背」止「不見其人」　陸象山曰：「『艮其背，不獲其身』，無我。『行其庭，不見其人』，無物。

「**與其非外**」止「**爲累哉**」 象山「無我」、「無物」，即是兩忘也。「無事則定」，謂胸中無物則動亦定，靜亦定，廓然太公。「定則明」，謂動静一於定，則自然明覺，物來順應也。

傳習録：一友問：「功夫欲得此知時時接續，一切應感處，反覺照管不及。若去事上周旋，又覺不見了。如何則可？」先生曰：「此只認良知未真，尚有内外之間。我這裏功夫，不由人急心，認得良知頭腦是當，去樸實用功，自會透徹。到此便是内外兩忘，又何心事不合一？」

不繫於心而繫於物也 謂不繫於私而繫於公也。

「**夫人之情**」止「**思過半矣**」 忿懥、恐懼、好樂、憂患得其正者，正心也。正心，即定性也。此借怒一件以例其餘耳。

傳習録：問「有所忿懥」一條。先生曰：「忿懥幾件，人心怎能無得，只是不可有所耳。大學摘説曰「其有所試」，與此同，不從王説。[八] 凡人忿懥，著了一分意思，便怒得過當，非廓然太公之體了。故有所忿懥，便不得其正也。如今於凡忿懥等件，只是箇物來順應，不要著一分意思，便心體廓然太公，得其本體之正了。且如出外見人相鬬，其不是的，我心亦怒。然雖怒却此心廓然，不曾動些子氣，如今怒人[九]，亦得如此，方纔是正。」

施璜虹曰：此篇乃明道先生得統於濂溪先生處，所以反覆辨明性無内外、動静之分，而太公順應，爲定性之主宰也。濂溪謂聖人定之以中正仁義而主静，立人極焉。定之以中正仁義，性之所以定也；主於無欲而静，則是太公順應之全體，尚何應物之爲累哉！

「伊川」條

朱長文，吴縣人，著書閲古，吴人化其賢，名動京師。元祐中召爲大學博士，有文集三百卷，六經皆爲辨説。〔一〇〕伊川此書，蓋防其入蜀黨也。

「來書所謂」止「非所汲汲」　名是實之賓，有實者必有名，「令聞廣譽施於身」是也。然其有實而無名，君子無悶焉，「不患人之不己知」是也。如其不務乎實而循於名，此則小人之私意。假令得其名，亦虚名，「聲聞過情，君子恥之」是也。故君子自處，當務其實以忘其名，處人則當因其名以責其實。程君所謂「名可以厲中人」是也。但其曰「君子所存，非所汲汲」，則自然之名，君子不必避之意，亦可推也矣。今就來書言之，不忘乎善可也。欲使後人見，則是私心而已。

來書中有「誠懼没而無聞焉」語，故程君辨之如此耳。

「内積」條

蔡虚齋曰：忠信果是重在知上，謂之德者，以其理之滋味有得於己而言也。德以心言，未説到事上，大抵是從知上來，須要曉得德業是一貫事，但有始終内外之辨。忠信，就初間存主上説；修辭立誠，就後來事到就緒上説。修辭之外，再無立誠工夫，故承之曰「立其誠」。誠即忠信，向也誠存於心，而今則見於事而誠有立矣。

「知至至之」止**「知終終之」**　「知至至之」，至之，是知中有行也；「知終終之」，知終，是行中有知也。乾知大始，一知貫乎始終，非二也。自伊川以先後判知行，而晦庵特主張之，論遂定矣，而後世猶有遺議焉〔一一〕。抑謂宋代復古之學，宜以濂溪、明道爲標準，而其所謂主静、定性，在於自得，不在文字。苟能得其要，則知行就其所本爲一固不妨，而又就其所指爲兩亦無礙〔一二〕。故學者宜能用功於文字之外以得其要，勿必拘於爲兩爲一可也。

「君子」條

敬、義，並是坤道。誠、仁，則爲乾道耳。乾健，坤順，敬義固是順德。方，是方效，謂順也。先輩皆以方爲方圓之方，謬，愚於易説詳之。

「德不孤也」　「孤」字，只是小字。

「動以」條

「動以天」至「矣哉」三句，見於无妄卦下。「雖無」至「心也」三句，「既已」至「妄也」三句，並見彖詞下，文公節略而合并之。「故无妄」已下，本傳無之，蓋係文公所增補。

不合正理則妄也　「不合正理」，謂發而不中節也。蓋其未得時中，即見大本之未立，雖如無邪，猶不免於妄也。故君子之學，宜先涵養本體。本體立時，發必無不中矣。「即已无妄，不宜有往」，謂既涵養本體，不宜有外馳，外馳則妄也。彖詞「匪正」，即不合正理。「眚」，是眚過，猶言過不及。「不利有攸往」，謂宜靜養。

「人之」條

「識」，是「默識」之「識」，謂存諸心也。

「咸之」條

胡氏曰：「六十四卦大象，皆著一『以』字，所以體易而用之也。」〔一三〕君子唯虛以容物，非以量也；唯虛以擇善，非以合也，即所謂無心之感也。

此傳亦節略合并，或又改兩三字，要非全文。

貞者虛中無我之謂也　朱子曰：某尋常解經，只要依訓詁説字。如「貞」字，作「正而固」，子細玩索，自有滋味。若曉得正而固，則虛中無我亦在裏面。

「君子」條

原文「阻」作「蹇」，「乎」字下有「是反身也」四字，文公蓋删之。愚案：此條係蹇卦象「反身修德」傳，則「反身也」句，似宜存原文。

「古之」條

胡敬齋曰：爲己，只把做自己分内事，爲其所當爲。久之只見一箇當然底道理，其餘都不見矣。若學不爲己，讀萬卷書，與己無干。爲己，則皆吾事也。故學而爲人，則爲善亦非實心。務外欺人，名實俱喪。

「明道」條

辭是心之聲，不可苟也。先有實心，發之爲辭，必修省之，因以立其實心也。本文「其」字可味。

「伊川」條

傳習録曰:「天地氣機,元無一息之停,然有箇主宰,故不先不後,不急不緩。雖千變萬化,而主宰常定,人得此而生。若主宰定時,與天運一般不息,雖酬酢萬變,常是從容自在。」愚謂:本文宜與此言參觀相發。

「孟子」條

「近」字句。「用力」與著力同,蓋謂博文約禮、克己復禮等。本注「準的」,亦此意。

「明道」條

明善誠身,出於中庸。守約,見於孟子。

「昔受」條

或問孔顔所樂何事。朱子曰:「不要去孔顔身上問,只去自家身上討。」

陸原静問曰:「昔周茂叔每令伯淳尋仲尼、顔子樂處。敢問是樂也,與七情之樂同乎?否乎？若同，則常人之一遂所欲，皆能樂矣，何必聖賢？若別有真樂，則聖賢之遇大憂、大怒、大驚、大懼之事，此樂亦在否乎？且君子之心常存戒懼，是蓋終身之憂也，惡得樂？澄平生多悶，未嘗見真樂之趣，今切願尋之。」王子答曰：「樂是心之本體，雖不同於七情之樂，而亦不外於七情之樂。雖則聖賢別有真樂，而亦常人之所同有。但常人有之而不自知，反自求許多憂苦，自加迷棄。雖在憂苦迷棄之中，而此樂又未嘗不存。但一念開明，反身而誠，即此而在矣[一四]。每與原靜論，無非此意。而原靜尚有何道可得之問，是猶未免於騎驢覓驢之敝也！」

「所見」條

「所見」，是著眼處；「所期」，是規摹處。

「朋友」條

兑卦象傳曰：「麗澤，兑。君子以朋友講習。」程子以爲以文會友之意。「相觀而善之謂摩」，見於學記。陳澔注曰：「相觀而善[一五]，如稱甲之善，則乙者觀而效之。乙有善可稱，甲亦如之。」

「須是」條

老子曰：「九層之臺，起於累土。」程子所云「大做脚」，只是大做累土根基也。

「明道」條

陳潛室曰：熟，謂義理與自家相便習，如履吾室中。

「記誦」條

此條蓋上蔡所録，本注亦其自記。止八字，所引鄭轂、胡安國兩條，則蓋平巖舉以證本文，恐脱圈子。胡安國語見於淵源録，引胡氏傳家録[一六]。淵源録無「成篇」二字，「蹉」作「差」。或曰「成篇」，只是「全篇」。愚謂不如無之愈。鄭轂字致遠，建安人。胡安國字康侯，崇安人。

「禮樂」條

禮樂、進反，蓋皆出於陰陽之自然。禮不極於減，減而進；樂不終於盈，盈而反。各有消長，有交錯，所謂「文」也。故爲得性情之正，謂其不偏也。注以工夫説，失窾。

「父子」條

此條已下係叔子語。當表「伊川先生曰」字。

「天分」，謂天所賦與之分限，如慈孝仁敬，固是分。又如生是家，家有貧富。仕是邦，邦有小大，亦是分。「王者事」字，最宜著眼。凡爲此學者，皆王者事也。假如與木石居，與鹿豕游，處畎畝之中，樂堯舜之道，亦是王者事，不必拘形迹。

「論性」條

明道先生語［一七］。施璜虹曰：「此程子合性氣而論之，以明不可分爲二也。」孟子説性無餘藴，其曰「性善」，指理言，如良知良心，皆是也。其曰「形色天性也」，則指氣言，如動心忍性，亦是也。然共謂之性，則見理氣之爲合一。與告子、荀、揚之專認氣爲性，不曉頭腦者不同。程子此條。蓋發孟子之意耳。

葉注「性者氣之理，氣者性之質」，此語極好。

「論學」條

識體即明理，明理亦識體，但言各有當耳，須知。

「曾點」條

曾點浴沂是狂，漆雕開自信是狷，並概見此道之無窮，不羈於富貴榮達，蓋顔子中行之亞也。程意或如此。

「根本」條

施璜虹曰：學之根本在身心，主敬以立其本，乃培壅之功也。又要立趣向者，立志必爲聖賢也。

外注平巖引朱子以證大意同耳，「亦此意也」四字，即平巖語。

「敬義」條

敬之立於外爲義，義之存於内爲敬，其實一也。程子就内外言，故曰「夾持」耳。「直上達天德」，即文言「德不孤」字意。

「懈意」條

懈意，自志之虧隙生。

「不學」條

記誦詞章之學，雖學非學，故亦老而衰。

「學者」條

餘姚立志説，有責志十事。可當此條注疏。

「董仲」條

「正其義」，「明其道」，則利與功自在其中，但謀計之念爲不可耳。孫思邈舉此語答盧照鄰，見於唐書，而語實出於淮南子，「膽」作「志」。程子偶引孫思邈耳。「可以爲法矣」，兼指仲舒、思邈。

「視聽」條

視聽、思慮、動作，皆天之靈，即所謂良知良能也。其中動以天者无妄也，即真也。由驅殼之私者，則妄矣。人須要自覰以察識之。然其自覰以識其真妄者，亦即良知也，莫非天之靈也。故文成於此處三致意爾。

「明道」條

朱子曰：「『鞭辟近裏』，此是洛中語，譬如驅辟一般。一處語作『鞭約』，是要鞭督向裏去。」林次崖曰：凡人爲學，多務外不著己也，故要鞭辟，使近裏著己也。

「**質美者**」止「**便渾化**」　文成答陸原静書曰：良知本來自明。氣質不美者，查滓多，障蔽厚，不易開明。質美者，查滓原少，無多障蔽，略加致知之功，此良知便自瑩徹。些少查滓，如湯中浮雪，如何能作障蔽？此本不甚難曉，原静所以致疑於此，想是因一「明」字不明白，亦是稍有欲速之心。向曾面論明善之義，明則誠矣，非若後儒所謂明善之淺也。

「凡人」條

「知著力處」，如射之樹的；「知得力處」，如射之中的。愚謂：此學著力處，人人不可强同，至甚極處則同〔一八〕。譬如登山，所登蹊路雖異，而所極山頂則一也。如周子主静，程子居敬，文成致良知。先賢各有著力處，斯有得力處，特舉此以指示人，竟使人得登山而已，非故表榜之也。此意亦不可不知。

「有人」條

「有人治園圃」，此人不知爲誰，據文考之，此人創園圃，必剗除荒蕪，樹藝艸木。欲極其奇趣，既自役智力，則必不免多役人力，因警之以此。蠱卦爲物壞而有事，有治園圃之象。凡治蠱之道，治敗壞而已。「振民」，振作民俗，非役人力；「育德」，育養己德，非養艸木。今勞智力於無益，既非爲己之育德，又非爲人之振民，不可爲而已。意蓋如此。

「爲」字，當做去聲讀。

「博學」條

此條平巖説得渾透，甚好。

「弘而」條

仁者，天德具於人心之名也。乾，天也，性爲剛健，量爲弘大，故仁體本自弘毅。陽明子曰：「曾子爲學者言，故曰不可不渾言弘毅[一九]。今程子亦爲學者言，故拆言之耳。」

「伊川」條

「膏澤」，謂雨露，優柔厭飫之言。「焕然冰釋」，豁然貫通地位，當兼知行看[二〇]。

「修養」條

此條三者，主在常人至於聖賢，借引年、祈命之難者引起。施氏亦此意。

「忠恕」條

公平，是忠恕不見痕迹處。

「仁之」條

文成與黄勉之書謂韓愈「博愛」，「博字不若公字爲盡」。前已載於「道體」類「問仁」條下，可查。

「今之」條

訓詁詞章之學，是迤邐；道德性命之學，是峻處。

「人謂」條

施璜虹曰：此言人能真知，則必力行也。真知事之當爲，則自不容已，何待著意？故君子莫急於致知，知至則知之真矣。這一時靠他不得。

餘姚知行合一之旨，即是。

「知之」條

自「知之」至「得之」，語有漸次，而意無漸次。但知淺時，即好求得亦淺；知深時，即好求得亦深。知與得淺深一齊，如俱時轉耳。「顛沛造次必於是」，此是事上鍊磨工夫。「豈有不得之道理哉」，「道理」字，宜輕看。

「問作」條

心齊　莊子人間世：「道集虛，虛者，心齋也。」

「**日游夏**」止「**詞章也**」　舊説沿襲，概屬妄誕，可削。

「涵養」條

涵養、進學，其實一也。但涵養在未發邊，進學在已發邊。

「莫説」條

此條是立志第一緊要處，即當仁不讓於師之意。

「問必」條

程子諸説，宜善看以得其意，可也。凡誨人不可一概，宜先分釋字義〔二二〕，而後意味合諸一。如敬義名目，自涵養而謂之敬，自處事而謂之義，然而其涵養於内，即所以出而處事也，則敬可以爲義矣。其鍊磨於外，即所以入而自得也，則義可以爲敬矣。由是言之，其目雖異，理則一。但不知目之爲異，則無得理之爲一。故姑分釋以示之，而理一則使人思而得之而已。前後數條，宜皆以此意會之。

「古之」條

不曰人而曰物，物是凡外物，包人亦在内。

「君子」條

程子謂：「聖人之道，無所進退。」愚謂：此語恐未瑩〔二三〕，天道無窮，聖人亦無窮。故成湯之聖，以日新爲警，惟聖罔念作狂，豈謂無所進退乎？陽明子曰：「義理無定在，無窮盡。堯舜之上善無盡，使善有盡時，文王何以望道而未之見？」此言得之。

「明道」條

爲學，性浮躁者不篤，唯沈静者，可以深造之。故雖在浮躁者，亦須克己以養静，則足以爲學矣。諸葛武侯曰「學須静也」，就工夫言。

「知性」條

羅整庵曰：説得頭腦分明，工夫切當[二三]。始終條理，概於三言之中矣。

「博學」條

熊瀼川曰：「博學之」五句，是萬事學則，皆明善之事。五「之」字，即指善也。故學者不可廢一。

「明道」條

「先立標準」，謂早立宗旨。病蓋在先立，所以忌也。爲學唯是篤志遵道，循循不已，則自有所至，而標準自立耳。

「謝顯」條

傳習録：周道通舉此條爲問，文成答曰：「所論亦相去不遠矣，只是契悟悟未盡[二四]。上蔡之問與伊川之答，亦只是上蔡、伊川之意，與孔子繫詞原旨稍有不同。繫言『何思何慮』，是言所思所慮只是一箇天理，更無别思别慮耳，非謂無思無慮也。故曰『同歸而殊途，一致而百慮』，『天下何思何慮』。云『殊途』，云『百慮』，則豈謂無思無慮邪？心之本體即是天理，天理只是一箇，更有何思何慮得？天理原自寂然不動，原自感而遂通，學者用功雖千思萬慮，只是要復他本來體用而已，不是以私意去安排思索出來，故明道云『君子之學莫若廓然而太公，物來而順應』。若以私意去安排思索，便是用智自私矣。『何思何慮』，正是工夫，在聖人分上便是自然的，在學者分上便是勉然的。伊川却是把作效驗看了，所以有『發得太早』之説。既而云『却好用功』，則已自覺其前言之有未盡矣。濂溪主静之論，亦是此意。」愚謂：文成見解，都出其獨得，與舊説不同。朱子語類云：「程子道『恰好著工夫』，便是教他著下學底工夫。」文成釋此語，又與朱異。

「横渠」條

朱子曰：「『求』字，似有病。精義入神，自然是能利我外。何待於求，當云『所以利吾外也』」。

「形而」條

善反之　「善」字，只是虚字。「反之」，謂用功變化之也。與孟子「湯武反之」稍不同。施氏引張子言「爲學大益，在自求變化氣質」，此即所謂「善反之」者也。

「德不」條

「德」，是行道而有得於身之德。「性命於氣」，謂本然之性，受制於氣質。「命」，猶命令，非性命兩平之謂。「性命於德」，謂氣質之性，聽令於德性。「窮理盡性」，即成德之至。工夫到此，則性真是天德之純，其所命亦天理之公，不復容氣質之淆雜。是則氣質變化，所云「善反之」者也。本文頗艱[二五]，本注及正蒙諸解多失窾。

氣質變化之説，固不可易，然須得其實功。性存於氣，無氣則無性，故其所禀竟不能使全變化如黑白。雖有剛柔敏鈍之不同，只須要去其人欲，全其本體，歸諸中正而已，是乃變化也。文成嘗謂：「假令伊、傅、周、召會於一堂，議不能悉合。但其純於天理，無一毫人欲之私，則一也。」又謂：「氣質變化，惟當利害、經變故、遭屈辱。平時憤怒者，到此能不憤怒；憂惶失措者，到此能不憂惶失措。始是能有得力處，亦便是用力處。」據此氣質變化之實功，皆如此耳。

「大其」條

本書「天心」下尚有數語，曰：「見聞之知，乃物交而知，非德性所知。德性所知，不萌於見聞。」愚謂：此語極精詣，與餘姚致良知之旨亦相吻合，文公何以削之邪[二六]？

「知崇」條

蔡節齋曰：道義之在造化，謂之易。易之在人，謂之道義。

「困之」條

爲德辨　凡遭困苦艱難，皆實功之所在，無非切磋砥礪之地。濫則小人，安則君子，可以觀其德，故以困爲德之辨。

爲感速　困九二，進與三易，則變爲咸。「咸，速也」，見於雜卦。

「言有」條

孝弟忠信信慈祥之言，是言有教也。動容周旋拜跪之法，是動有法也。養，是養氣。存，是存心。

朱子曰：如造次顛沛必於是之意，但説得太緊。

「横渠」條

顛連　「連」音斂，難也。馬融易注。

于時保之　朱子曰：「『于時保之』已下是做工夫處。」又曰：「西銘前一段，如棋盤。後一段，如人下棋。」

不弛勞　論語「無施勞」，「施」一作「弛」。横渠從之。

「**體其受**」止「**伯奇也**」　「體其受」，謂其受於親者爲吾體，「體」字非虚用。伯奇，尹吉甫之子也。尹吉甫惑於後妻，其子無衣無履，而使踐霜挽車。伯奇從父之命而順父之令〔二七〕，不敢有辭焉。事見於説苑。性理大全注：「黄巖孫曰『履霜操，伯奇所作也。吉甫聽後妻之言逐之，伯奇編蔆荷而衣，採楟花而食，清朝履霜，自傷無罪見逐，乃援琴而歌，曲終没河而死』。〔二八〕」語類：「問申生之不去，伯奇之自沈，皆陷父於惡，非中道也。而取之與舜、曾同，何也？」朱子曰：「西銘大率借彼以明此，不可著迹論也。」

楊龜山曰：西銘理一而分殊。知其理一，所以爲仁；知其分殊，所以爲義。〔二九〕

真西山曰：以其理一，故仁愛之施無不遍；以其分殊，故仁愛之施則有差。[三〇]訂頑稀疏見韻，似銘非銘，不特義理卓絶，而詞亦奇古，他人不跂也。

「明道」條

宋本「明道先生」已下至「東銘」，合前西銘爲一條，是也。施氏發明本，此已下以評語爲一條，以東銘爲一條，非是。卷首即舉條數爲百十一條，若以此已下分爲二條，則與卷首所舉不合。此本則又低書二條，示其爲附載耳。要之宋本爲是，此低書者例者皆不入條數，後皆放此[三一]。

推理以存義　「推理」，是理一；「存義」，是分殊。

「又作」條

朱子曰：橫渠學力絶人，尤勇於改過，獨以戲爲無傷。一日忽曰：「凡人之過，猶有出於不知而爲之者。至戲則皆有心爲之也，其爲害也尤甚。」遂作東銘。

作於謀也　故立一案以爲此態，即是謀也。

謂非己心不明也　不自審其心，可謂不明。不明即愚，所以可砭也。

謂己當然自誣也　自誣誣人，亦愚之可砭處。

出於心者　謂戲言戲動。

失於思者　謂過言過動。

戒其出汝者　高忠憲曰：若知其出汝，則誠意正心之本立矣。知歸咎其不出汝，則遷善改過之門闢矣。非智者而能若是乎？學者急宜警省。

不智即亦愚字，并前兩愚，緊道破不可不砭之意。

「**橫渠學堂**」止「**砭愚曰東銘**」　程意蓋謂，訂頑、砭愚，語似諷譏，或起争端，不如改爲西東銘之渾然。愚則竊謂：橫渠自書所得以爲警，不拘文體[三二]，其曰訂頑、曰砭愚，蓋以自指，何干他人事。然如訂頑，則詞奇古有韻，呼爲銘猶可矣。砭愚，則語平穩無韻，不可呼爲銘，畢竟以舊題之爲愈。

又案：訂頑、砭愚。原載在正蒙乾稱篇内，各爲一條，非銘語。橫渠特揭此兩條以爲自警，因姑題之，曰訂頑、砭愚耳，伊川改名爲「銘」，似强。

「橫渠」條

語類：問：「如何存意不忘？」曰：「只是常存不及古人意。」

不忘，是立志；忘，是病源。「游心浸熟」，勿妄勿助長，猶服藥調護。脱然得醒，則霍然病去也。言希賢希聖，久而得效也。

「未知」條

立心，是立志之初。未之知，則趣向不一。多岐致惑，既知立心宜在此學，則又當精以講之。精講致思，只在此學内而無外馳，雖有勤苦而不廢也。其所以急於可欲者，即求立此學於篤信不疑之地，至此則立志堅定，故其勢沛然莫禦也。

語類：横渠「未能立心，惡思多之致疑」。此説甚好，便見有次序處[三三]。若是思慮紛然，趨向未定，未有箇主宰[三四]，如何地講學？

遜此志 遜志，是虚心求益之意。時敏修來，與魯論首章相發。

「明善」條

非道弘人，故易視之則小耳。

「今且」條

「每日須求」止「性上之益」「益」字宜句絶。「多少爲益」，指下文言。「知所亡」，論語子夏語。「知」字重看，「亡」者，謂本體雖具，而未察識者。

「爲天」條

天地之心，即我心也。我立吾心，是爲天地立心也。生民之道，即我道也。我立吾道，是爲生民立道也。此心此理，往理之學也[三五]。立心立道，是爲去聖繼絶學也。此心此理，萬世之道也。立心立道，是爲萬世開太平也。

「載所」條

「一副當」，猶言一種，俗語指言非本真者。

「延蔓」二句，或釋謂延蔓之物，纏繞一所[三六]，則不能直上去。能解其纏繞，則蔓直上延於高處。或又釋謂延蔓是蔦蘿之類陰物，况之於俗習纏繞。蔦蘿延蔓樹木，樹木被其纏繞，不能條達，必解之而後條枚自能暢上。二説皆通，須商量執是。

「須放」條

放心，只是豁大其心。下文亦曰「心要洪放」，與畢命、孟子所云，同字異義。

「多聞」條

愚謂：聖賢之接人應事，豈必先億其事之來，以豫爲之應乎？但義理爛熟於中，融會貫通，洞然無涯，故其於天下之事，四方八面，縱横曲直，隨問而答，隨感而應，各得其情，曲盡其道，而未嘗初經於心焉。驗之言孟可見。如夫徒事多聞者，苟其所感，偶以其所知，則猶或能應之。若卒然臨之，以其所不知，則必窮而不能通，其焉應天下無窮之變哉！故爲學者，譬如掘井，至掘之深，而泉自中生，則用之不窮。若只從外引水，以蓄其中，則所實者有限，而所及不廣矣。世儒多以義理委於書，而不知操之於心，故每有此患。張子之言，可謂切於後學者矣。上章戒不下問者，是章又言多聞之不足貴，蓋非問則無以知道理，而又雖事多聞而無得之於心，則此理終死了，不能酬酢萬變。兩章並言用功有先後爲不可以偏廢，故朱子次此於上章歟？[三七] 天下之事，萬變無窮，固非聞見所盡，況復劫之以不測。死生禍福，變起倉卒，彼記聞學者，其能不喪膽奪魂則窮矣。「不測」字，指事變，即聞見不及處。

「文要」條

「文要密察」，語本中庸，横渠蓋指禮文，非文籍之文。「心要洪放」，邵子亦曰「心要能放」。愚謂：「放心」字，當時語，蓋有一種如是使用者，與古書不同。又案：孫思邈「心欲小」，以敬言；張、邵「心要放」，以量言。宜得意於語外。

「心大」條

此條似泰、否。泰小往大來，君子之道也。君子心廣體胖，泰然與物通透，即是心大之通也。否大往小來，小人之道也。小人褊心隘陋，埋然與物乖隔，即是心小之病也。此心小，亦非孫真人之小。

「合内」條

中庸以成己成物爲外内，則物我亦外内也〔三八〕。此條重「合」字、「平」字上，今見其理之一貫，而合平之。此便是見道之大端處。

「大端」，謂大體，非每事之一端。

「既學而先有以功業爲意者」條[三九]

「功業」，專指事功，非兼指文章。此條似道荆公一輩人。

「竊嘗」條

「創艾其弊」，對前「諸儒囂然」。[四〇]「未果他爲」，猶言未暇他及。

「學未」條

枉尺直尋，反經合道，皆是學未至而語變者也[四一]。「操術」，謂處變之術。

「凡事」條

施璜虹曰：凡事遮掩，不使人知其底裏，又不肯言其所得所至，皆是不求益，惟恐人之非笑也。若有求益之心，則必以其所得所至，盡其底裏，就正於有道矣。

「底」，是底藴，或釋爲俗用虚字，舛矣。

「耳目」條

胡五峰曰：以反求諸己爲要法，以言人不善爲至戒。

注「急於自治」云云　此注呂東萊。

「學者」條

「志小」，是規模狹小。「氣輕」，是氣性輕浮。

愚謂：規模遠大，則終身而不息。氣性敦重，則望道而未見。

【校勘記】

［一］凡百十一條　「凡百十一條」五字原無，據二松學舍大學藏寫本增。

［二］五子近思録發明引熊敬修先生曰　「五子近思録」五字原無，據二松學舍大學藏寫本增。

［三］當自一个始　「个」，二松學舍大學藏寫本作「介」。

［四］道字與大學之道之道字同　「之道字」之「之」原無，據二松學舍大學藏寫本增。

［五］仁義以下守之之事居安以下　「仁義」，二松學舍大學藏寫本作「守之固」；「居安」，二松學

舍大學藏寫本作「居之安」。

［六］隨物而往爲將　「往」，二松學舍大學藏寫本作「動」。

［七］日力不給　「給」，二松學舍大學藏寫本作「足」。

［八］按：此注文「大學摘説」至「不從王説」，據二松學舍大學藏寫本增。

［九］如今怒人　「怒」，二松學舍大學藏寫本作「忿」。

［一〇］按：「著書閲古吴人化其賢名動京師」、「召」、「博」、「文」、「六經皆爲辨説」，均據二松學舍大學藏寫本增。

［一一］而後世猶有遺議焉　「遺」，二松學舍大學藏寫本作「異」。

［一二］而又就其所指爲兩亦無礙　「指」，二松學舍大學藏寫本作「爲」；「無」，二松學舍大學藏寫本作「不」。

［一三］按：自「胡氏曰」至「用之也」，二松學舍大學藏寫本置於下段文字「全文」二字之後。

［一四］即此而在矣　「即」上，傳習録答陸原静書有「則」字。

［一五］陳澔注曰相觀而善　「注」、「相觀而善」原無，據二松學舍大學藏寫本增。

［一六］引胡氏傳家録　「録」，二松學舍大學藏寫本作「語」。

［一七］明道先生語　此五字原無，據二松學舍大學藏寫本增。

〔一八〕人人不可强同至甚極處則同　「人人不可强同至甚」，二松學舍大學藏寫本作「人用力造之所」。
〔一九〕故曰不可不渾言弘毅　「渾言」二字原無，據二松學舍大學藏寫本增。
〔二〇〕按：自「優柔」至「知行看」原無，據二松學舍大學藏寫本增。
〔二一〕宜先分釋字義　「先」，二松學舍大學藏寫本作「是」。
〔二二〕此語恐未瑩　「瑩」，二松學舍大學藏寫本作「透」。
〔二三〕工夫切當　「當」，二松學舍大學藏寫本作「實」。
〔二四〕只是契悟悟未盡　「悟悟」，二松學舍大學藏寫本、傳習録啓問道通書作「悟」，故當删一「悟」字。
〔二五〕本文頗艱　「艱」，二松學舍大學藏寫本作「難」。
〔二六〕文公何以削之邪　「削」，二松學舍大學藏寫本作「删」。
〔二七〕伯奇從父之命而順父之令　「而順父」，二松學舍大學藏寫本作「奉后母」。
〔二八〕按：自「履霜操」至「没河而死」，原作「伯奇投河而死」，據二松學舍大學藏寫本改。
〔二九〕按：自「楊龜山」至「爲義」，二松學舍大學藏寫本置於本條之首位。
〔三〇〕按：自「真西山」至「則有差」，二松學舍大學藏寫本置於「顛連」至「易注」之上。

〔三一〕後皆放此　「皆」原無，據二松學舍大學藏寫本增。

〔三二〕不拘文體　「拘」原作「抅」，據二松學舍大學藏寫本改。

〔三三〕此説甚好便見有次序處　「説」原作「語」，據二松學舍大學藏寫本、朱子語類卷九十八改；「序」原作「第」，據二松學舍大學藏寫本、朱子語類卷九十八改。

〔三四〕趨向未定未有箇主宰　「趨」原作「趣」，據二松學舍大學藏寫本、朱子語類卷九十八改；「有」，朱子語類卷九十八作「是」。

〔三五〕往理之學也　「理」，二松學舍大學藏寫本作「聖」。

〔三六〕纏繞一所　「一」，二松學舍大學藏寫本作「失」。

〔三七〕按：自「愚謂聖賢」至「於上章歟」原無，據二松學舍大學藏寫本增。

〔三八〕則物我亦外内也　「外内」原作「内外」，據二松學舍大學藏寫本改。

〔三九〕按：自「既學」至「者條」原無，據二松學舍大學藏寫本增。

〔四〇〕按：自「創艾」至「囂然」原無，據二松學舍大學藏寫本增。

〔四一〕皆是學未至而語變者也　「至」，二松學舍大學藏寫本作「一全」。

近思録欄外書卷三[一]

致知類 凡七十八條[二]

「伊川」條

雖使時中　「中」，去聲，非中庸之「時中」。

「答門人」條

「求而後得」，謂思索師言而得其旨。「終異」，謂竟不歸於同。

「答横渠」條

致良知至於實際，明睿自發，無復意偏言窒之患，餘姚數言之。

「學原」條

學原於思　心之官則思，思則得之。此天之所與我者，便是致良知，即是學原於思。

「所謂」條

「心潛」一作「潛心」，是。

「名」是名義，非實體。

「問忠」條

程門諸子皆篤於行，謂行可勉而進，而知爲難。故程子專教以知，亦先難之意。然致知歸於真知，則知行終非二矣。文公主張知先行後之説，原本程子，而至於後，則亦不免於有弊。故文成出，唱知行合一以救其弊，要亦良工苦心。各有功於世，所歸一也，學者所須知。

「除非」，俗語，謂無此外，語意與「只是」相似。

「煞」，本集作「然」。

知得是　「是」，指真知，非「是非」之「是」。

此條就本集校之，「非固有之也」下，尚有四十九字。「是躐等也」下，有十四字。「然有深淺」下[三]，亦有九十二字。蓋爲朱、呂所削[四]，然不如舊文之爲盡，今復録存之於此。「非固有之也」下曰：「且如中庸九經，修身也、尊賢也、親親也。堯典『克明俊德，以親九族』，親親本合在尊賢上，何故却在下。須是知所以親親之道方得。」「是躐等也」下曰：「學者固當勉强，然不致知怎生行得。」「然有深淺」下曰：「向親見一人曾爲虎所傷，因言及虎，神色便變。傍有數人，見他説虎，非不知虎之猛可畏，然不如他説了有畏懼之色，蓋真知虎者也。學者真知亦如此，且如膾炙，貴公子與野人莫不皆知其美，然貴人聞著便有欲嗜膾炙之色[五]，野人則不然。」[六]

「凡一」條

「窮理」字出於説卦，曰：「和順于道德以理于義，窮理盡性以至于命。」據此則窮理須要理于義，勿如泰西窮理之學。

「格物」間插入「窮理」字，昉於伊川，而朱子全用此訓。然竟不如陽明格正之訓，意義俱得，學者宜讀傳習録以自得之。

本集，「貫通」作「該通」，「脱然」作「晄然」。

注「意句」　是意味與言句也。

「又曰」條

此條宋本平頭，與前條合，本集不載此條。

「思曰」條

「知識」，指心之分辨，非聞見之知。

「問人」條[七]

本集，「然知識」之「知」作「智」。

「問觀」條

「觀物察己」，邵子之意亦如此。皇極經世書觀物内篇曰：「聖人之所以能一萬物之情者，謂其聖人之能反觀也。所以謂之反觀者，不以我觀物也。不以我觀物者，以物觀物之謂也。既能以物觀物，又安有我於其間哉[八]！」程子語録：此條後又有一條，曰：「觀物理以察己，既能燭理，則無往而不識。天下物皆可以理照，有物必有則，一物須有一理。」愚謂：此與前條宜迭相發。

「又曰」條

宋本此條平頭，連前條。本集亦不載。

「問如」條

施璜虹曰：朱子以「近思」二字名其書，正教人不可遠去泛思，當以類而推，則理易明也。

「學者」條

疑思問，百事宜如是，不獨在讀書上而已。

「横渠」條

「物怪神姦」，當時必實有此事而問之也，故有諸公所論及，「不逾朞年」等語[九]。「諸公」蓋指當時諸名公[一〇]，如兩程、邵子者。「攻」是攻擊，非攻治[一一]。

「無窮」，指造化之變。

「子貢」條

「朝聞道」之「聞」亦了悟，與此同。

「義理」條

還塞之矣　「還」猶復。

注「恐是後來」止「成重出耳」　「恐是後來欲添足此數語」，蓋推朱、呂之意如此。「傳者誤成重出」，謂朱門傳者錯認做重複也。蓋其認做重複，何緣致此誤邪？朱、呂當時又欲以類相從，移此條於尹問之後。因就稿本先添足此數語，又姑并録「尹問」條，意蓋不過二條相次之表識，而猶未及繕寫也。及後傳者不知其意，遽覽之[一二]，輒疑「尹問」條之前後重出，乃欲削前存後，因誤削連及此數語耳。泉州本則雖不削「心中」已下，而妄意移二條於卷末，是亦謬矣。此平巖之意也，外注文欠分明耳。

「學者」條

語類：問：「如何是門庭？」朱子曰：「是讀書之法。如讀此一書，須知此書當如何讀。伊川教人看易，以王輔嗣、胡翼之、王介甫三人易解看，此便是讀書之門庭。緣當時諸經都未有成說，學者乍難捉摸，故教人如此。」

注「規模」　發明引此注，「模」作「矩」，似是。

「凡解」條

頤欲改之　「欲」，宋本、發明並作「與」。

「問瑩」條

文中子就易理言，程子就易書言，各有所當也[一三]。然文中子與「思無邪」之蔽詩同一揆，愚竊有取焉[一四]。

「子在」條

張繹字思叔，即程門。

「凡解」條

伊川雖性嚴無假，而其待學者則甚寬也。其曰「解經不同無害」，又曰「各自立得門庭」，何其公平而能容人也。視之後之爲洛學者，一言不同，一事不合，輒斥以爲異學，詬駡不絶於口者，可謂霄壤之異矣。

「初學」條

此條係伯子語。

「入德」者，大學其門也，論、孟，其堂室也，中庸則室之奥也。

「學者」條

此條係叔子語。

「論、孟」，宋本作「語、孟」。

「讀論」條

「論語」條

「成」字句，「甚生」，俗語，與「怎生」同。「甚生氣質」，言氣質之好，至於不可形容也。

注　「朱子曰」上，宋本有圈子。

「論語孟子」條

吴敬庵曰：剩，餘也，猶言多也。

「又云伯淳」條

此條宋本平頭，連前條爲一。

「掇」作「綴」，似爲捷，或是「綴」字訛。

「念」，是「念書」之「念」。

注　「沾綴」，沾益也，一作「添」。

「中庸」條

中庸輯略「孟子」上有「傳」字，此本蓋闕脱，可補。

「伊川」條

劉子澄深愛此序及春秋傳序，并之圖説、西銘爲四大文字。愚竊謂：周、張姑舍之，程家自有四大文字，伯子定性書，叔子好學論，及兩序是也。

「**遺經尚存**」止「**蓋無傳矣**」　秦焚書而易獨免，故遺經尚存。秦坑儒，故無傳也。

求言必自近　朱子曰：「求言必自近，易於近者，非知言者也。」此伊川喫力爲人處。

「諸卦」條

「或以不中爲過」，此「過」[一五]，是「過失」之「過」，非「過不及」之「過」。

「問胡」條

爻象，隨占轉用變化，故曰「看如何用」。

「易中」條

序卦：「物不可以終盡，剥窮上反下，故受之以復。」是反復也，姤則與復相反。賁彖：「柔來而文剛，故亨。分剛上而文柔。」无妄彖：「剛自外來而爲主於内。」是往來也。咸彖：「柔上而剛下，二氣感應以相與。」恒彖：「剛上而柔下。」是上下也。平巖注意如此。

程意蓋謂，易只是變化生生之道，無一定方，無一息停，故三百八十四爻，莫非反復往來上下，讀者所宜着眼。

「今時」條

易只是陰陽而已，如兩脚踞牀之不可增減其脚，故有此譬。

「游定」條

定夫之問，伊川宜答而不答，直詰責之，蓋此詰出於定夫之不意，即陰陽不測也。至此定夫容自愧自激，或有所得，則其所不教以言，乃其所以深教之也。是亦定夫之所以不自知，即陰陽不測也。伊川大賢，教人之神如是。

「伊川以易」條

書不盡言，乃説到七分，即是十分矣。過此以往，在後人之體究得之耳。

「伊川」條

三重既備　中庸章句：呂氏曰：「三重，謂議禮、制度、考文。」

游、夏不能贊一辭　史記世家：「筆則筆，削則削，子夏之徒，不能贊一辭。」文選李善注引史記：「子游、子夏之徒，不能贊一辭。」「順天應時之治」，暗指三王。[一六]

「詩書」條

「**所謂不如**」止「**著明者也**」　「所謂」，指太史公自序所載孔子之言。索隱云：「孔子之言，見春秋緯。」

「學春」條

「**權之爲言**」止「**自看如何**」　程意謂，「權」字宜以合義時爲詮，然「義」字尚可以言語説，時則難以言語喻。「義以上」，蓋言時也。

「凡讀」條

注「**三傑**」　張良、蕭何、韓信，即三傑。

「讀史」條

「所存」，猶言所留意。

「橫渠」條

「緼」，宋本作「藴」，是。韓康伯謂序卦非聖人之藴，故橫渠非之。

「**大匠豈**」止「**可知哉**」　大廈崇構[一七]，必待於大匠。廑一斧之工，可知其爲大匠哉？

「天官」條

「凑合此心」，不可解。愚案：「凑合」句屬上，「此心」二字疑衍文。因上文誤複。或謂凑合此心，是凑合此一事一事之心以爲一也。然畢竟叵解[一八]，不如衍文之爲清楚。

「**釋氏錙銖**」止「**則必亂矣**」　此節蓋謂，凡有體者必有用，釋氏錙銖天地，似有體極其大。然未嘗有處國家大事，則知大小事，都不得理之。凡爲世用者錢幣也，假令付之以一錢，亦必錯亂其用，是知無用之體，極其大，亦非真體矣。大意蓋如此矣。

或疑「畀之一錢」，意叵解[一九]。愚謂：此喻自上文「錙銖」字出來耳。蓋謂錙銖天地之大，而不能理五銖之小。古之釋氏，錙銖天地，又不能理一錢[二〇]，猶能守其家法。今之釋氏，袈裟其外，狙獪其中，尤能殖財貨，是則如何哉！

捕龍蛇，搏虎豹　柳子厚語。

「詩人」條

宋本，此條連前爲一條。

「拂着」，猶言感觸。

「讀書」條

傳習録曰：凡讀書時，良知知得强記之心不是，即克去之；有欲速之心不是，即克去之；有誇多鬬靡之心不是，即克去之。如此亦只是終日與聖人印對，是箇純乎天理之心，任他讀書，亦只是調攝此心耳。

又曰：志立得時，良知千事萬爲，只是一事。讀書作文，安能累人？人自累於得失耳。

「如中」條

朱君謂張子之言，真讀書之要法。不但可施於中庸。愚謂：「輩」字，猶言類，看他書，亦只是此意。

「春秋」條

程子曰：孟子曰「王者之迹熄而詩亡，詩亡而後春秋作」，又曰「春秋無義戰」，又曰「春秋天子之事」。故知春秋者莫如孟子。

【校勘記】

〔一〕按：卷次前，底本原有「近思録欄外書中帙」、「一齋居士稿本」十四字。

〔二〕凡七十八條　「凡七十八條」五字原無，據二松學舍大學藏寫本增。

〔三〕然有深淺下　「然」，二松學舍大學藏寫本作「煞」。

〔四〕蓋爲朱吕所削　「吕」，二松學舍大學藏寫本作「子」。

〔五〕然貴人聞著便有欲嗜膾炙之色　「著」、「色」，二松學舍大學藏寫本分别作「知」、「心」。

〔六〕自「此條就本集校之」至「野人則不然」，二松學舍大學藏寫本置於前文「學者所須知」下，可從。

〔七〕問人條　「問」原作「門」，據二松學舍大學藏寫本、葉采近思録集解改。

〔八〕又安有我於其間哉　「我」，二松學舍大學藏寫本作「物」。

[九] 不逾朞年等語　「等」，二松學舍大學藏寫本作「吾道勝」。

[一〇] 諸公蓋指當時諸名公　「諸公」下，二松學舍大學藏寫本有「所論」二字。

[一一] 攻是攻擊非攻治　「攻是攻擊」，二松學舍大學藏寫本作「故其攻」。

[一二] 遽覽之　「覽」，二松學舍大學藏寫本作「見」。

[一三] 文中子就易理言程子就易書言各有所當也　自「文中子」至「所當也」，二松學舍大學藏寫本作「終日乾乾可也，言各有所當也」。

[一四] 愚竊有取焉　「竊」原無，據二松學舍大學藏寫本增。

[一五] 或以不中爲過此過　「或以不中爲過此」七字原無，據二松學舍大學藏寫本增。

[一六] 順天應時之治暗指三王　此句原無，據二松學舍大學藏寫本增。

[一七] 大厦崇構　「構」，二松學舍大學藏寫本作「廣」。

[一八] 然畢竟叵解　「叵」原作「回」，據二松學舍大學藏寫本改。

[一九] 意叵解　「意叵」原作「竟回」，據二松學舍大學藏寫本改。

[二〇] 又不能理一錢　「一錢」，二松學舍大學藏寫本作「國家」。

近思録欄外書卷四

存養類 凡七十條[一]

「或問」條

「一者，無欲也」，即誠也。以此爲要而思之，即誠之也，即敬也。周子主静，程子持敬，其旨同，故程子釋敬爲主一，是也。静虚動直，陰陽之體也，明公其用也，通溥其效也，總原於一誠焉。吳敬庵謂：「明屬金，通屬水，公屬木，溥屬火，四時之象也。」愚謂：敬庵蓋本朱子四象之説，可以備一考。

陸象山與朱子論太極圖説書，往復再三，終不決。取而讀之，陸子信通書而疑極圖，頗有考證。朱子主張無極與無聲無臭爲同一，決不敢服。愚嘗怪此往復，就兩先生平生考之，頗不相類。朱子平生所論多平實，且有考據。陸子生平持論高明，出於獨得。獨此論似乎彼此易地，此則可疑矣。至於陽明則濂溪兩書，不措一疑，要之朱子爲是。但陸子之學，原本通書，尤於此節深致思而已，是不可不知也。

「伊川」條

復象傳「復其見天地之心」，先儒多以静爲天地之心。蓋誤認象傳「至日閉關，商旅不行」之意耳。據程子「動之端乃天地之心」，閉關不行，只欲安静以養微陽之動也。是知天地之心在動，而養之之方在静，猶潛龍勿用之意云。

施璜虹曰：在人則善端初復，當莊敬以持養之，然後善念達於外而益以廣。不然，萌孽生而牛羊牧之，良心能無夭閼乎？

「動息」條

四者之養，宜以德爲本。德已養矣，則養生之道，養形之方，當不外於此，而養人亦其推也已。

「慎言」條

五官各有一用，而口兼二用，其可以不慎乎！况乎禍從口出，病從口入，尤可以不懼乎！

「震驚」條

「處震之道」，即在震。震一索而得男，謂之長男。言坤求於乾，得其初也。誠，乾德；敬，坤德。震之一陽即誠，而二陰即敬也，便是處震之道也。

「人之」條

「**外物不接**」止「**爲無咎也**」陸文安曰[二]：爲艮工夫，亦體認此意。愚於此竊有別工夫，載在言志録。

「聖賢」條

胡敬齋曰：「求放心，不是捉得一箇心來存，只惕然肅敬，心便在此。」又曰：「心纔私，便是放，不必逐物馳騖，然後爲放心。一放便是私，不待縱情肆欲，然後爲私。這裏最難，所以古人戰戰兢兢。」

「李籲」條

「獨有理義之養心」，程意蓋指讀書言。當讀書時，着想如侍聖賢，親受誨言，自不得不敬以對之，便是存涵養意也。程子又謂「敬以直内，是涵養意」，則自釋前所云，涵養是爲敬耳。

「呂與」條

「思慮」，謂閑思雜慮。

作得定主　「主」，是主宰。「中有主」，謂持敬，即存養之事。

「邢和」條

二程語類，「邢恕」上有「與」字，爲程子語，遺書則與本書同。愚案：此録限四先生之語，文公前引可證，況邢恕於程門爲叛人，無由獨載其語，語類爲是〔三〕。心不外馳，則精力自足，工夫在存養。

「明道」條

「全體此心」，即存養，「體」猶存。

「居處」條

「居處恭」，是存養。「執事敬，與人忠」，則是省察。愚謂：存養省察，其實一也。故此録有存養目，無省察目。陽明曰：「存養，是無事時之省察；省察，是有事時之存養。」此言極捷。

「伊川」條

「其間」，指敬守之際。

「今學」條

私爲恭 「私」疑「子」訛。論語陳子禽謂子貢「子爲恭」，蓋作意爲恭之意，故引之。

「非體之禮」，與家語「無體之禮」，語意不同。「非」字，與「是」反照。「體」，是形體。二句，言禮者，非指形體之儀文，是指自然之道理。注亦此意。

「恭而安」，宜如論語本義看。

「道獨善其身」，是自矜要人道如何，是干譽。

「今志」條

須且恁去[四]　指心不安樂。

只是德孤　「孤」，小也。易文言釋直方爲敬義，釋大爲不孤，本文據此也。此條大旨言今志於義理，敬以操心，即直方也，則德宜至盛大。而未然者，以猶有正助之病，故無安樂之況。如論語「德不孤必有隣」，則其居敬集義，無正助之病，以至盛大[五]，必有感應而鄰比焉。故其心裕然自得[六]，無窒礙，逢其原，安樂之況如此也。

「敬而」條

「無失」，猶言無間斷。

「司馬」條

遺書曰：「『微』一作『綦』。」「坐忘」，莊太宗師字面；「坐馳」，人間世字面。

朱子曰：他只是要得恁地虛静都無事，但只管要得，忘便不忘，是馳也。

天隱子養生書：其目有八，曰神仙，曰易簡，曰漸門，曰齋戒，曰安處，曰存想，曰坐忘，曰解神。

「伯淳」條

此條以伯淳稱，係叔子語。

愚謂：倉是藏穀處，其制不可考。據「倉中閑居」，必有人耐住處。又謂其有長廊，則制亦宏敞，可知也。如本邦倉廩，雖大小不同[七]，而鎖鑰太嚴[八]，決無耐住處。但官倉則區倉地爲一邸[九]，建數十長倉，又置一署，遣委吏及隷屬更直，如侯家亦各有倉邸。此則法頗寬，委吏外往往容人住焉。本文倉中閑居，或如本邦倉邸内之居歟？然竟不可考也。傳習録「陸澄在鴻臚寺倉居」，初釋爲暫時寓居。今案：本文或與此同[一〇]。

己尚不疑 以語勢考之，「不」字恐「有」字訛。

「越」，俗語，猶愈，自踰越轉用。古書訓於，與此不同。

愚嘗於此條有疑焉，明道數廊柱，知着意把捉不是，大旨可領也。但疑其有何用而數廊柱乎？果有實用而數之，雖使人可也，敢自數乎？乃今以意數之，尚有疑。再數之，不合，終使人一一聲言之。吾不知其爲何故，或出於無用，則近於兒戲而似乎放心矣。賢者必不然也，此事畢竟不可解[一一]，必當有故矣，姑録以存疑。

「人心」條

「翻車」，即風車，兒翫也。

怎生奈何　「怎生」，只是反詞；「奈何」，謂事難如何。

約數年　「約」猶期。

一箇形象　「形象」不知其指何，因引温公念「中」字以爲此之類。

交戰之驗　韓非子子夏事。

持其志　施璜虹曰：以敬持志，則心有主宰。雖所感萬端，因物付物，亦不錯亂。主敬所以能一天下之動也。

不害心疾　「心疾」，是氣質之受病也。

「明道」條

王文成曰：既是不要字好，所學又是甚事[一二]，知此可以知格物之學矣。

「在澶」條

本傳載先生爲鎮寧府判官。程昉治河，虐澶卒，衆逃歸。先生拊勞，約少休三日，役衆驩呼。又曹村埽決[一三]，先生躬至決處，激諭士卒治之[一四]，數日而合。求監洛河竹木務，本文在澶州，蓋此時事。

不可有一事 「有一事」，是鏡中留影也，累於明體[一五]，不能物來順應。

施璜虹曰：心無一事之謂敬，故心不可有一事，敬則澄然無事矣。

「伊川」條

「主心不定」，是不能敬，故無主宰而妄動也。「視心如寇賊而不可制」者，言既不能敬，則方臨事時，自視其心，欲念竊發，欻已縱横，如不能制之寇賊。

施璜虹曰：上章説「心不可有一事」，此章又説「天下無一物是合少得者，不可惡也」。人能主敬，則心如鑑之空，如衡之平，所以酬酢萬事而無累[一六]。蓋「心不可有一事」者，非厭惡事物也。廓然大公[一七]，物來順應，所謂「萬變皆在人，其實無一事」也。此程門心法之要。

「人多」條

惟是止於事　「止」，即敬也。「事」，是事理。各有至善。

攬他事　「攬」訓撮持，又有濫及之意。

爲事物所役，即是役於物　「爲物所役」，「役於物」，畢竟義同，但語有緩急。「爲物所役」，猶言爲外所動，語緩；「役於物」，猶言受役於物，語緊[一八]，是爲異耳。

「静後」條

明道先生秋日偶成七言律詩。此注所引，是其前聯也。

「聖人」條

朱子曰：體信，是致中意；達順，是致和意。

聰明睿智由是出　朱子曰：自誠明意思。

蔡虚齋曰：「是」字，「此」字，皆指體信達順。體信達順，即敬也。

「心要」條

「腔子裏」，謂軀殼内。外面，即軀殼。能敬則齊整嚴肅，自無隙罅可走。

「人心常要活[一九]」，即持敬也，常惺惺法是也。

「明道」條

借易詞以言人心耳，是「天地設位」[二〇]，即是敬也。「易行乎其中」，無間斷也。

「敬勝」條

朱子曰：内主敬則天理存，天理存則百邪自除，猶元氣復則百病自愈。

「敬以」條

「敬以直内」，則功夫在内。「以敬直内」，則功夫在外，所以不直也。「必有事焉」，在孟子專指集義，此則主敬言，而義亦自在其中矣。

「涵養」條

「涵養吾一」，言涵養是何物，涵養吾心之一也。「一」者，即主一之敬也[二二]。舊解吾一做涵養後事，恐不成語。

「不有」條

朱子曰：以立己爲先，應事爲後。

猶爲化物，不得以天下萬物撓己　此句依舊解不可通。今案：「猶爲」二字，蒙到「撓己」。「化物不得」，絶句，謂我不能化物也，非化於物。「以天下萬物撓己」，謂倒被萬物撓己也。

「伊川」條

「要立箇心」，謂竦立此心[二三]，即敬也。言能立此心，則自能寧静，無紛亂也。「此上頭儘有商量」，謂此處宜着商量，注引朱子，解大義耳。

「閑邪」條

敬只是主一也 愚案：「主一」，謂主宰無適，非謂主於一。觀下文「主一之謂敬，無適之謂一」，其意可見。「既不之東，又不之西，如是則只是中」，釋「主」字，以主宰在中也。「既不之此，又不之彼，如是則只是内」，釋「一」字，以專一無他適也。注以動静言，恐繆。

注「尹彦明曰」云云 此尹氏答祁寛之問[一三]，見於淵源録。

「閑邪」條

小學句讀：「整齊嚴肅」[一四]，如正衣冠、尊瞻視之類。

「學者」條

注 「林用中」，字擇之，朱門。

「舜孳」條

儼若思，主敬也；恭默思道，主敬也。篤恭而天下平，主敬之至也。

「問人」條

緱氏，東都縣名。

小學句讀：「危坐」，猶正坐。

漢書注：「箕踞」，謂申兩脚，其形如箕。

「思慮」條

「紛然無度」，是一事。注看做兩事，非是。

「蘇季」條

當求於喜怒哀樂未發之前　「求」下疑脱「中」字，諸本無異同。

言求中喜怒哀樂未發之前則不可　性未動於情，是未發也。未發之體，即中也，須就存養之。若言求中於未發之前，則似中別爲一物，不可也。

「**曰當中**」止「**在始得**」　程意蓋并知覺而泯之，如在母胎中時，是未發前氣象。

「**或曰莫是**」止「**曰固是**」　季明此問，似護先儒之説。再問之，程子以「固是」答之者，蓋以動上求静爲是，非謂先儒之意如是。

「各因其心」止「不出來也」 「各因其心」已下，似不易解。程意蓋謂，人心之感應於物有輕重，必因其所重，一感一應，更互而發。又纔見此事重於彼，則遷轉而發。然其輕重之發，若能物付物，則真能得其所止矣。是出而未嘗出，動而未嘗動也。

「或曰先生」止「則知此矣」 施璜虹曰：此條問答，皆論喜怒哀樂未發之中。蓋當至静之時，事物未成，念慮未起，此心湛然，無所偏倚，故謂之中。此時只恭敬涵養便是，若於這裏求中便非矣。故程子曰：「求中却是思也，既思即是已發[二五]。」此一語辨別心之動静，界限極分明，纔動便須用審幾省察工夫矣。然而推尋體認，總不離方寸，即下静字亦不妨。「但静中須有物始得」，静中有物者，只是常有箇操持主宰，無空寂昏塞之患。朱子曰：「静中有物者，只是敬，則常惺惺在這裏。」又曰：「静中有物者，只是知覺不昧。」或問伊川曰「纔有知覺，便是動」。曰：「若是知寒知煖，便是知覺已動。今未曾著於事物，但有知覺，何妨其爲静？不成静坐便只是瞌睡。」然則喜怒哀樂未發之前，不須太着力，但戒慎恐懼，操存涵養而已。

「或曰敬」止「要求一」 誠之之謂敬，心不專一，是言動不誠之所由，故曰「不誠之本也」。「思慮」，是存養時；「應事」，是省察時。「求」，是求主一，本文「一」字，即是主一。注似以「主」字釋「求」字，恐麤看。

「人夢」條

施璜虹曰：寤寐者，心之動静也。有思無思者，又動中之動静也。有夢無夢者，又静中之動静也。人能操存完固，不但寤時心中有主宰，即寐時夢中亦有主宰，不致顛倒亂夢也。寤時之閑思妄想，至寐時結象於夢，夢自無整頓，是足以見其心之不存耳。

魂是陽精，魄是陰精，心是魂魄之靈。魂降收於魄則成寐，魂升著於魄則成寤。當著之時，心發思；當收之時，心結夢，夢即思也。

傳習録：「睡時工夫如何用？」先生曰：「知晝即知夜矣，日間良知，是順應無滯的；夜間良知，即是收斂凝一的。有夢即先兆。」

「問人心所繫著」條〔二六〕

捨此皆是妄動　「捨此」之「此」，指善時之動，與兆眹之無害。或獨指兆眹，謬矣。

人心須要定　遺書此前尚有數語，與此前段不相接。

今人都由心　謂爲善爲惡，都由於操舍存亡也。

以心使心則可　語類：問：「此句有病否？」曰：「無病。其意只要此心有所主宰，使他思時方思。」

施璜曰：「以心使心」，是常操常存也。「人心自由」，是不知操存也。

「以心使心」，猶言以道心使人心。

「問出」條

此條言「出辭氣」，與「慎言語」之難易也。「出辭氣」，自然順理，非養乎中，則不能着力尤難矣[二七]。至如「慎言語」，則唯慎而不妄發，却是有力之可着，工夫較易也。注欠分明。

「先生」條

繹，即張思叔，見前。

慎言語，節飲食，屏聲色，遠貨利，皆吾學之所在，即養生之道亦不外於此，何必故爲保生乎？

「大率」條

仁，人心也。「把捉不定」，是放心，故不仁。

「伊川」條

前數條，皆伊川語，此條無由再表，宜衍。

朱子曰：欲寡則無紛擾之雜，而知益明。

施璜虹曰：寡欲則心地潔凈，精神自足，理亦易明，而所窮之理，得於己而不失，故養知莫過於「寡欲」二字也。

「明道」條

「四百四病」，見千金方，謂地、火、水、風四大。一大不調，百一病起，合此爲四百零四種病，皆自外感起。「則是」，俚語，蓋謂一定如是，不可奈何。

「謝顯」條

盍若行之　「若」，若是也，訓「汝」不是。

文成與辰中諸生曰：静坐事非欲坐禪入定。蓋因吾輩平日爲事物紛拏，未知爲己，欲以此補小學收放心一段工夫耳。

「人又」條

此條宋本、發明本，並與前條合爲一，發明注意亦牽合爲説。然卷首題「凡七十條」，而缺此一條，則爲六十九條，是知别爲一條者爲是。

「生無喜怒」者，蓋氣乏。不能發憤，竟是柔懦，故要得剛。吕東萊曰：「弱者，天下之大害，學者之大患。人之所以不能爲善者，多是不能立志，故洪範以弱立於六極之後。」

「正心」條

「懼」，是自懼。「嚴師」，謂敬畏也。

「定然」條

「心多」，謂多端不一。

「動静」條

施璜曰：學者莫識動静〔二八〕，其病亦在於不敬。敬則此心光明，當動而動，當静而静，而所修不廢。不敬則此心蔽昧，不當動而動，因循廢學矣。

「見他人擾擾」三句，蓋謂徒見他人擾擾，何干己事，而竟爲其擾擾所化，己亦擾擾，至於所修亦廢也。

「敦篤」條

「此難以頓悟苟知之」八字一句，或以「苟知之」連下文讀，非是。

【校勘記】

［一］凡七十條　「凡七十條」四字原無，據二松學舍大學藏寫本增。

［二］陸文安曰　「曰」字原無，據二松學舍大學藏寫本增。

［三］語類爲是　「語類」原作「類語」，據本條前文改。

［四］須且恁去　「恁」原作「怎」，據葉采近思録集解元刊本、二松學舍大學藏寫本改。

［五］以至盛大　「盛」，二松學舍大學藏寫本作「正」。

［六］故其心裕然自得　「裕」，二松學舍大學藏寫本作「豁」。

［七］雖大小不同　「不同」，二松學舍大學藏寫本作「有異」。

〔八〕而鎖鑰太嚴　「太」，二松學舍大學藏寫本作「亦」。

〔九〕但官倉則區倉地爲一邸　「區倉」之「倉」，二松學舍大學藏寫本無。

〔一〇〕本文或與此同　「本文」二字原無，據二松學舍大學藏寫本增；「或」，二松學舍大學藏寫本作「蓋」。

〔一一〕此事畢竟不可解　「此事畢竟不可解」，二松學舍大學藏寫本作「然亦畢竟不可删」。

〔一二〕所學又是甚事　「甚」，二松學舍大學藏寫本作「何」。

〔一三〕又曹村掃決　「村掃決」，二松學舍大學藏寫本作「禾諭決」。

〔一四〕激諭士卒治之　「治」，二松學舍大學藏寫本作「築」。

〔一五〕是鏡中留影也累於明體　「也」，二松學舍大學藏寫本作「子」；「累於明體」，二松學舍大學藏寫本作「失其本體」。

〔一六〕所以酬酢萬事而無累　「所」，二松學舍大學藏寫本作「是」，施璜五子近思録發明作「可」。

〔一七〕廓然大公　「大」原作「太」，據施璜五子近思録發明改。

〔一八〕語緊　「緊」，二松學舍大學藏寫本作「急」。

〔一九〕人心常要活　「活」原作「法」，據葉采近思録集解元刊本改。

〔二〇〕是天地設位　「是」字原無，據二松學舍大學藏寫本增。

［二一一］涵養吾心之一也一者即主一之敬也　「也一者即主一之敬也」，二松學舍大學藏寫本作「理也即養性之謂也」。

［二一二］謂竦立此心　「竦立」，二松學舍大學藏寫本作「立定」。

［二一三］此尹氏答祁寬之問　「氏」，二松學舍大學藏寫本作「子」。

［二一四］整齊嚴肅　「齊」原作「答」，據葉采近思録集解元刊本改。

［二一五］既思即是已發　「即」原作「既」，據二松學舍大學藏寫本、施璜五子近思録發明改。

［二一六］問人心所繫著條　「問人心所繫著條」七字原無，結合葉采近思録集解卷四「問人心所繫著之事果善」條、二松學舍大學藏寫本「問人心所繫著節」增添。

［二一七］則不能着力尤難矣　「着力」，二松學舍大學藏寫本作「工夫」。

［二一八］學者莫識動静　「識」原作「議」，據二松學舍大學藏寫本、施璜五子近思録發明改。

近思録欄外書卷五

克己類 凡四十一條[一]

「濂溪」條

朱子曰：懲忿，如摧山；窒欲，如填壑。遷善，當如風之速；改過，當如雷之決[二]。

朱子曰：「『其善是』，『其』一字疑是『莫』字，蓋與下兩句相對。若只是『其』字，則無義理，說不通。」愚案：此說是也，但尚疑「善是」亦似誤倒。「莫是善」，指「懲忿」二句。注謬。

損、益二卦，自泰、否上下乾之變而得名，故以此爲乾之用也。損益亦有大小，而象傳二語爲乾之用，尤見其大，故曰「損益之大」也。

「孟子」條

通書後録載此文，曰：「先生名張宗範之亭曰『養心』，而爲之說。」

「寡而存」，謂欲寡而心存也。

「伊川」條

許白雲曰：「視德自外入，言動自内出。」又曰：「制於外養其中，蓋仁主於存心應事，兼動静而言。四勿是就動處用功，主於一事中，則心之全體，於動處事事是當，則是養於中者熟。及其成功，則私欲净盡，天理流行，於視聽言動之間，自然皆禮，而不待勿矣。」

「**視箴曰**」止「**久而誠矣**」　「視爲之則」。朱子曰：「視聽言動，視最在先，爲操心之準則。」此解似未透，本注訓節，亦未允。愚謂：「則」，只是法則，即禮也。「視爲之則」，謂必禮然後視之，非禮則勿之也。「制之於外」，克己也。「以安其内」，復禮也。「克己復禮，久而誠矣」，言克己復禮工夫習熟，必至於仁之極處。誠者，仁之極處也。凡箴詞皆自警，欲其至於此之意，非謂現在如此，四箴皆然。

「**聽箴曰**」止「**非禮勿聽**」　「彝」，即天叙天秩。人之所秉，是本乎天性也。知識自習聞而入，是知誘也。物欲因所聽而動，是物化也。「知誘物化，則亡其正」，「其正」，即天性秩然之彝也。彼先覺者，知止而不爲知誘，有定而不受物化，是其所以卓爾也。外物即邪，宜閑之，克己也；天性即誠，宜存之，復禮也。是我之所當從事也。

語類：問：「視箴何以特説心？聽箴何以特説性？」曰：「互換説也得。然諺云『開眼便錯』，視所以就心上説。『人有秉彝，本乎天性。』道理本自在這裏，却因雜得外面言語來誘之，聽所以就性上説[三]。」

「**言箴曰**」止「**欽哉訓辭**」「發禁躁妄」，克己也。「内斯静專」，復禮也。易誕煩支，即躁妄也。禁之則寡言而静專。易所云「吉人之辭寡，躁人之言多」是也。「非法不道」，即非禮勿言也。

陳選曰：「訓辭」，訓戒之辭，即非法不道也。

「**動箴曰**」止「**聖賢同歸**」「哲人知幾」，如顔子。「志士勵行」，如曾子。「誠之於思」，即克己，便復禮也。「守之於爲」，即克己，便復禮也。禮者，理也。「順理則裕」，是以禮而動也。欲是理之反，「從欲惟危」，即非禮勿動也。「造次」二句，兼哲人志士。「習」就動言，「聖賢同歸」，則仁熟之地也。抑謂伊川於四箴之終，言聖賢同歸，蓋其晞聖之志可窺也。

陳新安曰：「此性字，蓋以氣質之性言。」愚謂：習有善惡之殊，性有氣質之異，然習於善以化氣質[四]，則習與性合以至於成。

「晉之」條

胡一桂曰：「晉其角」與「姤其角」同義，皆剛上之象。

所以貞正之道爲可以吝也　程子於蒙六四傳曰：「吝，不足也，謂可少也。」此「吝」字，蓋亦同意。

易傳，「所以」作「故於」。

「損者」條

「淫酷殘忍」，指吕秦。「窮兵黷武」，指漢武。

「制其本」，謂创制度於初也。

「夬九」條

程傳既釋經文「中行」爲中道，則此傳「行於外」字，只謂其所爲，非「中行」之「行」。下文「中正之義」，却是貼「中行」耳。

「方說」條

方得意時，宜存退步功夫，即是方說而止也。

「節之」條

節九二：「不出門庭，凶。」程子如吝嗇、柔懦看。

「明道」條

義理、客氣，公私之別也。道心、人心，天理、人欲，皆是此別。愚自檢有客氣冒義理而起者，又有義理帶客氣而發者，此處亦有多少消長分數，不可不省也。吾人要須能自覷，奉主以逐客可也。

「或謂」條

此答孟子所云「氣壹則動志」之意。注「立志」、「氣質」，與本文不相干。

「人不」條

「思慮」，謂閑思雜慮。氣歉謂之吝。

傳習録：陸澄問：「有人夜怕鬼者，如何？」先生曰：「只是平日不能集義，而心有所慊，故怕。若素行合於神明，何怕之有？」

「堯夫」條

「增益預防」，注釋爲兩事，非是。孟子則增益其所不能，此則增益其預防，只是一段發揮之意。

「目畏」條

便與克下　「與」，猶于僞反之爲。

「明道」條

此條蓋爲有職任者發也。反責上下之心以自責[五]，推恕己之心以恕人，則人必服，無適不得其歡心。今不然，故職分不可任，是或暗斥荆公。上下，是君民。職分，是宰輔。注未透。

「飢食」條

此條蓋謂：人生貧富各有天賦之分，當從其分以爲豐儉。從來飲食足以充飢渴，衣服足以禦寒暑，斯可已，何必故意貨殖？然人往往有過儉者，家有餘優而吝嗇自私，不肯賑救人，是則私己也。奢靡固殄天物，私吝亦廢天職。此條戒貪吝者也。

語類載此條問答，朱子以窮口腹之欲爲廢天職，恐非程子本意。

「獵自」條

餘姚致良知工夫，有病瘧之喻，即濂溪所云「潛隱」也。除惡務本，不如餘姚格物之訓爲切實。

「伊川」條

自私，亦是在身之理。克之，最是在心之理。

「罪己」條

陽明曰：悔悟，是去病之藥，然以改之爲貴。若留滯於中，則又因藥發病。

「問不」條

語録：恐非別人，仍是程子。陪奉只是添貼意。

「人之」條

注　圈外「朱子曰」注，宋本在前，恐此本爲是。

「謝子」條

陽明曰：程門上蔡去得一矜字。傲生客氣。傲，矜之別名也。傲，凶德。纔傲，義氣便驕，聲色便厲，自處便高，視人便下。傲之反爲謙，謙之六爻無凶德。

顯道稱「謝子」，又稱「謝」。伊川則無尊稱。蓋記者隨意筆録如是耳。

「見賢」條

此條明道語。

「横渠」條

問「湛一，氣之本；攻取，氣之欲」。[六]朱子曰：「『湛一』，是未感物之時，湛然純一，此是氣之本。『攻取』，如目之欲色，耳之欲聲，便是氣之欲。」

「屬厭」，左傳字面，杜注：「屬，足也。」

「纖惡」條

氣質有善惡，「善斯成性」，仍是氣質之性，與「習與性成」之「性」同。其必除惡，必察惡，誰其使之？此則本然之性使然耳。

「惡不」條

好惡，即是非之心，良知之發也。真能好惡之，然後仁義盡其道而已。

「責己」條

施璜虹曰：學莫切於責己。蓋責人者，只見人之非，故尤人。惟責己者，只見己之非，且知天下國家之人，無皆非之理，何敢尤人？故學至於不尤人，乃爲學之至也，顔子之「犯而不校」是也。

「有潛」條

「舊習纏繞」，是志之不立也。有朋友資於砥礪，簡編資於涵養，立志工夫，無此外而已。陽明子曰：「琴瑟簡編，學者不可無。蓋有業以居之，心便不放。」

「媥輕」條

薛敬軒曰：媥輕警惰，只當於心志言動上用功。

胡敬齋曰：學者之所患，最是惰與輕。惰則自治廢，輕則物欲恣。[七]只一「敬」字可以治之，敬即矯與警之道也。

「君子」條

首句蓋言君子固宜温恭柔順，然不必畏避誹謗，過爲柔媚軟弱。至於瞻視，亦自有度也。先發此語，而後言柔之有益也。

爲人剛行 「行」音笐，剛健也。子路「行行如」是也。

朋友之際，欲其相下不倦 陽明曰：「處朋友，務相下則得益，相上則損。」又曰：「與朋友論學，須委曲謙下，寬以居之。」愚謂：宜與此條相互發。

「世學」條

「一事事」，俚語，一事一事之略也。

【校勘記】

[一] 凡四十一條 「凡四十一條」五字原無，據二松學舍大學藏寫本增。

[二] 當如雹之決 「雹」，二松學舍大學藏寫本作「雷」。

[三] 却因雜得外面言語來誘之聽所以就性上説 「之」，朱子語類作「化」；「性」，朱子語類

作「理」。

［四］然習於善以化氣質　「善」，二松學舍大學藏寫本作「性」。

［五］反責上下之心以自責　「下」字，二松學舍大學藏寫本無。

［六］按：自「問湛一」至「氣之欲」原無，據二松學舍大學藏寫本增。

［七］按：自「學者之」至「物欲恣」原無，據二松學舍大學藏寫本增。

近思録欄外書卷六

家道類 凡二十二條[一]

「伊川」條

論語集注引此條，「弟子」上有「爲」字。

「幹母」條

易傳：「不可貞」，謂不可貞固，盡其剛直之道。「敗蠱」，只是敗壞，不專訓爲事。

「正倫」條

此語家人卦下傳也，非彖之傳。

「人之」條

「骨肉」，謂同體一氣。注「猶骨之於肉」，太鑿。

「歸妹」條

或謂：「故」，事也。「常故」，宜句。亦一說。

「世人」條

世人非不擇婦，然或擇姿色，或擇資裝，或擇權勢，而不知擇婦德，是所謂「忽」也。愚謂：壻出在外易見，擇之當相其頭角；婦人居室難見，擇之當察其家風。昔人亦有此言。

「人無」條

生日悲痛，程子蓋偶見唐太宗故事，遂有此説耳。愚竊謂：此恐難拘，但視我之心所感何如耳。吾感父母生我之劬勞，則固當廢宴，如太宗可也。若又感父母生我之歡喜，則置酒張樂，亦或無不可。人子以父母之心爲心，事亡如事存，生日乃父母歡喜之辰也。何用悲痛之爲？是亦一感也，故不必拘。

「問行」條

此條答問[二]，都是窮理之説也。後人認性命做高遠，却卑視孝弟。以理言之，性命之理，藏在孝弟中。孝弟性命，只是一統事。何卑何高？何輕何重？不特此，雖在灑掃應對之瑣末，亦是同一理。無有精粗本末之異，是不可不知也。後之談性命者[三]，别作高遠。故程子特舉孝弟之切近者，直以爲性命，言其爲同一理耳。然世亦有孝弟而不能盡性至命者，此則氣質之美，自然如此。但行而不著，習而不察，竟未能深造而知之也，故學貴窮理。此條全説窮理，而無窮理字，讀者宜致思焉。

饒雙峰曰：程子以理爲本，事爲末，謂事有大小精粗，而理無大小精粗。

「問第」條

第五倫事，未知其在當時事體如何。兄子有病，若看護無人，則雖十起而非私；其子有病，看護有人，則不起亦非私。於今竟不可識也。但程子因此事論其理，非論第五倫[四]。

「**又問視己**」止「**視之猶子也**」　「兄弟之子猶子也」[五]，蓋情則一體視之，非有間隙，但稍有差等耳，「猶」字可翫。

「又問天性」止「況聖人乎」　天叙有典，五倫皆天性也，然其所本則在父子。餘雖有差等，而其爲天性則一也，故謂之有間則不可也。自本而推之，其情之輕重，所争些子耳。

君子以兄弟異形，恐其有間，故視爲手足同體之仁也。常人則不然，因其異形，又於己之子與兄弟之子，尤生異同，皆小看之私也。此條學者宜深體察之。君子推萬物一體之仁，工夫下手處，正在於此。

「問孀」條

出婦於前夫義絶，嫁固可矣，娶亦無不可。孀婦則義不絶，嫁娶兩失節也。世儒一概謂婦人不可再嫁，則無出婦、孀婦之辨，甚誤矣。然世往往有孀婦真怕寒餓再嫁者，在賤人不必深責，但在士君子［六］，則斷斷不可而已。

「病卧」條

「病卧於床」，泛指家人，而意重在親。「知醫」，猶知人。言知醫人之巧拙能否，或釋爲知醫事，謬矣。

此條爲伯子語。

「買乳」條

「二子乳」，即二乳母也。「不爲害」，一乳雖死，一乳尚存也。「若」已下一轉，若不然，惜少費，止一乳，至於殺人之子，是則致誤也，爲害非細矣。

「先公」條

此條爲伊川文集先公太中家傳節略。公爲太中大夫，故稱太中。父爲官而舉其子，謂之「任子」，即受父蔭也。

從女兄　乃劉氏之女，諸父母之子，年長於我者。

取甥女以歸嫁之　語類：問：「取甥女歸嫁一段[七]，與前孤孀不可再嫁相反，何也？」曰：「大綱恁地，但人亦有不能盡者。」

侯夫人事舅姑　已下爲上谷郡君家傳節略。

從叔　夫之叔，夫之弟[八]。

男子六人　本集長應昌，次天錫，皆幼亡。次顥，次頤。次韓奴，次蠻奴，二人皆夭。

絮羹　小學注謂：羹無味，就器調和之。

雖直不右　「右」，是尊尚而佑之之意。

「斯干」條

「不要厮學」[九]。「厮」、「相」同，小學作「相」。

「人不」條

張子看「爲」字做「行」字。

「婢僕」條

施璜虹曰：此言御婢僕之法。婢僕就役于人者，當其始至，本懷勉勉敬心，似可久服役者。然必常提掇，方能更加勤謹。提掇者，常常警策教誨之，寬嚴得中，恩威相濟，庶幾不棄其本心。若怠慢縱弛，則喪其本懷矣。故張子以「仕者入治朝則德日進，入亂朝則德日退」爲比，全在用婢僕者，知所提掇耳。

【校勘記】

［一］凡二十二條　「凡二十二條」五字原無，據二松學舍大學藏寫本增。

［二］此條答問　「答問」，二松學舍大學藏寫本作「問答」。

［三］後之談性命者　「談」，二松學舍大學藏寫本作「於」。

［四］非論第五倫　「論」原作「倫」，據二松學舍大學藏寫本改。

［五］兄弟之子猶子也　「子」原作「人」，據二松學舍大學藏寫本改。

［六］但在士君子　「君子」，二松學舍大學藏寫本作「大夫」。

［七］取甥女歸嫁一段　「歸」原作「婦」，據朱子語類改。

［八］夫之叔夫之弟　「夫之弟」三字原無，據二松學舍大學藏寫本增。

［九］不要斷學　「不要斷學」四字原無，據二松學舍大學藏寫本增。

近思録欄外書卷七[一]

出處類 凡三十九條[二]

「履之」條

程子曰：「「素履」者，雅素之履也。

交戰于中　交戰既是動，安得安履乎？不必謂「欲貴之心勝」。

「蠱之」條

注「張良、疏廣」　張良晚從赤松子游，疏廣晚與兄子受相隨出關歸老[三]。

注「徐孺子、申屠蟠」　後漢徐穉，家貧恭儉[四]，屢辟公府，不起。申屠蟠，隱居精學，處亂末，全高志。

注「嚴陵、周黨」　嚴子陵，後漢光武舊友，不仕，終於富春山中。周黨，王莽時守節不仕，建武中徵，並不到。

「遯者」條

王允、謝安　後漢王允，當董卓時，卓尚留洛陽。朝政委之於允。允矯性屈意，每相承附，卓亦推心不疑，故得扶持王室於危亂之中。晉謝安爲吏部尚書，孝武立，政不自己。恒温威振内外，安盡忠匡翼，終能輯穆。

「晉之」條

「在下而始進」，是「晉如」也。「豈遽能深見信於上」，是「摧如」也。「安中自守」，是「貞吉」也。「雍容寬裕，無急於求上之信」，是「罔孚，裕无咎」也。汲汲急於進，悻悻急於去，是「裕无咎」之反也。

又案：初六在下，非中正。「安中」，恐「安下」之訛。安下，蓋坤德也。或云「中」字是「正」字訛，更審之。

「始進未受命當職任」[五]，即象傳「裕无咎，未受命也」之意。「爲之兆」，據孟子謂可去而未遽去也。朱子曰：「兆，猶卜之兆，蓋事之端也。」注謬。

「不正」條

睽六三小象：「『見輿曳』，位不當也；『无初有終』，遇剛也。」「不正而合」，釋「輿曳」。「合以正道」，釋「有終」。蓋六三居非其位，久而必離也，終必與上九遇，則無終睽之理矣。

「寒士」條

困九四：「來徐徐，困于金車。」「寒士之妻，弱國之臣」，蓋以之矣。

「鼎之」條

注「**荀彧**」　荀彧，後漢書、三國志並有傳。彧有王佐才，然一失身於曹操，雖死無補也。詳見本傳。

「士之」條

艮六二「艮其腓」，處下位也。「不拯其隨」，分當然也。程傳如是看。

「中孚」條

「志有所從，則是變動」，即是有他不燕也。

「門人」條

全書此條爲游定夫所録。而首四句，作「人有習他經，既而舍之習戴記。問其故，曰決科之利也」二十一字。「先生曰」已下，與此同。末又有注曰：「一本云『明道知扶溝縣，伊川侍行，謝顯道將歸應舉。伊川曰，何不止試於大學？顯道對曰，蔡人鮮習禮記，決科之利也。先生云云，顯道乃止，是歲登第』。」注云：「尹子言其詳如是。」

「大凡」條

此條與「聖人吾不得而見之矣，得見君子者斯可矣」相類。蓋衰世不得已之慨也。

「趙景」條

「皆本於利」[六]。陽明每以佛爲自私自利，爲其絶滅人倫也，却是義外也。與程子此意同。程子早已一句道盡。

「問邢」條

邢恕後來狼狽，或斥其説蔡京變熙豐法事歟。當時程門多疑伊川涪州之行，亦恕譏之。其實未必然也。程子猶以前意待之，但曰「義理不能勝利欲之心」耳。是見其心明察而渾厚，不忍疑故舊，殆與孔子待公伯寮相類。

全書此條前有一節，曰：「謝某曾問涪州之行，知其由來，乃族子與故人耳。注：「『族子』，謂程公孫。『故人』，謂邢恕。」先生答云『族子至愚，不足責。故人情厚，不敢疑。孟子既知天，安用尤臧氏』？因問『邢七雖爲惡，然必不到更傾先生也』。先生曰『然，邢七亦有書到某云，屢於權宰處言之，不知身爲言官，却説此話，未知傾與不傾，只合救與不救，便在其間』。」〔七〕

「謝湜」條

謝湜，淵源録不載其名。今案：所問答似爲程門，但無考耳。條末全書有注，曰：「一本云『湜不能用』。」

「先生」條

「牒」，是官府移文，書板也。「支」，是分付也。「索前任曆子」，欲照前式也。曆子，即給料錢曆。歷記月日，故以曆稱。「自爲出券曆」，謂使程子自出券書也。「恩例」，即封廕也。「本分」，猶言常調也。

「伊川」條

陽明文章軌範序曰：「蓋士之始相見也必以贄，故舉業者，士君子求見於君之羔雉耳。羔雉之弗飾，是謂無禮。無禮，無所庸於交際矣。」愚謂：程子所云「責天理而不修人事」，即羔雉之弗飾也。

「問家」條

傳習録：或問：「爲學以親故不免業舉之累。」先生曰：「以親之故而業舉爲累於學，則治田以養其親者，亦有累於學乎？先正云『惟患奪志』，但恐爲學之志不真切耳。」

「横渠」條

似述世風　「似」，嗣也，周頌「以似以續」之「似」。

注「八病」　一平頭，二上尾，三蜂腰，四鶴膝，五大韻，六小韻，七旁紐，八正紐。

「人多」條

「稍動得」，謂以富貴勢利動之。

【校勘記】

［一］按：卷次前，底本原有「近思録欄外書下帙」、「一齋居士稿本」十四字。

［二］凡三十九條　「凡三十九條」五字原無，據二松學舍大學藏寫本增。

［三］疏廣晚與兄子受相隨出關歸老　「隨」，二松學舍大學藏寫本作「從」。

［四］家貧恭儉　「貧」，二松學舍大學藏寫本作「素」。

［五］始進未受命當職任　「始進」二字原無，據二松學舍大學藏寫本、葉采近思録集解元刊

本補。

〔六〕皆本於利　「皆本於利」四字原無，據二松學舍大學藏寫本增。

〔七〕按：自「全書此條」至「便在其間」，二松學舍大學藏寫本置於下條之下。

近思録欄外書卷八

治體類 凡二十五條[一]

「濂溪」條

端本在誠心，善則在和親，全然是大學古本之意。

釐降二女　周子於「釐降」二字，着出誠意，引「二女同居，志不同行」，極巧。依周子意，謂虞舜父頑母嚚象傲，既已難處矣。今復以二女益之，尤見其難調停[二]，即所謂「試」也。虞書本意，未見其必然，但濂溪意如是耳。

復其不善之動　即餘姚格物，「正其不正以歸於正」之意也。周子曰：「誠無爲，幾善惡。」「誠無爲」，即無善無惡心之體是也。「幾善惡」，即有善有惡意之動是也。此所云「復其不善之動」，則是著力用功，爲善以去惡，故以爲格物之事耳。

「明道」條

此條論王霸劄子。

神宗今不須闕字，可也。舊本誤沿。

依仁義之偏　「依」，猶言依托，與論語「依於仁」之「依」不同。「偏」，是一偏，非仁義之全體。

「易所謂」止「以千里」　小戴經解引易曰：「君子慎始，差若毫釐，繆以千里。」陳氏曰：「緯書之言也。」

三代已下，無此議論，或有此議論而無此人，惜乎神宗之不終用也。

「伊川」條

此條上英宗書。

不狃滯於近規　「近規」，只是近世規則，猶言近例，注以爲「淺近」，或引國語「近臣盡規」，並誤。

「比之」條

「暴其小仁」　「暴」，是表暴，謂故顯之也。

「古之」條

餘姚拔本塞源論，可謂詳盡無餘蘊矣。然其所論所歸，不出於此條之範圍，學者宜反覆而得其意。

「凡天」條

「一國」，宜句。「一家」，屬下句。

「大畜」條

「總攝」、「機會」，皆要也。

刑教日施　「刑教」之「教」，「殺」字訛，易傳作「殺」。

「解利」條

注「張柬之」止「則亦晚矣」〔三〕　張柬之舉兵討武氏之亂，獨遺武三思，後爲武三思所殺矣。

「夫有」條

「**非能爲物**」止「**其所而已**」　「止」，是自然。「作」，是作爲。

「天下」條

唐虞不傳於子而傳於賢，季年又使之居攝敷治。往古來今，無此典故，即所謂「通其變於未窮，不使至於極」者也。

「爲民」條

注「孟仲子曰是禖宫也」　詩正義：孟仲子曰「是謂禖宫」，蓋以姜嫄祈郊禖而生后稷，故名姜嫄之廟爲禖宫。

「爲政」條

此條宜分爲兩節看。前節言治法，后節言治道。治法在紀綱文章，周官制度不可闕。治道在親親尊賢，宜推此心，公以致之遠。「人各」二句，屬後節。

朱子曰：所謂文章者，便是文飾那謹權審量、讀法平價之類耳。

施璜虹曰：此言聖人爲政，只是一片太公之心。蓋其心之所存所發，莫非真實無妄之理，而無一毫人欲之私，故廓然太公，物來順應。如立綱陳紀，文法章程，有司、鄉官之類，皆用太公之心爲之。又使人各親其親，各長其長，因天下之賢，以舉天下之賢。此心何等太公！故曰「一心可以興邦」，太公之謂也。

金仁山引王文憲曰：一蔽於小，其害或至於此而不難。故程子極言之，以警學者。

蔡虛齋曰：只是以用心之大小爲公私。

「治道」條

「不救則已」以下，蓋就時事言，似斥荆公新政。大變大益，小變小益，非指祖宗法。

「唐有」條

唐高祖武德七年，丁中之民，給田一傾，篤疾減十之六，寡妻妾減七，皆以什之二爲世業。武德二年，置十二軍，分統關内諸府，皆取天星爲名。每軍將副各一人，督以耕戰之務。唐制，有田則有租，有身則有庸，有户則有調。貞觀元年二月，分天下爲十道。

「君仁」條

「離是而非」[四]，仁是而不仁非，即下文「非心」之「非」也。

「昔者孟子」止「其孰能之」 施璜虹曰：此言格君心之非，則萬事可從而理。人君有一念私邪，必將害於其致，故大人正君之道，必先攻其邪心。心也者，帝王出治之大本。易曰：「正其心，萬事理。差之毫釐，失之千里。」故大人以格君心之非爲第一切要之先務。君心之非，非一端，莫難强如怠心，莫難制如慾心，莫難降如驕心，莫難平如怒心，莫難抑如忌心，莫難開如惑心，莫難解如疑心，莫難正如偏心，故必隨其非而格之。格之之道，攻之以言難爲從，感之以德易爲化，故非大人莫之能。然欲格君心之非，先格自心之非，亦惟大人爲能之。故能格其非心，使無不正也。

「孟子見齊王而不言事」，見荀子大略篇。

「答范」條

施璜虹曰：此言學術政術，不可分而爲二也，分而爲二，則學與政皆非矣。孔孟之學術，即孔孟之事功。明德爲本，新民爲末，原是一貫[五]。有全體，必有大用。有天德，然後可以行王道也。君相以父母天下爲王道，則愛百姓如赤子。制田里、薄賦斂以富之，興學校、明禮義以教之，必不爲秦漢之慘刻少恩，必不爲五霸之假義圖利。誠愛之心，懇惻切至，則治德日新，所任之人皆良工[六]。今日之政術，即平日之學問，非有二心也。

【校勘記】

[一]凡二十五條　「凡二十五條」五字原無，據二松學舍大學藏寫本增。

[二]尤見其難調停　「停」，二松學舍大學藏寫本作「定」。

[三]張柬之止則亦晚矣　「亦」下原有「既」字，據二松學舍大學藏寫本、葉采近思録集解元刊本删。

〔四〕離是而非　「離是而非」四字原無，據二松學舍大學藏寫本增。

〔五〕原是一貫　「原」字上，施璜五子近思録发明有「本末」二字。

〔六〕所任之人皆良工　「工」，施璜五子近思録发明作「士」。

近思録欄外書卷九

治法類 凡二十七條〔一〕

「濂溪」條

注「**朱子曰淡者理之發**」　施氏發明引此注，「理之發」作「禮之發」，「和之爲」作「樂之爲」。

通書：禮，理也。樂，和也。陰陽理而後和，萬物各得其理，然後和，故禮先而樂後。

優柔平中　通書小注：朱子曰：「優柔平中，『中』字，於動用上說。明道云『惟精惟一，所以至之。允執厥中〔二〕，所以行之』，即此意。然只云於動用上說，却覺未盡，不若云於動用上該本體說。」

愚案：「平中」，亦似「平和」之訛。

注「**朱子曰廢禮敗度**」　施氏引此注，「廢禮」作「縱欲」。

「明道」條

此劄子，神宗熙寧元年上，先生時爲監察御史裏行。

延聘敦遺 「遺」，送致也，言具其禮而延聘之，豐其資以送致之也。

漸摩成就之之道 「摩」一作「磨」，本集無一「之」字。

「自鄉人而可至於聖人之道」，即大學之道也。

縣升之州 「縣」，縣學。「州」，州學。遂賓興於大學，所謂三學也。「凡」已下，泛言選士之法。

「論十事」條

此已下十條注，皆劄子本文也。

注「友臣之義」 酒誥云「大史友，內史友」，是君有所友也。

注「五官不修，六府不治」 「五官」[三]，曲禮曰：「司徒，司馬，司空，司士，司寇。」「六府」[四]，又曰：「司土，司木，司水，司草，司器，司貨。」

「**生民之理**」止「**可改**」 「理」，是治理。「窮」，謂窮極不通。凡物窮則變，變則通，天之道也。故雖先王之法，至於此則可更張以隨時宜，乃是先王之道然也。

胡敬齋曰：今人多言古道不可行於今，此乃見道不明，徇俗苟且之論。古今之道一也，豈有可行於古不可行於今？但古今風氣淳漓不同，人事煩簡有異，其制度文爲，不無隨時斟酌而損益之。若道之極乎天地，具於人心者，豈有異哉？不能因時損益以通其變者，正爲道不明也。孔子所謂「百世可知」者，豈欺後世哉？故明道十事，皆言非有古今之異者也。

「伊川」條

存畏慎之心　「畏慎之心」，如不登高，不臨深，慎其疾病，節其動静等，皆是。

薛敬軒曰：伊川經筵疏，皆格心之論。三代已下爲人臣者，但論政事人才而已，未有直從本原，如程子之論也。

「看詳」條

「三學」，蓋謂縣學、州學、大學。或曰：謂大學、律學、武學。此説未審出處。

當時之制，郡國始至者，就外舍。每月試外舍生，升補内舍，謂之私試。每歲試内舍生，升補上舍，謂之公試。下文「三舍升補」即是也。

國學解額 陳選曰：「解」，猶貢也。「額」，猶數也。

皆案文 「文」，是「文法」之「文」，非試藝之「文」。

「明道」條

施璜虹曰：此言明道先生爲邑令之賢範也。河間劉氏曰：「先生爲政，條教精密，而主之以誠心。爲令晉城之年[五]，民被服先生之化，暴桀子弟，至有恥不犯。先生去官已十餘年，民有聚口衆而不析異者。問其所以，云『守程公之化』也。其誠心感人如此。」

「萃假」條

祭祀爲報，本於人心之自然。聖人從爲之節文，以成其德。「德」字，只是「心」字。豺獺非有心於祭，然其如有祭者，出於其性。援此以證其理之爲自然。

「古者」條

小雅采薇，朱子集傳引此語，「中春」下有「至春暮」三字。案：「至」字句，屬上文。言過十一月許歸，而未至於家。比明年仲春，乃能至於家也。「春暮」字，屬下文。

「聖人」條

施璜曰：人君一身，其動静皆與天地相關，故聖人無一事不順天時。冬至一陽初復，陽氣甚微，故閉道路之關，使商旅不行，王公於是日亦不巡省方國，上下皆安静，以養微陽也。

「韓信」條

孫子曰：「凡治衆如治寡，分數是也。」程子蓋本於此。王伯厚云。[六]

「伊川」條

施璜曰：亞夫堅卧不起，知其無事也。然主將之心静定，未能使軍中人皆静定，而猶夜驚。故曰「未盡善也」。

「管攝」條

「收」，謂團之一所也。

別子之庶子，其長子繼己而立，則其同父之兄弟宗之，是謂繼禰之宗。傳及其孫，則同祖之兄弟宗之，是謂繼祖之宗。及其曾孫，則同曾祖之兄弟宗之，是謂繼曾祖之宗。及其玄孫，則同高祖之兄弟宗之，是謂繼高祖之宗。此皆小宗也。節録舊説。

「又曰」條

此條宋本、發明本，並與前條合。

人家有存殁，有變遷，須要年年檢省，無或怠忽，是工夫也。

「宗子」條

「拘守」，只是固守。廟院制未詳，蓋祠堂而大，太宗主之，而小宗守之者歟？「祖業」，是田宅、園林、桑麻，凡家儅傳來者皆是。

「凡人」條

程子曰：「宗會法今不傳，岑參有韋員外家花樹歌。」王伯厚曰：「韋員外失其名，岑詩見一門花萼之盛。」

「冠昏喪祭」條[七]

注「以下皆本注」　是朱、吕本注，非指本集自注。

「卜其」條

自郭璞著葬經，而其説後世益盛，至宋尤甚，故有此言。

惟五患者，不得不愼　南豐謝約齋曰：「程子有五患，不得不愼。余今更有六戒：一戒僻遠，一戒舊穴，一戒術謀，一戒旁冢雜亂，一戒不試驗，一戒淺殯。能免五患，遵六戒，則不遠矣。」

「正叔」條

注「受無邊波吒之苦」　「波吒」，梵語，即劫也，翻無數時。

「今無」條

相如使蜀時，長老多言通西南夷之不爲用，相如著書詰難之。見於本傳。

「故曰」，引白虎通。

「奪」，謂爲己有也。注以「移」字釋之，釋其意也。左傳：「天子建德，因生以賜姓，胙之土，而命之氏。」與此相類。

注「命之胙」 建置社稷曰「胙」。

「邢和」條

邢恕推服明道如此，而於伊川則蓋有所未滿者[八]，故社友多責其叛師耳。然恕不足責，但於此足覷伯、叔兩子之優劣。

「介甫」條

「八分書」，體混篆隸，言篆二分隸八分也。荆公以律爲八分書，意謂今法十之八，古法廑存二分，蓋謗其與古法相遠也。愚意與注反。

「肉辟」條

漢文已後，肉刑獨存宫刑，歷代沿之，而死刑却多。程子則欲復肉刑以寬民之死，是見律之爲八分書也。上失其道，民散久矣。每有讞議，當常存此念耳。

「散之久」，二「之」字似可羨。

「呂與」條

亟奪富人田　「亟」，有苛急之意。

買田一方　宋神宗時，以方千步爲一方，此時步方五尺也。

敦本抑末　「本」，是農務。「末」，是末作。

「古者」條

「**古者有**」止「**而同財**」　喪服傳語。

儀禮卷十一喪服傳[九]：有東宮，有西宮，有南宮，有北宮。異居而同財，有餘則歸之宗，不足則資之宗。

疏釋曰[一〇]：案内則云：「命士以上，父子異宮，不命之士，父子同宮。」縱同宮，亦有隔別，亦爲四方之宮也。

喪服傳曰：昆弟之義無分，然而有分者，則辟子之私也。子不私其父，則不成爲子，故有

東宮。[一一]

「又異宫」止「不成爲子」　喪服傳語。

有逐位　「逐位」，只是各局，如障屏隔斷，亦是逐位。

「治天」條

「周道止是均平」，語本詩句，而意則不同，蓋借言周家之道。

【校勘記】

[一]凡二十七條　「凡二十七條」五字原無，據二松學舍大學藏寫本增。

[二]允執厥中　「執」原作「孰」，據二松學舍大學藏寫本、尚書改。

[三]五官　「五官」二字原無，據二松學舍大學藏寫本增。

[四]六府　「六府」二字原無，據二松學舍大學藏寫本增。

[五]爲令晉城之年　「之」，施璜五子近思録發明卷九作「三」。

[六]孫子曰凡治衆如治寡分數是也程子蓋本於此王伯厚云　「孫」上，二松學舍大學藏寫本有「困學紀聞曰按」六字；「曰」字、「王伯厚云」四字，二松學舍大學藏寫本無。

［七］冠昏喪祭條　「冠昏喪祭條」五字原無，據二松學舍大學藏寫本增。

［八］而於伊川則蓋有所未滿者　「有所未滿者」，二松學舍大學藏寫本作「不親炙之」。

［九］儀禮卷十一喪服傳　「卷十一」三字原無，據二松學舍大學藏寫本增。

［一〇］疏釋曰　「釋」字原無，據二松學舍大學藏寫本增。

［一一］按：自「喪服傳曰昆弟」至「東宮」，二松學舍大學藏寫本置於下節。

近思録欄外書卷十

政事類 凡六十四條[一]

「伊川」條

此條節録元祐元年上太皇太后書。

擊鐘之喻，出於家語。

「答人」條

丘，衆也。「丘民」，只是衆民。注據「四甸爲丘」，恐拘。孟子集注則泛釋爲田野之民。

「能守」，以語意考之，「能」字，恐爲字訛。

「明道」條

「法所拘」，謂於法有拘礙，大意蓋謂明道所爲，頗出法外，不爲法所縛。

「伊川」條

乾陽上升，坎水下注，是違行也，不指西運東流。「交結」，謂交際納結，不斥親戚。

「師之」條

注「所謂將」止「不受是也」　史記司馬穰苴傳文。

「世儒」條

成王賜魯以天子禮樂，明堂位有此事，而程子疑以爲非。注「孔子」，當作「程子」。

「人心」條

易傳：「出門」，謂非私暱。

「坎之」條

「用缶」，宜專屬「簋貳」。考工記：「旊人爲簋。」賈疏「用瓦簋尚質」是也。易傳曰：「納約」，謂進結於君之道。

注「一樽」止「至也」　易傳語。

其蔽也故爾　「故爾」，謂故習如此也。

「**非唯告**」止「**亦然**」　施璜虹曰：善教者亦然，善化導其民者亦然[二]。

成德達才　朱子曰：德，天資純粹者；才，天資明敏者。

「遯之」條

前「小人」，是下賤臣僕；後「小人」，是奸惡鄙夫。

「睽之」條

程傳「天理」作「人理」。「有時而獨異」下，有「蓋於秉彝則同矣，於世俗之失則異也」十五字。「同而能異耳」下，有「中庸曰和而不流是也」九字。

「初九」條

「見惡人則无咎也」[三]。程傳曰：「惡人」，與己乖異者也。見者，與相通也。

「九二」條

「宛轉」，即委曲意，貼「巷」字。

「益之」條

「由徑」。通行易傳、發明本，並作「曲徑」，獨折中本作「由徑」，「由徑」似是。

「在上所任」，謂在上者所任於己，非謂在上者所自任。

「革而」條

因循苟且之弊，有宜復古者。此則與改作自別也，須辨明。

「漸之」條

象傳曰：「利用禦寇，順相保也。」程傳據此，順即外巽之德也。

「旅之」條

人之處世，猶旅也。鄙猥取災，自高致困，宜移以爲平生之戒。

「周公」條

危疑之地，謂管、蔡流言[四]，居東三年之時。

「採察」條

「採察求訪」，經説謂小雅皇皇者華之意。遺書上文曰：「天子遣使四方，以觀風俗[五]，采察善惡，訪問疾苦，宣道化於天下。」則「採察」宜指善惡，但不曰「訪問」，而曰「求訪」，則此注「求訪賢材」[六]，似爲允。施氏亦曰：「皇華之詩，君教使臣曰『每懷靡及，諏謀度詢，必咨於周』。蓋以補其不及，而盡其職也。」

「明道」條

周道通舉明道此語問陽明先生曰：「氣象何等從容！嘗見先生與人書中亦引此言，願朋友皆如此，如何？」先生答曰：「極是，極是。願道通遍以告於同志，各自且論自己是非，莫論朱、陸是非也。以言語謗人，其謗淺。若自己不能身體實踐，而入耳出口[七]，呶呶度日，是以身謗也，其謗深矣。凡今天下之論議我者，苟能取以爲善，皆是砥礪切磋我也，則在我無非警惕修省進德之地矣。昔人謂攻吾之短者是吾師，師有可惡乎？」

施璜虹曰：介甫亦言感賢誠意，甚服明道先生也。

「天祺」條

張戩字天祺，横渠之弟也，監鳳翔府司竹監，有自然德氣，似貴人氣象。在司竹，舉家不食筍。見淵源録。

「因論」條

「要」字，宜蒙到章末。「他頭」，俚語也。「他」，指其事。「頭」，謂初頭[八]。兩「須」字，與

「要」字呼應，並要其宜然之意也。或拘自注引荆軻事，釋「要他頭」爲得其首，則可謂誤甚矣。遷史：荆軻謂樊於期曰：「願得將軍之首以獻秦王，秦王必喜見臣，臣手揕其胸，則將軍之仇報，而燕見陵之愧除矣[九]。」樊於期自頸[一〇]。

「須是」條

此條是象山事上鍊磨之所淵源。「蠱」，事也。「振民育德」，即是多少實事實學，何必讀書而已乎？「知」，是心之覺；「能」，是身之用。都於事上做工夫，非如聞見之學之淺也。

「先生」條

「忙迫」，畢竟是不敬，事皆誤矣。張參政曰：「世間甚事不因忙後錯了。」陽明曰：「今人於喫飯時，雖無一事在前，其心常役役不寧。只緣此心忙慣了，所以收攝不住。」兩條可與明道此問答相互發。

「安定」條

此條小學以爲伊川語。近思係文公親撰，故以明道爲定。

「職事」條

「不可」字，是「勿」字意，非「不能」字意。

「居是」條

「居是邦」八字，見於荀子子道篇〔一二〕。

「欲當」條

「篤實」，是地德，曾子所云「弘毅」，即是也。

「凡爲」條

愚嘗謂「處事平心易氣，人自服。纔動於氣，便不服」。與此意符。

「居今」條

有志於治務者，最宜會此意。讀書人多不達於事體，動欲泥古變今，所以誤事也。如邦俗養子承後，葬於佛寺諸件，畢竟不可更改。

「今之」條

「監司」，是按察使、勸農司之類[一二]。「州縣」，是州尹、縣尹之類。

「伊川」條

「憫之」下，全書注：「一作『欲簡』。」程子所指「人事」，謂不可免之人事，然世人往往有可不必爲而爲之，乃自訴多事者，所謂生事而事生，是則可省耳。薛敬軒每每言「清心省事」，是也。

「感慨」條

「從容就義」，程子本意蓋指殉節者，平巖説是也。南軒所説，恐非程意。

「或問」條

此條蓋爲主簿言之如是也。然縣令得其人，則主簿亦豈有抵牾乎？令、簿一和，而諸政可舉矣。以「誠意動之」一語，是上下緊要訓言。

「問人」條

今人有所見　「今人」，蓋指今所稱有學人，非指尋常鄉人。

「人纔」條

宋太宗淳化四年置審官院。分注曰[一三]：「初帝慮中外官吏清濁混淆，命官考課，號磨勘院，至是改爲審官院，掌審京朝官。」仁宗慶曆三年定磨勘法。

程子四世祖名羽，贈太子少師，典舉事。今不可考，必有不避嫌事。明道行狀曰：「神宗嘗使推擇人材，先生所薦數十人，而以父表弟張載暨弟頤爲首。」本注蓋指此事。

「君實」條

程子以至公之心，行至公之道，即薦所知一人，亦當無害。而温公再問，終不言，何邪？愚案：「雖有其人何可言」，則語氣似有其人。其人或是伊川自擬耳，所以終不言。施氏「不得其人」，故不言，恐不然。

「先生」條

韓持國，魏公之子，蔭補事仁、英、神三宗[一四]。范夷叟，文正之子，純仁之弟。此條全書兩出，語多異同。

「客將」，是將率來客者，典謁一名也。全書一處作「典謁」。「上書」，即下文所云「求薦章」也。「大資」，謂大官，韓時爲門下侍郎。「將爲」一作「將謂」，猶言以爲。

或曰：「客將」，俗語，蓋門客爲武官者。未審是否。

只爲正叔　「正叔」下，全書注：「一作『姨夫』。」

「先生因言」條

「先生因言」，蓋因前事而言及之也。檢全書，此前有「供職」一條，故曰「因言」。前條曰：先生初受命，便在暇。欲迤邐尋醫，既而供職。門人尹焞深難之，謂供職非是。先生曰：「新君即位，首蒙大恩，自二千里放回，亦無道理不受。某在先朝，則知某者也。當時執政大臣皆相知，故不當如此受。今則皆無相知，朝廷之意，只是怜其貧，不使饑餓於我土地。某須領他朝廷厚意，與受一月料糧[一五]。然官則某必做不得。既已受他誥，却不供職，是與不受同。且略與供職數日，承他朝廷善意了，然後惟吾所欲。」

「只第一件」，指下文申狀，蓋就職時申狀轉運司以乞廩食也。「做他底不得」，謂不能爲此事也，即不曾簽是也。此條大意與「出處類」所載，在講筵不請俸、不乞恩例相類[一六]。

頤不曾簽　蓋轉運司外職不重，而利權却在此，故京官皆下之，伊川獨不下也。「簽」，文字也，謂署而押之。

「**國子監**」止「**朝廷官**」　國子監，與聞禁中政事，臺省、御史臺、尚書省之類，爲朝廷官，職掌並重，在轉運司之上，故辨尊卑如此。

「學者」條

陸象山嘗謂「宇宙内事物皆吾分内事」[一七]。蓋亦此條之意。

「人無」條

注「**蘇氏**」　蘇端明説，朱子於論語亦引此。愚則謂蘇學自是一種，語雖巧妙，意在揣摩。洛、蜀不相容，今援此語，恐非伊川之意。

「聖人」條

聖人責己也厚，責人也薄，故見其緩而已。以人治人，改而止，即欲事正也。又隱惡而揚善，惡訐以爲直，即無顯人過惡也。

「劉安禮」條[一八]

「格」，正也，兼感格。陽明於大學亦以「正」訓，但「物」字所指爲異耳。

「人所」條

正以在「止」**作事**」「正以」句，與上文不相接，似有脱誤，更審之。「正以」至「之病」，宜一氣讀。「消則」二句，狀胸中相戰之意。

有志概者「志概」之「概」，與「概量」之「概」同，非「感慨」、「慷慨」之「慨」。

「姤初」條

怗息「怗」，「帖」訛。帖，安也。

「**照察少不至**」止「**失其幾也**」　光王怡，憲宗之子也。武宗疾篤，宦官密於禁中定策，以皇子冲幼，立怡爲皇大叔，李德裕罷。

「人教」條

此條廑是蒙師之益，義理甚淺，似可不必采録。

【校勘記】

〔一〕凡六十四條　「凡六十四條」五字原無，據二松學舍大學藏寫本增。

〔二〕善化導其民者亦然　「化」原作「貨」，據二松學舍大學藏寫本、施璜五子近思録發明改。

〔三〕見惡人則无咎也　「見惡人則无咎也」原無，據二松學舍大學藏寫本增。

〔四〕謂管蔡流言　「謂」，二松學舍大學藏寫本作「指」。

〔五〕天子遣使四方以觀風俗　「天子遣使四方以」原無，據二松學舍大學藏寫本改。

〔六〕則此注求訪賢材　「注」，二松學舍大學藏寫本作「法」。

〔七〕而入耳出口　「而」下，二松學舍大學藏寫本、王陽明全集有「徒」字。

〔八〕謂初頭　「謂」，二松學舍大學藏寫本作「指」。

［九］而燕見陵之愧除矣　「見陵」二字原無，據二松學舍大學藏寫本增。

［一〇］樊於期自頸　「樊於期」原作「軻」，據二松學舍大學藏寫本改。

［一一］見於荀子子道篇　「子道篇」三字原無，據二松學舍大學藏寫本增。

［一二］是按察使勸農司之類　「是」，二松學舍大學藏寫本作「者宣撫使」。

［一三］分注曰　「分注曰」三字原無，據二松學舍大學藏寫本增。

［一四］蔭補事仁英神三宗　「蔭補事仁英神三宗」原無，據二松學舍大學藏寫本增。

［一五］與受一月料糧　「糧」，二程遺書卷十九（二程集中華書局一九八一年版）作「錢」。

［一六］不乞恩例相類　「恩」下，二松學舍大學藏寫本有「一」字。

［一七］陸象山嘗謂宇宙内事物皆吾分内事　「吾」，二松學舍大學藏寫本作「己」。

［一八］劉安禮條　「條」原無，據二松學舍大學藏寫本增。

近思録欄外書卷十一

教學類　凡二十一條[一]

「濂溪」條

爲隘　隘似柔，今屬剛者，指執拗拒物之類。

爲順爲巽　柔承於物，爲順；柔入於物，爲巽。

「**惟中也**」止「**事也**」　剛善、柔善，善之著於事者也，陰陽也，用也。唯中不見形迹，即至善，即無極而太極也，體也。體用一源，故曰「中也者，和也，中節也」。中庸分説中和，而通書合而一之，發揮體用一源之旨。

「**故聖人**」止「**止矣**」　修道之謂教，聖人設戒懼慎獨之教，即立教也。使人自易其惡，變善爲惡，前所云剛柔之善惡也。「自至其中」，遂復於至善本體，前所云中之和也。爲之工夫者非他，皆存於自。「自」，即己也。宜自克而自復也，故易惡者曰「自」，至其中者亦曰「自」。兩

「自」字，尤見著功緊要處。聖人立教之方，不過如此而已。

「觀之」條

觀其所生 程意認「生」字爲作用。

故安然 「安然」，貼象傳「平」字。

「聖人」條

事上臨喪，不敢不勉 論語：「出則事公卿，入則事父兄，喪事不敢不勉，不爲酒困。」則「不敢不勉」，專就喪事言也，程意蓋兼指前二句。

「明道」條

念書，與背誦較不同。念書，思念經書，無意於誦而自然誦；背誦，則有意於誦，不必念及義理耳。

「書札」，只是寫字簡札。

傳習録曰：種樹者，必培其根；種德者，必養其心。欲樹之長，必於始生時删其繁枝；欲德之盛，必於始學時去夫外好。如外好詩文，則精神日漸漏泄在詩文上去，凡百外好皆然。

「胡安」條

「治道齋」，諸書多作「治事齋」。小學據歐集曰：「治事齋者，人各治一事，又兼一事，如治民、治兵、水利等數之類。」則作「治事」似是，豈初名「治道」，後改名爲「治事」歟？

「教人」條

「舞射」條

此條遺書爲伊川語。

「自灑掃應對上」〔二〕。「上」，是以上，非「裏」字意，與次條語勢同。

「伊川」條

班史：「董仲舒下帷講誦，弟子傳以久次相授業，或莫見其面。」案：漢代説經重傳，必謹守傳來訓詁，誦而授之。古風淳樸，可想也。且其曰「下帷」，曰「莫見其面」，則身在帷中而講誦之，亦可推也。後世則經師執經抗顔據上座，縱横捷辯，輕輕薄薄，唯多是貪，不似古者之簡質敦厚。故程子嘆之如此耳。

注「說見漢史」 或曰「說」字，恐「事」字訛。

「古者」條

「**蓋士農**」止「**士農判**」 「士農不易業」，言士農各有本業，不相易也。「既入學則不治農」，言農既入學，則不治農業而治士業也。「然後士農判」，言今爲士治士業，故與業農者判别不同也。

既入學則亦必有養 蓋言庶人之子，其在小學時，資養於父兄，及入大學，則後秀者，必受廩於學也。

只營衣食却無害 言志既定，於是營衣食於本分内以議生理，則無害也。

注「先生設教」 宋本「先生」作「先王」，是。

「天下」條

注「綴兆舒疾之文」 「綴」，舞者行位相連綴也。「兆」，位外之營兆也。

「横渠」條

「撙」字，鄭訓「趨」，不如陳之訓爲「裁抑」。

「明禮」者，講明之於心身，無一毫不盡之謂也[三]。「仁之至」，就心言，其效自感應上見之，如「克己復禮，天下歸仁」是也。「愛道之極」，就事言，風化及物，漸極弘大，如「一家仁，一國興仁；一家讓，一國興讓」是也。「已不勉明」，明即明禮，加一「勉」字，見著功緊切意，否則無效驗。如下文「無從倡」，應「仁之至」。仁，人心也。人我同體，我感人應，是人從而倡也，否則人無從倡。倡猶和也。「道無從弘」，應愛之極。風化及物，禮讓成俗，是道從而弘也，否則道無從弘。「教無從成」，我之仁即教也。禮達仁洽，是教從而成也，否則教無從成。四句反言以申禮不可不勉明耳。

「學記」條

生此節目　「節目」，謂艱澀條件。

勉率而爲之　「勉率」，謂勉而牽率之，屬施教者。

【校勘記】

［一］凡二十一條　「凡二十一條」五字原無，據二松學舍大學藏寫本增。

［二］自灑掃應對上　「自灑掃應對上」原無，據二松學舍大學藏寫本增。

［三］無一毫不盡之謂也　「之」原作「也」，據二松學舍大學藏寫本改。

近思録欄外書卷十二

警戒類 凡三十三條〔一〕

「劉質」條

此條宋本平頭。

質夫，程門高足，其「至迷復」之戒，足以補程傳之遺，故附於此。

「雖舜」條

「舜」當作「堯」。

注　「六五」當作「九五」。

「治水」條

方命 「命」，只是君命。書傳云：「猶今言廢閣詔令也[二]。」

「明道」條

「害亦不細」，謂其害大也。注謂「學亦不進」，似與本文不協，當改做「害亦莫大焉」。

「人以」條

「料」，是著意。「明」，是自然。自然則誠而先覺，著意則私而非覺，所以入於逆億也。

朱子曰：「詐」，謂人欺己。「不信」，謂人疑己。

「伊川」條

是非之心，固智之端也，累於私則爲機心。「心必喜」者，是機心也，非本體。

「疑病」條

是非之心受病，或成猜疑，是陰症也。或成周羅，是陽症也。並爲私欲昏矇乃爾。

「喜事」者，往往有爲他人冒出區處事者。「兜攬」，亦是俚語。兜，猶冒。兜攬，謂冒出攬取也。

「較事」條

愚謂：義亦有大小，義之大小，則不可不較[三]。

「做官」條

愚謂：仕而優則學，爲此也。

「邢七」條

「逐人面上説一般話」，全然是鄉原情態，可省可警。

「鄭衛」條

論語「鄭聲淫」，只是浸淫陷溺，不特指女色而已。本文曰「悲哀」，曰「留連」，曰「怠惰」，都是浸淫意思。至其曰「致驕淫之心」，則見淫於女色之意耳。「淫」字，宜如是看。

「孟子」條

反經，則愿而恭，君子也；不反經，則愿而鄉，小人也。施本「無作」下，分注曰：「一作『怍』。」愚案：「無作」，平巖以「無所主」釋之，未的。據孟子鄉愿謗狂猥[四]，自以爲是，而不可與入堯舜之道，則知心中無所怍而已。施本分注似是。

【校勘記】

[一] 凡三十三條 「凡三十三條」五字原無，據二松學舍大學藏寫本增。

[二] 書傳云猶今言廢閣詔令也 「書」，二松學舍大學藏寫本作「蔡」；「猶」上，二松學舍大學藏寫本有「方命」二字。

[三] 則不可不較 「則」字原無，據二松學舍大學藏寫本增。

[四] 據孟子鄉愿謗狂猥 「鄉愿謗狂猥」，二松學舍大學藏寫本作「狂狷謗鄉愿」。

近思録欄外書卷十三

辨異端類 凡十四條〔一〕

「明道」條

遷史曰：「老子周藏室之史。」索隱：「藏書室之史。張湯傳『爲柱下史』。蓋居藏書室之柱下，故呼爲柱下史耳。」

「楊氏」條

全書及孟子注，並作「楊氏爲我疑於義，墨子兼愛疑於仁」，是也。此録蓋原本誤寫，「仁」、「義」顛倒，所宜改訂。而平巖不深考，漫爲之説耳。

「明道」條

圓覺經：我今此身四大和合，所謂毛髮爪齒、皮肉筋骨、腦髓垢色，皆歸於地；唾涕膿血、涎沫津液、痰淚精氣、大小便利，皆歸於水。煖氣歸火，動靜歸風，四大各離。今者妄身，當在何處？

朱子曰：「四大，即吾儒所謂魂魄。」

「**故君子**」止「**之全也**」　蔡虛齋曰：孔子曰「我則無可無不可」。無可無不可者，以心言也，不以事言也。心則無可無不可，若事則當自有可不可在，安得無可無不可？曰「無適無莫也」，此無可無不可之説也。曰「義之與比」，則自有可與不可在矣。

「**彼釋氏**」止「**之有也**」　明道此語，蓋抑揚而言之。其實真能敬者，必能義者。真能義者，必能敬者，非二也。只就内外分言之耳。

「又曰」條

此條宋本平頭。

金剛經「應無所住而生其心」，即所謂「覺」也。然無義以爲之主，則真是無寸之尺，無星之秤而已。其本不是，蓋補前條之遺，所以附之於後也。

「兩」，即秤也，秤正斤兩，故秤謂之兩也。

「釋氏」條

王文成曰：夫目可得見，耳可得聞，口可得言，心可得思者，下學也。目不可得見，耳不可得聞，口不可得言，心不可得思者，上達也。如木之栽培灌漑，是下學也。至於日夜之所息，條達暢茂，乃是上達，人安能預其力哉？

「**孟子曰**」止「**則無矣**」　朱子以盡心知性爲知，以存心養性爲行[二]。程子則以盡心知性爲上達，以存心養性爲下學，故以存養一段爲竺氏所無也。至於孟子本意，則如王子所云：盡性知性，是聖人分上事；存心養性，是賢人分上事。此説畢竟不可易耳。

「**至誠**」止「**可化乎**」　施璜虹曰：不但人不可化，且相率而爲僞者矣，害莫大焉。所以吾儒之道，不出家而成教於國，與彼出家獨善之説，正相反也。

「學者」條

此條末語大意謂：學者宜屏絶釋氏，不讀其書，至斯學自信後，則假令讀之，亦不能亂我也。葉注考辨其失，本意稍左。

「所以」條

「皆有此理」，謂物物一太極，只爲從那裏來。「爲」字去聲。「那裏」，指理言，即太極也，謂物皆自太極生來。「他物不與有」，「他」，虚字，指物。「與」，去聲。

「人只爲」止「大快活」　「爲」字亦去聲，與「故」字呼應。「看得道理小了」，宜句。「他底」，屬下文，猶言其人。

「釋氏」止「源不定」　「釋氏以」，「以」字，蒙到「不得」字，與「故」字呼應。「爲心源不定」，「爲」字亦去聲。

心經，眼所見處，耳所聞處，鼻所臭處，舌所味處，身所觸處，意所思處，謂之六根界。色聲香味觸法，謂之六塵界。

負販之蟲　柳柳州蝜蝂傳曰：蝜蝂，善負小蟲也。行遇物，轉持取，昂其首負之。背愈重，雖困劇不止也。卒躓仆，不能起。人或憐之，爲去其負。苟能行，又持取如故。[三]

蝜蝂，或曰：神農本經作「蝜蟠」，即蟋蝜。倭名「和羅慈武志」是也。或曰：通雅作「蝜蝂」，即蜚廉。倭名「阿舞羅武志」是也。愚案：二説未知孰是，世稱本草學者，往往杜撰，漫充倭名，未可盡信，姑闕疑可也。

放下石頭　「石頭」，「頭」虚字，只是石也。

「人有」條

注「長生久視」　老子林希逸注[四]：久視，精神全，可以久視而不瞬也。

「問神」條

文成答陸元静書曰[五]：大抵養德養身，只是一事。元静所云「真我」者，果能戒慎不睹[六]，恐懼不聞，而專志於是，則神住氣住精住。而仙家所謂長生久視之説，亦在其中矣。神仙之學與聖人異，然其造端托始，亦惟欲引人於道，悟真篇後序中所謂「黄老悲其貪著，乃以神仙之術漸次導之」者。元静試取而觀之，其微旨亦自可識。自堯、舜、禹、湯、文、武，至周公、孔子，其仁民愛物之心，蓋無所不至，苟有可以長生不死者，亦何惜以示人？如老子、彭籛之徒，乃其禀賦有若此者，非可以學而至。後世如白玉蟾、丘長春之屬，皆是彼學中所稱述以爲祖師者，其得壽皆不過五六十，則所謂長生之説，當必有所指矣。

「謝顯」條

「本領不是」，謂棄人倫，遺事物。

「横渠」條

「天性」，天命之性也，體也。「天用」，率性之道也，用也。釋氏億度天命之性，認爲真空，而不知其有範圍裁成之道，反認形氣以謂六根之微，因緣天地。蓋其明不能盡理，不知氣之有理，則遂并天地日月，亦歸之幻妄，可謂誣甚矣。葉注欠分明。

一身固小，故曰「一身之小」，非謂佛厭其小。虚空固大，故曰「虚空之大」，非謂佛樂其大。注「厭」、「樂」字，似贅。

明不能究其所從也　「明不能」，與上文「明不能」同，謂明察不能究竟。

「大易」條

「大易不言有無」，蓋謂不分有無也。易有太極，則有也。然無極而太極，則有而無也。易無體而神無方，則無也。然曰易，曰神，則無而有也。有無同一理，無可分，故曰「不言有無」。

「諸子」，謂老、佛及爲其學之徒。

語類曰[七]：無者無物，却有此理。有此理，則有矣。老氏云「物生於有，有生於無」，和理也無，便錯了！

「浮圖」條

「有識之死」，謂有情物之死。「厭苦求免」，謂厭苦此世，求往生以免苦海。

「孔孟所謂」止「未之思也」　高景逸曰：孔孟所謂天，彼則謂之道。易所謂「游魂爲變」，彼則謂之輪迴。似是而非，皆以不知天德，而徒欲得道以脱生死輪迴，尚可謂之悟道乎？

孔孟説天，天即理也。佛則不説天而説道，猶吾儒之説天也。然其所爲道者空寂，無義無命，或錯認游魂爲變爲輪迴。豈有此理乎？弗思甚也。

徐德夫曰：氣有聚散，氣散爲鬼。非既散之氣，復爲方伸之氣也。佛氏以覺爲性，謂人雖死而覺性不散爲鬼，重復受生，輪迴循環，遂指爲苦海求免，是不知鬼也。氣聚人日用事物，莫非實理。佛氏指四大爲假合，是不知也。天性之在人，猶水性之在冰，凝釋雖異，爲物一也。佛氏舍人取天，是不知天也。所以然者，蓋由太虚有天之名，由氣化有道之名。孔孟所謂天，本謂道之從出，而佛氏直認太虚爲道，謂萬象爲太虚中所見之物。是以一切人事，盡爲墮落。下學工夫，盡可遺棄[八]，此其所以不知天與人也。易曰：「精氣爲物，游魂爲變。」朱子曰：「精，魄也，耳目之精爲魄；氣，魂也，口鼻之噓吸爲魂。二者合而成物。精虚魄降，則氣散魂游而無不之矣。」張子曰：「精氣者，自無而有；游魂者，自有而無。自無而有，神之情也；自有而無，鬼之情也。自無而有，故顯而爲物，神之狀也；自有而無，故隱而爲變，鬼之狀也。」易所謂變，是有變爲無。今佛氏即以變爲輪迴，此所以不知鬼也。「孔孟所謂天，彼所謂道」二句，正佛氏受病根元處。天德者，誠也。陰陽晝夜之實理，通乎晝夜而知，知天德也。能知天德，則知聖人所以範圍天地之化。知鬼神不過屈伸之理，死生天人，處之一矣。今佛氏不知死生之故，直謂得道可免死生，謂之悟道，可乎？蓋聖人以天爲道所從出，以道爲日用事物當然之理，故窮理盡性以至命，下學而後可以上達。佛氏謂太虚即道，故謂一切有爲，皆是幻化。不假修爲，立地成佛；不立文字，教外别傳。其爲吾道之賊，豈可勝嘆？

千五百年　或曰：自後漢明帝永平八年，佛法始入中國，至北宋神宗熙寧十年張子卒，凡一千十五年。今曰「千五百年」，張子偶失之。

【校勘記】

[一]凡十四條　「凡十四條」四字原無，據二松學舍大學藏寫本增。

［二］以存心養性爲行　「性」原作「心」，據二松學舍大學藏寫本、葉采近思録集解元刊本改。

［三］按：自「柳柳州」至「如故」，二松學舍大學藏寫本置於下節「蝜蝂或曰」云云之後。

［四］老子林希逸注　「希逸」二字原無，據二松學舍大學藏寫本增。

［五］文成答陸元静書曰　「元」，二松學舍大學藏寫本作「原」。

［六］果能戒慎不睹　「慎」，王守仁文録二作「謹」。

［七］語類曰　「曰」字原無，據二松學舍大學藏寫本增。

［八］盡可遺棄　「遺」，二松學舍大學藏寫本作「委」。

近思録欄外書卷十四

觀聖賢類 凡二十六條[一]

「仲尼」條

孟子謂顔子具體而微，明道評爲「春生」，蓋亦同意。評孟子則曰「并秋殺盡見」，「并」一字，不遺春生，有含畜，要見其爲大耳。

注「坱圠」 「坱圠」，無際限也，楚辭字面。

於後世 句屬上文。

孔子儘是明快人 此已下，遺書别出。

「曾子傳聖人學」條[二]

被他所見處大 「所見處」，猶言學力，言曾子有學力，故氣象爲學力所大也。

被氣象卑　言後人無學力，故氣象不好。氣象不好，故雖有好言語，爲氣象所卑，終不類道。

注「武王殺一不辜」　武王作聖人爲妥，「殺一不辜，行一不義，得天下不爲」[三]，聖人固皆如此。然孟子此句本就伯夷、伊尹言，則今表爲武王，似不妥。

「傳經」條

「後」，非句。「百年」，句。

注「子思、孟子之徒」　或曰「之徒」二字當删。

「林希」條

林希字子中，宋人。

「禄隱」，文中子字面。

「孔明」條

先主取劉璋，事見蜀志劉璋傳。璋，焉之子，魯恭王之後也。

語類：問：「孔明殺劉璋，是如何？」朱子曰：「這只是不是。」

魏志：劉表字景升，劉備奔表，表厚待之，然不能用。太祖征表，未至，表病死。初表及妻愛少子琮，欲以爲後，琮舉州降。

「孔明」條

注 文中子語止「有興乎」。「亮之治國」以下，程子答門人語耳。

「文中」條

傳習録：陸澄問：「文中子是如何人？」先生曰：「庶幾具體而微，惜其蚤死。」問：「如何却有續經之非？」曰：「續經亦未可盡非。」請問。良久曰：「更覺良工心獨苦。」

「韓愈」條

傳習録：徐愛問文中子、韓退之。先生曰：「退之，文人之雄耳。文中子，賢儒也。後人徒以文詞之故，推尊退之，其實退之去文中子遠甚。」

昌黎以孟子爲醇乎醇，以荀、揚爲大醇小疵。蓋對當時諸子全是駁雜而言耳。

「學本」條

程意蓋曰「傳」云者，自非真知實見，不能知其爲何所爲也。然原道所云「傳」者，明明指仁義道德耳，宜讀全文以得其意。

「周茂」條

春晴日出而風，曰「光風」。爾雅。

周子授洪州分寧縣主簿，又爲南安軍司理參軍，移郴及桂陽令，爲政精密嚴恕，蓋此時事。[四]

注「通書附録」四字，當移入於上文「霽月」下。檢本書唯載山谷語，「爲政」已下不載。

「伊川」條

「美言」，謂贊美之詞。

「**知盡性**」止「**通於禮樂**」「知」字，承上文「明」、「察」字，最重。「孝弟」，知能之本。「禮樂」，知能之迹。至於性命神化，都在此知字工夫内。陽明畢生得力處，亦不外於此。

不幸早世 明道先生以元豐八年六月十五日終，享年五十四。

「自致知」止「窮理盡性」 二程於大學雖各有定本，而並以爲一篇文辭，無經傳之別，無格致之補，但以致知誠意分言之。曰：「自致知至於知止，誠意至於平天下耳。」又其曰「灑掃應對，至於窮理盡性」，則以窮理爲高妙處。而朱子補傳，責初學以窮理者，似與程意較左。

先生接物辨而不間 是非兩斷，是辨。公以待物，故不間。

小人以趣向之異 「小人」，指荆公一輩人。

退而省其私 謂自省其私己也，與論語語意稍不同。

應文逃責 謂不背常法，苟且逃責。

病於拘礙 謂爲法令所拘束。

「方監司競」止「有所賴焉」 「監司」，指按察使、勸農司之類。明道先生嘗曰：「今之監司，多不與州縣一體。監司專伺察州縣，州縣欲掩蔽，不若推誠心與之共治。」據此則先生之待監司，固推誠心，得其歡心。而監司亦待先生，率皆爲寬厚，可知也。故先生設施之際，監司爲一體，有所相倚賴也。

「明道」條

語類：問：「横渠驢鳴，是天機自動意思？」朱子曰[五]：「固是，但也是偶然見他如此。如謂草與自家意一般[六]，木葉便不與自己意思一般乎？如驢鳴與自家呼喚一般，馬鳴却便不與自家一般乎[七]？」

「張子」條

此條意與訂頑所云「大君者吾父母宗子，民吾同胞」相符。

「伯淳」條

淵源録亦載此事，在呂侍講希哲，字原明。家傳略中，爲侍講所言伯淳事。首曰：「嘗言往與二程諸公游[八]。一日會相國寺論事詳盡，伯淳云云。」此注所引呂原明評語，直接本文伯淳下。呂意蓋謂所會此非常人物，所論亦此非常好話，即兩相合得，不易遭也。愚謂：所論好話，必是道德性命之理。今不傳，惜夫！

施璜虹曰：此言同志合併一處，講學之少也。自有興國寺以來，只是念佛講禪，安得有同志講學之事？且自孟子以後，聖學失傳，至周、程、張子而始續。今程子與張子在此講論終日，而猶作此疑語曰：「不知舊日曾有甚人，於此處講此事？」不但決其必無，亦甚幸其有此一日之樂也。

「吕與」條

「大學」，只是大學問，非國學，非書名。

知應以是心　「知應」，性理大全作「應之」。

不苟潔其去就　「去就」，「就」字帶言。「吾義所安」，謂退也。孟子曰「進以禮，退以義」是也。「雖小官」，性理大全無「雖」字。或曰：「去」字句，「就」字屬下讀。亦通。

「撰横」條

康定用兵　仁宗康定元年，趙元昊寇延州，指此時。

盡棄異學淳如也　初稿作「盡棄其學而學焉」。伊川讀此曰：「表兄平日議論，謂頤兄弟有同處則可。若謂學於頤兄弟，則無是事。」屬與叔改訂。

晚自崇文移病西歸　横渠爲崇文殿校書，既而移病西歸，時齡五十餘。

知禮成性　爲學類。張子曰：「知崇，天也，形而上也。通晝夜而知，其知崇矣。知及之而不以禮性之，非己有也。故知禮成性而道義出。」釋易繫辭[九]。

【校勘記】

[一]凡二十六條　「凡二十六條」五字原無，據二松學舍大學藏寫本增。

[二]曾子傳聖人學條　「曾子傳聖人學條」七字原無，結合葉采近思録集解卷十四「曾子傳聖人學」條、二松學舍大學藏寫本「曾子傳聖人學節」增添。

[三]殺一不辜行一不義得天下不爲　「殺一不辜行一不義得天下不爲」，二松學舍大學藏寫本作「孟子曰行一不義殺一不辜而得天下皆不爲也」。

[四]按：自「周子」至「此時事」，二松學舍大學藏寫本置於「春晴日出而風」一條前。

[五]朱子曰　「朱子」二字原無，據二松學舍大學藏寫本增。

[六]「意」下，二松學舍大學藏寫本有「思」字。

[七]馬鳴却便不與自家一般乎　「自家」下，二松學舍大學藏寫本有「意思」二字。

[八]首曰嘗言往與二程諸公游　「首曰」，二松學舍大學藏寫本作「吕原明」。

[九]釋易繫辭　「釋易繫辭」四字，二松學舍大學藏寫本作大字。

圖書在版編目(CIP)數據

近思録集説/(日)古賀樸等編訂;程水龍,魯煜校點. 近思録欄外書/(日)佐藤一齋撰;程水龍,陶政欣校點. —上海:上海古籍出版社,2021.12
(東亞《近思録》文獻叢書)
ISBN 978-7-5732-0185-0

Ⅰ.①近… ②近… Ⅱ.①古… ②佐… ③程… ④魯… ⑤陶… Ⅲ.①理學—研究—中國—南宋②《近思録》—研究 Ⅳ.①B244.75

中國版本圖書館 CIP 數據核字(2021)第 240490 號

題簽:史楨英

近思録集説
(日本)古賀樸 等 編訂
程水龍 魯煜 校點

近思録欄外書
(日本)佐藤一齋 撰
程水龍 陶政欣 校點

出版發行 上海古籍出版社
地　　址 上海市閔行區號景路 159 弄 1-5 號 A 座 5F
郵政編碼 201101
網　　址 www.guji.com.cn
E-mail guji1@guji.com.cn
印　　刷 江陰市機關印刷服務有限公司
開　　本 890×1240 1/32
印　　張 14.375
字　　數 276,000
版　　次 2021 年 12 月第 1 版 2021 年 12 月第 1 次印刷
印　　數 1—1,500
書　　號 ISBN 978-7-5732-0185-0/B·1243
定　　價 68.00 元